摩托车维修
从入门到精通

林瑞玉 主编　　吴文琳 副主编

第2版
The Second Edition

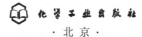

化学工业出版社
·北京·

本书以图解的形式简单扼要地介绍了摩托车的基本构造及原理，全面、系统地介绍了摩托车主要零部件的拆装、检查与调整，主要零部件的维修，故障的诊断与排除方法和技巧等，并精选了 55 例典型摩托车故障的维修实例。本书图文并茂，实操性强，方便读者查阅。

本书可供广大摩托车驾驶人员、维修工、摩托车爱好者以及大中专院校有关专业的师生阅读和参考，也可作为摩托车维修工培训班的培训教材。

图书在版编目（CIP）数据

摩托车维修从入门到精通/林瑞玉主编. —2 版. —北京：化学工业出版社，2017.10（2024.10重印）
ISBN 978-7-122-30476-6

Ⅰ.①摩… Ⅱ.①林… Ⅲ.①摩托车-车辆修理-基本知识 Ⅳ.①U483.07

中国版本图书馆 CIP 数据核字（2017）第 201176 号

责任编辑：辛　田	文字编辑：冯国庆
责任校对：王　静	装帧设计：王晓宇

出版发行：化学工业出版社
　　（北京市东城区青年湖南街 13 号　邮政编码 100011）
印　　装：大厂回族自治县聚鑫印刷有限责任公司
850mm×1168mm　1/32　印张 12¾　字数 362 千字
2024 年 10 月北京第 2 版第 10 次印刷

购书咨询：010-64518888　　　　　　　售后服务：010-64518899
网　　址：http://www.cip.com.cn
凡购买本书，如有缺损质量问题，本社销售中心负责调换。

定　　价：39.00 元　　　　　　　　　　　　　　版权所有　违者必究

第2版前言

　　由于摩托车电子技术的广泛运用，加之摩托车车型增多，使摩托车在结构原理、使用和维修等方面发生了一系列的变化。对摩托车维修工的要求越来越高，摩托车的维修量也越来越大。为了满足广大摩托车维修工的工作需要，能较快地掌握摩托车的操作技能，我们编写了这本《摩托车维修从入门到精通》一书。本书自出版以来，深受读者欢迎，为此，我们进行了修订，精练了文字，增加了精彩内容及图片。

　　本书从广大摩托车维修工的实际需要出发，以图解形式简单扼要地介绍了摩托车的基本构造及原理，全面、系统地介绍了摩托车的拆装方法、检查与调整，主要零部件的维修，故障的诊断与排除方法和技巧，并精选了55例典型摩托车型故障的维修实例，方便读者查阅、举一反三，从而提高维修摩托车的质量和效率。

　　全书分为七章，主要内容包括摩托车维修基本知识、摩托车发动机的构造与维修、摩托车电控发动机的构造与维修、摩托车行车系统构造与维修、摩托车操纵机构和制动系统的构造与维修、摩托车电气系统的构造与维修。本书涉及面广，基本涵盖了摩托车维修从入门到精通的各个方面。

本书图文并茂，内容简明实用，通俗易懂，实操性强。旨在指导初学摩托车维修人员快速入门，也是摩托车维修工快速提高维修技能的良师益友。本书可供广大摩托车驾驶人员、维修工、摩托车爱好者以及大中专院校有关专业的师生阅读和参考，也可作为摩托车维修工培训班的培训教材。

本书由林瑞玉任主编，吴文琳任副主编，参加编写的人员还有吴丽霞、林春霞、苏剑炜、何木泉、林国强、蚁文荣、阮清开、林金燕、林志强、吴沈阳、黄志松、林志坚、宋建平、陈山、杨光明、林宇猛、林玉山、陈谕磊、李剑文。本书在编写过程中得到许多同行的指导和帮助，并参考一些文献资料，特在此向有关文献资料的作者表示衷心的感谢！

由于笔者水平有限，书中的不妥与疏漏之处在所难免，敬请广大读者批评指正。

编 者

第一章 摩托车维修基本知识 ... 1

一、摩托车基本知识 ... 1
1. 摩托车的构造与类型 ... 1
2. 摩托车型号的编制 ... 6
3. 摩托车上的图形标志及含义 ... 8

二、摩托车维修工具、仪表仪器及使用 ... 9
1. 摩托车维修通用工具及使用 ... 9
2. 摩托车维修专用工具 ... 19
3. 电气维修常用工具与仪器 ... 35

三、摩托车维修识图知识 ... 42
1. 摩托车传动图的识图 ... 42
2. 摩托车零件图与装配图的识图 ... 46
3. 摩托车电路图的识图 ... 49

四、摩托车的维护与维修基本知识 ... 66
1. 摩托车的维护及类型 ... 66
2. 摩托车维护时应注意的事项 ... 67
3. 摩托车的一级维护 ... 67
4. 摩托车的二级维护 ... 68
5. 摩托车的三级维护 ... 69
6. 摩托车维修作业的类型 ... 69
7. 摩托车零件的鉴定方法 ... 71
8. 摩托车零部件的修理方法 ... 72

9. 摩托车整车的拆装 …………………………………………… 73

五、摩托车故障的诊断与维修方法 …………………………… 78

1. 摩托车的故障及规律 ………………………………………… 78
2. 摩托车故障的诊断原则及方法 ……………………………… 79
3. 摩托车故障的维修方法 ……………………………………… 81

六、摩托车维修基本操作技能 …………………………………… 82

1. 维修操作技能 ………………………………………………… 82
2. 特殊操作技能 ………………………………………………… 84
3. 维修操作安全知识 …………………………………………… 87

第二章 摩托车发动机的构造与维修

Page 91

一、发动机的基本构造 …………………………………………… 91

1. 机体组 ………………………………………………………… 92
2. 曲轴连杆机构 ………………………………………………… 93
3. 配气机构 ……………………………………………………… 94
4. 燃料供给系统 ………………………………………………… 96
5. 点火系统 ……………………………………………………… 99
6. 冷却系统 ……………………………………………………… 100
7. 润滑系统 ……………………………………………………… 103
8. 启动系统 ……………………………………………………… 106
9. 进气系统及排气系统 ………………………………………… 106

二、发动机的拆装 ………………………………………………… 107

1. 拆装发动机应注意的事项 …………………………………… 107
2. 发动机总成的拆装 …………………………………………… 108
3. 机体组的拆装 ………………………………………………… 110
4. 活塞组件的拆装 ……………………………………………… 112
5. 曲轴的组装 …………………………………………………… 114

6. 化油器的拆装 …………………………………………… 115
7. 机油泵的拆装 …………………………………………… 116

三、发动机的维护与调整 … 117

1. 发动机日常维护的内容 ………………………………… 117
2. 清洗气缸盖散热片 ……………………………………… 119
3. 消声器的维护 …………………………………………… 119
4. 化油器的维护 …………………………………………… 119
5. 发动机气门间隙的调整 ………………………………… 120
6. 发动机化油器的调整 …………………………………… 121
7. 采用分离润滑方式的机油泵的检查调整 ……………… 124
8. 散热器的检查 …………………………………………… 125
9. 三轮摩托车冷却系统风扇皮带张紧力的调整 ………… 126
10. 节温器阀门开启温度的检查 ………………………… 126

四、发动机的主要部件维修 … 126

1. 气缸盖的维修 …………………………………………… 126
2. 气缸体端面的维修 ……………………………………… 127
3. 气缸的维修 ……………………………………………… 128
4. 活塞的维修 ……………………………………………… 128
5. 活塞环的维修 …………………………………………… 130
6. 连杆的维修 ……………………………………………… 132
7. 曲轴的维修 ……………………………………………… 134
8. 凸轮轴的维修 …………………………………………… 135
9. 气门及气门弹簧的维修 ………………………………… 135
10. 负压式燃油开关的维修 ……………………………… 136
11. 汽油泵的维修 ………………………………………… 137
12. 化油器的维修 ………………………………………… 137
13. 四冲程发动机机油泵的维修 ………………………… 138
14. 散热器的维修 ………………………………………… 139

五、发动机故障的诊断与排除 … 141

1. 发动机启动困难或不能启动故障 ……………………… 141

2. 发动机动力不足的故障 ······ 145
3. 发动机怠速不良故障 ······ 147
4. 发动机燃油超耗故障 ······ 149
5. 发动机排气管放炮及化油器回火放炮故障 ······ 150
6. 发动机冒黑烟故障 ······ 151
7. 化油器混合气过浓/过稀故障 ······ 152
8. 自动分离润滑方式的发动机润滑油超耗 ······ 153
9. 飞溅加压力式润滑方式的发动机润滑油超耗 ······ 155
10. 发动机过热故障 ······ 156
11. 发动机自动熄火停车故障 ······ 157
12. 发动机异响 ······ 158

六、典型车型发动机故障维修实例 ······ 159

1. 铃木 GS125 摩托车行驶途中,排气管突然放炮,随后发动机自动熄火,多次启动不成功 ······ 159
2. 力帆 125 型骑式摩托车发动机工作无力、加速不良 ······ 160
3. 金城 JC125 摩托车行驶中发动机熄火后,再也无法启动 ······ 160
4. 春兰 125-3 型摩托车发动机修理后,怠速工作不稳定,易自行熄火 ······ 161
5. 雅马哈 MX400 摩托车发动机工作时有响声,并且温度过高时还易自行熄火 ······ 162
6. 宗申 150 型摩托车不规律地出现行驶无力与行驶中发动机自动熄火并且启动困难 ······ 162

第三章 摩托车电控发动机的构造与维修
Page 164

一、电控发动机的基本构造 ······ 164
1. 燃油喷射系统的组成与类型 ······ 164
2. 常用的传感器和执行器 ······ 167

二、电控发动机的维护与维修 ······ 169
1. 电控发动机燃油喷射系统的维护 ······ 169

2. 维护电子控制系统时应注意的事项 …………………… 170
3. 电喷系统维修注意事项 …………………………………… 172
4. 传感器和执行器的维修 …………………………………… 175

三、发动机电控系统故障的诊断与排除 …………………… 179

1. 发动机电控系统常见故障 ………………………………… 179
2. 故障诊断的基本原则 ……………………………………… 180
3. 电控系统故障诊断流程 …………………………………… 182
4. 电控系统元件故障诊断 …………………………………… 183
5. 发动机电控系统常见故障的诊断与排除 ………………… 186

四、典型车型电喷摩托车故障维修实例 …………………… 191

1. 川崎 Z1000 型电喷摩托车行驶中发动机自行熄火后不能启动 ……………………………………………………………… 191
2. 春兰 CL125-6 型电喷摩托车发动机气门漏气修理后，发动机启动困难 ……………………………………………………… 191
3. 春兰 CL125-6 型电喷摩托车燃油严重超耗 ……………… 193
4. 雅马哈 GTS1000 型电喷摩托车发动机加速迟缓、动力不足 ………………………………………………………………… 194
5. 本田超级黑鸟 CBR1100XX 摩托车突然熄火后，再启动无法着车 …………………………………………………………… 195

第四章 摩托车传动系统构造与维修

Page 196

一、摩托车传动系统的基本构造 …………………………… 196

1. 摩托车传动系统的作用及组成 …………………………… 196
2. 离合器 ……………………………………………………… 196
3. 变速器 ……………………………………………………… 198
4. 后传动装置 ………………………………………………… 199

二、摩托车传动系统的拆装 ………………………………… 202

1. 传动系统拆卸前的准备工作 ……………………………… 202

2. 离合器的拆装 …………………………………………………………… 202
3. 变速器的拆装 …………………………………………………………… 209
4. 链传动机构的拆装 ……………………………………………………… 219

三、传动系统的维护与调整 …………………………………… 221

1. 离合器的维护 …………………………………………………………… 221
2. 变速器的维护 …………………………………………………………… 222
3. 离心式无级变速机构的齿形带的维护 ………………………………… 223
4. 摩托车齿轮传动箱的维护 ……………………………………………… 223
5. 离合器间隙的调整 ……………………………………………………… 224
6. 变速器的调整 …………………………………………………………… 225
7. 链条的检查与调整 ……………………………………………………… 226

四、传动系统主要部件的维修 ………………………………… 230

1. 离合器主要部件的维修 ………………………………………………… 230
2. 变速器主要部件的维修 ………………………………………………… 232
3. 启动装置主要部件的维修 ……………………………………………… 234
4. 后传动装置主要部件的维修 …………………………………………… 236

五、传动系统故障诊断与排除 ………………………………… 237

1. 手动干式离合器打滑故障 ……………………………………………… 237
2. 手操纵湿式多片离合器打滑故障 ……………………………………… 238
3. 自动蹄块干式离合器打滑 ……………………………………………… 239
4. 自动多片式离合器打滑故障 …………………………………………… 239
5. 手操纵湿式多片离合器分离不彻底故障 ……………………………… 240
6. 自动蹄块式离合器分离不彻底故障 …………………………………… 241
7. 自动多片湿式离合器分离不彻底故障 ………………………………… 241
8. 变速器换挡困难故障 …………………………………………………… 242
9. 变速器有异常响声故障 ………………………………………………… 242
10. 启动杆踏不下去故障 ………………………………………………… 243
11. 电启动装置打滑故障 ………………………………………………… 243
12. 摩托车链条、链轮磨损过快 ………………………………………… 244
13. 传动链条易脱落和异响 ……………………………………………… 245

六、典型车型传动系统故障维修实例 ………… 245

1. 力帆 LF125-24 型摩托车行驶无力 …………………… 245
2. 铃木 TR125 摩托车行驶良好，更换变速器润滑油后，突然出现变速器挂不上挡 ……………………………… 246
3. 本田 H100S 摩托车行驶中，挂挡、退挡困难 ………… 247
4. 长江 CJ750 型摩托车在一、二挡行驶正常，但挂入三、四挡行驶时，变速器内异常响声 ………………… 247
5. 长江 CJ750 型摩托车，在行驶中后传动装置异响 …… 248

第五章 摩托车行车系统构造与维修
Page 249

一、摩托车行车系统的基本构造 ………… 249

1. 车架总成 ………………………………………………… 249
2. 转向机构 ………………………………………………… 250
3. 前叉总成 ………………………………………………… 250
4. 后悬架装置 ……………………………………………… 250
5. 车轮 ……………………………………………………… 251

二、摩托车行车系统的拆装 ………… 252

1. 前悬架的拆装 …………………………………………… 252
2. 后悬架的拆装 …………………………………………… 255
3. 车轮的拆装 ……………………………………………… 257

三、行车系统的维护与调整 ………… 259

1. 摩托车减振器的维护 …………………………………… 259
2. 后减振器的维护 ………………………………………… 259
3. 摩托车车轮的维护 ……………………………………… 260
4. 轻便摩托车前、后轮的维护 …………………………… 261
5. 车把角度的调整 ………………………………………… 262
6. 方向支柱轴承间隙的调整 ……………………………… 262

7. 边三轮摩托车边斗的调整 …………………………………………… 262
8. 减振器软硬程度的调整 ……………………………………………… 263
9. 车轮轮辋的调整 ……………………………………………………… 263

四、行车系统主要部件的维修 ………………………………… 264

1. 前叉的维修 …………………………………………………………… 264
2. 前叉减振器的维修 …………………………………………………… 264
3. 后减振器的维修 ……………………………………………………… 265
4. 轮毂的维修 …………………………………………………………… 265

五、行车系统故障诊断与排除 ………………………………… 265

1. 摩托车行驶易跑偏故障 ……………………………………………… 265
2. 方向把转向不灵活故障 ……………………………………………… 266
3. 行驶中方向把晃动或抖动故障 ……………………………………… 267
4. 行驶时后轮甩动故障 ………………………………………………… 267
5. 减振器漏油故障 ……………………………………………………… 268
6. 减振器弹簧过软或过硬 ……………………………………………… 268

六、行车系统故障维修实例 …………………………………… 269

1. 长江 CJ750 型摩托车行驶中一切正常,当打转向把时,就发出一种难听的"吱吱"异常响声 ………………………… 269
2. 钱江·铃木 QJ125 型摩托车行驶时转向把抖动 …………… 269
3. 嘉陵 JH125 型摩托车转向不易控制,车速提不起来 ………… 269
4. 新富先达 FXD125 型摩托车行驶不平稳,后轮摆动 ………… 270
5. 铃木 A100 型摩托车后减振器有异响 ………………………… 270

第六章 摩托车操纵机构、制动系统的构造与维修

一、摩托车操纵机构、制动系统的基本构造 …………… 271

1. 摩托车操纵机构 ……………………………………………………… 271
2. 制动系统 ……………………………………………………………… 272

二、摩托车操纵机构、制动系统的拆装 …… 274

1. 转向机构的拆装 …… 274
2. 前制动握把的拆卸 …… 275
3. 盘式前制动器卡钳的拆装 …… 275
4. 后轮制动系统的拆装 …… 276
5. 制动主缸的拆装 …… 279

三、摩托车操纵机构、制动系统的维护与调整 …… 280

1. 摩托车方向把的维护 …… 280
2. 方向把的调整 …… 281
3. 摩托车蹄式制动装置的维护 …… 281
4. 摩托车盘式制动器的维护 …… 282
5. 液压盘式制动器的维护 …… 283
6. 油门转把的调整 …… 283
7. 离合器握把自由行程的调整 …… 284
8. 盘式制动器前制动握把自由行程的调整 …… 284
9. 鼓式制动器前制动握把自由行程的调整 …… 285
10. 后制动踏板自由行程的调整 …… 286
11. 制动灯开关的调整 …… 287

四、摩托车操纵机构、制动系统主要部件的维修 …… 288

1. 盘式制动器的维修 …… 288
2. 鼓式制动器的维修 …… 289

五、操纵机构、制动系统故障诊断与排除 …… 290

1. 操纵钢索不能复位故障 …… 290
2. 鼓式制动器失灵或制动无力 …… 291
3. 压盘式制动器失灵或制动无力 …… 292
4. 制动器的制动蹄不能复位故障 …… 293
5. 制动时，制动鼓有异响声 …… 293

六、摩托车 ABS 防抱死制动系统 …… 294

1. ABS 防抱死制动系统的类型及特点 …… 294

2. ABS 系统的基本构造与工作原理 …………………………… 296
3. ABS 系统的维修 …………………………………………… 299

七、典型车型操纵机构、制动系统故障维修实例 ………… 302

1. 金城铃木 AX100 型摩托车制动器拖滞，车辆行驶阻力大，
   油耗增高，制动鼓烫手 …………………………………… 302
2. 新大洲 XDZ90T-3 型摩托车，行驶中解除制动后车辆
   行驶速度变慢，油耗增加 ………………………………… 303
3. 新大洲 XDZ90T-3 型摩托车，后轮制动效果差 ………… 304
4. 大阳 DY125-16 摩托车制动时，后制动器有异常的响声，
   行驶阻力过大 ……………………………………………… 304

第七章 摩托车电气系统的构造与维修
Page 306

一、电气系统的基本构造 ……………………………………… 306

1. 摩托车电气系统的组成 …………………………………… 306
2. 电源系统 …………………………………………………… 307
3. 用电设备 …………………………………………………… 307
4. 控制装置 …………………………………………………… 309
5. 导线和插接件 ……………………………………………… 310

二、摩托车电气设备的拆装 …………………………………… 311

1. 蓄电池的拆装 ……………………………………………… 311
2. 磁电机的拆装 ……………………………………………… 312
3. 交流发电机的拆装 ………………………………………… 314
4. 点火系统的拆装 …………………………………………… 316
5. 照明系统的拆装 …………………………………………… 317
6. 信号系统的拆装 …………………………………………… 319
7. 仪表系统的拆装和仪表灯灯泡及灯座的更换 …………… 319
8. 启动机的拆装 ……………………………………………… 320

三、电气系统的维护与调整 ········· 321

1. 摩托车蓄电池的维护 ········· 321
2. 蓄电池的日常维护的内容 ········· 321
3. 摩托车磁电动机的维护 ········· 322
4. 点火线圈的维护 ········· 322
5. CDI 电子点火系统的维护 ········· 323
6. 摩托车火花塞的维护 ········· 324
7. 断电器总成维护 ········· 327
8. 电喇叭的维护 ········· 327
9. 直流发电机的维护 ········· 328
10. 断电器的检查调整 ········· 328
11. 调节器、整流器的插接线的检查 ········· 329
12. 启动机的检查 ········· 329
13. 高压火花的检查 ········· 330
14. 通过检查点火提前角来检查点火正时 ········· 330
15. 用定时蜂鸣器检查点火时间 ········· 330
16. 运用测试灯检查点火时间 ········· 331
17. 发动机点火提前角的调整 ········· 331
18. 无触点点火方式的摩托车点火正时的检查与调整 ········· 331
19. 有触点点火方式的摩托车点火正时的检查与调整 ········· 332
20. 火花塞电极间隙的调整 ········· 332
21. 前照灯光束的调整 ········· 332
22. 电喇叭的调整 ········· 333
23. 制动灯开关的调整 ········· 333

四、电气系统主要部件的维修 ········· 334

1. 蓄电池的维修 ········· 334
2. 磁电机的维修 ········· 335
3. 交流发电机的维修 ········· 339
4. 火花塞的维修 ········· 340
5. 点火线圈的维修 ········· 341
6. 电容器的维修 ········· 342

7. 电子点火器的维修 …………………………………………… 343
8. 导线插接器的维修 …………………………………………… 343
9. 燃油油位传感器的维修 ……………………………………… 344
10. 润滑油油位传感器的维修 …………………………………… 344

五、电气系统故障的诊断与排除 …………………………………… 344

1. 蓄电池充不进电故障 ………………………………………… 344
2. 电解液消耗过快故障 ………………………………………… 345
3. 磁电动机不充电故障 ………………………………………… 346
4. 磁电动机不发电故障 ………………………………………… 346
5. 三相交流发电机不充电故障 ………………………………… 347
6. 磁电动机无触点点火系统发动机不能启动故障 …………… 347
7. 蓄电池有触点式点火系统发动机启动困难故障 …………… 348
8. 磁电动机有触点式点火系统发动机启动困难故障 ………… 348
9. 磁电动机无触点式点火系统发动机启动困难故障 ………… 348
10. 启动机不转动故障 …………………………………………… 352
11. 启动机空转故障 ……………………………………………… 353
12. 启动机工作时好时坏 ………………………………………… 354
13. 点火线圈连续烧坏故障 ……………………………………… 354
14. 蓄电池供电照明系统照明灯光不发光故障 ………………… 356
15. 磁电动机供电照明系统照明灯光不发光故障 ……………… 356
16. 前照灯不亮故障 ……………………………………………… 356
17. 灯光电路故障 ………………………………………………… 356
18. 前照灯昏暗故障 ……………………………………………… 359
19. 制动信号灯不亮故障 ………………………………………… 359
20. 转向灯发暗故障 ……………………………………………… 359
21. 车速表指针摇摆不定或抖动故障 …………………………… 360
22. 里程表传动轴有响声 ………………………………………… 360

六、典型摩托车电气系统故障维修实例 …………………………… 361

1. 本田 C50 型摩托车启动机转动很慢，不能启动发动机 ……… 361
2. 大阳 DY125T-5C 型摩托车电启动不成功 …………………… 361
3. 铃木 GS125 型摩托车放置一段时间后，发动机无法启动 …… 362

4. 五羊·本田 WH125-9 型摩托车打开转向开关，转向灯有时亮有时不亮，电喇叭声嘶哑 …… 362
5. 长江 750 型摩托车行驶无力，加速性能差，排气管有时有放炮声 …… 363
6. 五羊·本田 WH100 型摩托车难启动 …… 364
7. 雅马哈 80 型摩托车大负荷行驶时，动力不足 …… 365
8. 春兰 CL125 型摩托车，发动机低速运转良好而无高速 …… 366
9. 五羊·本田 WH100-G 型摩托车难启动，点火器易烧毁 …… 366
10. 本田 NSR125F 型摩托车发动机冷车启动正常，热车自动停车熄火，再也无法启动 …… 367
11. 春兰 CL100 3 型摩托车无启动征兆 …… 368
12. 宗申 ZS110-50 型摩托车启动时无启动征兆 …… 369
13. 嘉陵本田 JH125F 型摩托车在空挡时，按下启动按钮，启动机不转动 …… 370
14. 建设·雅马哈 ZY100T-7 型摩托车电启动不能启动发动机，而脚踏启动能正常启动发动机 …… 371
15. 五羊·本田 WY125-21 型摩托车夜间行驶时，前照灯灯光暗淡 …… 372
16. 宗申 ZS110-26 型摩托车行驶时，前照灯不亮而仪表灯、尾灯却能正常工作 …… 373
17. 大阳 DY90B 型摩托车前照灯偏暗，发动机转速增高，而灯光亮度变化不大 …… 374
18. 力帆 LF125-N 型摩托车行驶中，前照灯、仪表灯暗淡，电喇叭声嘶哑 …… 374
19. 宗申 ZS130 型摩托车左后转向灯不亮 …… 376
20. 春兰 CL125-3 型摩托车左侧转向灯闪光正常而右侧较慢 …… 376
21. 嘉陵 JH48QT-2 型摩托车，夜间行驶时前照灯易烧毁 …… 377
22. 新大洲 XDZ125-20 型摩托车电启动时，启动机不能转动 …… 377
23. 五羊·本田 WH125-F 型摩托车，脚踏启动正常而电启动无效 …… 378
24. 五羊·本田 WY125LZ 型摩托电喇叭声嘶哑 …… 379
25. 五羊·本田 WH125-S 型摩托车左前转向灯不亮 …… 379
26. 春兰·海豹 CL125T 型摩托车行驶时电喇叭音量降低 …… 380

27. 建设 JS150-13A 型摩托车行驶中，当双手制动时，感觉手麻 ·········· 381
28. 轻骑·铃木 QM125-90 型摩托车机油告警灯不工作············ 381
29. 重庆雅马哈 CY80 型摩托车燃油表指针始终指示满刻度······ 382
30. 雅马哈 FZ250 型摩托车冷却液温度表指示偏低 ············· 382

附录一　　　　　　　　　　　　　　　Page
摩托车零部件安装位置和方向的标记符号　　384

附录二　　　　　　　　　　　　　　　Page
常用摩托车词汇中英文对照表　　　　　　387

附录三　　　　　　　　　　　　　　　Page
部分摩托车英文缩写词及其含义　　　　　389

第一章
摩托车维修基本知识

一、摩托车基本知识

1 摩托车的构造与类型

摩托车是由汽油机或柴油机驱动,靠手柄操纵前轮转向的一种两轮或三轮的动力车。它包括轻便摩托车、越野摩托车及公路赛摩托车等。

（1）**摩托车的构造** 摩托车通常由发动机、传动系统、行车系统、操纵机构、制动系统和电气设备六大系统组成,如图1-1所示。

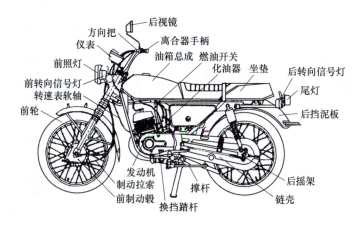

图 1-1

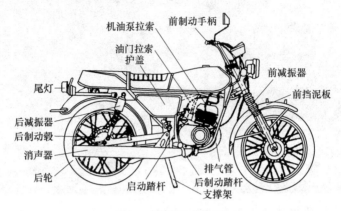

图 1-1 摩托车的组成

摩托车的工作原理：利用安装在车架上的发动机发出动力，传出的动力一部分储存在惯性飞轮上，一部分通过传动轴（链条或皮带）送到离合器，凭借离合器分离和接合的控制功能再把这部分动力送至变速器，变速器根据摩托车行驶具体情况的需要，通过传动轴（链）转动把动力传给后桥总成，经后传动装置中的被动齿轮便可带动摩托车的后轮（驱动轮）旋转，驱使摩托车行驶，如图1-2所示。

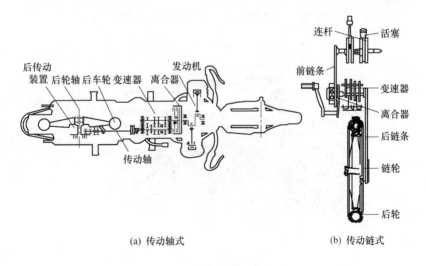

图 1-2 摩托车的工作原理

① 发动机　发动机是摩托车的动力来源，它的作用是使可燃混合气在气缸内进行燃烧，将热能转变为机械能，从而驱动摩托车行驶。发动机的结构包括气缸、气缸盖、曲轴箱、曲轴连杆机构、化油器总成、燃油箱总成、空气滤清器、消声器和点火系统等。

发动机有四冲程和二冲程之分，也有单缸、多缸和 V 形多缸之分。有的摩托车还采用废气涡轮增压，以提高进气量。

② 传动系统　传动系统是摩托车动力传递装置，它的作用是将发动机输出的动力经过一定的变化传给驱动轮使摩托车行驶。变速器能增大传到驱动轮上的转矩并改变车速，使摩托车获得所需的行驶速度和驱动力，保证摩托车平稳地起步、停车和行驶。

传动部分包括离合器、变速器、减速箱、齿形三角胶带、链及启动机构等传动零部件。常见的传动方式有链传动、轴传动和传动带传动三种。

③ 行车系统　行车系统的作用是使摩托车构成一个整体，支撑全车重量，保证车辆的正常行驶，将传动系统传来的转矩转换成驱动摩托车行驶的牵引力，同时承受和传递路面作用于车轮上的各种反作用力，使摩托车在不同的路面上平稳地行驶并减轻冲击、吸收振动，使转向和制动灵活等，确保安全行驶。

行车部分包括车架总成、前叉总成、后悬架总成、车轮（前车轮总成和后车轮总成）、前后制动系统等。

④ 操纵机构、制动系统　操纵机构、制动系统的作用是直接控制摩托车的行驶方向、行驶速度、照明和信号等，以确保行车安全。

摩托车操纵机构包括油门转把、减压阀手柄、离合器握把、变速手柄、前后制动握把。驾驶员通过操纵机构可以完成发动机的启动、起步、换挡、行驶、停车、熄火等动作。

小提示

● 一般手控换挡变速手柄、离合器握把、灯光及电喇叭的控制开关等装在左手把上，而油门转把、前轮制动手柄装在右手把上。脚控换挡踏杆装在左边的脚踏板上，后轮制动由靠右侧的制动踏杆控制。

⑤ 电气设备　它的作用是启动发动机时，适时点燃混合气，使发动机正常工作；发出各种声响信号，用于灯光照明以及车速、里程、发动机转速、充电电流大小等的显示，保证摩托车行驶的安全性、可靠性。

摩托车的电气设备由电器和电气仪表总成组成。主要包括电源装置（磁电动机或发电机、蓄电池）、点火系统、信号系统、照明系统及各电气开关、仪表等。采用电启动的摩托车，还包括电启动系统。

小提示

● 随着科技发展，摩托车电气设备不断采用新技术，如电子燃油喷射系统、电子控制制动防抱死装置（ABS系统）、发动机排气及其他控制电路、电动支架等。

（2）摩托车的类型　摩托车品种繁多，各国分类方法不尽相同，标准也不尽统一，最主要是按车辆的用途和结构特点分类及按对机动车的管理分类两种方法。

① 按用途和结构特点分类　摩托车按用途和结构特点分类，可分为两轮摩托车、边三轮摩托车和正三轮摩托车3大类15种类型，见表1-1。

表1-1　摩托车按用途和结构特点的分类

类　型		结构特点
两轮摩托车	普通摩托车	骑式或坐式车架，轮辋基本直径不小于304mm，适合在公路或城市道路上行驶的两轮摩托车
	微型摩托车	骑式或坐式车架，轮辋基本直径不大于254mm，适合在公路或城市道路上行驶的两轮摩托车
	越野摩托车	骑式车架，宽型转向把，越野型轮胎，剩余垂直轮隙及离地间隙大，适合在非公路地区行驶的两轮摩托车
	普通竞赛摩托车	骑式车架，狭窄转向把，坐垫偏后，轮辋基本直径不小于304mm，装有大功率、高转速发动机，专用于特定跑道上竞赛车速的两轮摩托车
	微型竞赛摩托车	骑式或坐式车架，轮辋基本直径不小于254mm，装有大功率、高转速发动机，专用于特定跑道上竞赛车速的两轮摩托车
	越野竞赛摩托车	具有越野性能，装有大功率发动机，专用于非路地区车速竞赛的两轮摩托车
	特种摩托车	经过改装之后用于完成特殊任务的两轮摩托车。例如开道用警用摩托车、消防用摩托车

续表

类 型		结 构 特 点
边三轮摩托车	普通边三轮摩托车	用于载运乘员或货物的边三轮摩托车
	警用特种边三轮摩托车	专门供给警察执法使用的边三轮摩托车
	消防特种边三轮摩托车	专门供给消防使用的边三轮摩托车
正三轮摩托车	客用普通正三轮摩托车	用于载运乘员的正三轮摩托车
	货用普通正三轮摩托车	用于载运货物的正三轮摩托车
	罐式专用正三轮摩托车	专门用于运输液体或气体的罐式正三轮摩托车
	自卸式专用正三轮摩托车	带有卸载功能的正三轮摩托车，一般用于运输货物
	冷藏式专用正三轮摩托车	专门用于运输需要冷藏的货物的正三轮摩托车

② 按对机动车的管理分类 我国颁布了 GB/T 15089—2001《机动车辆及挂车分类》。根据这项标准的规定，摩托车属于 L 类，即少于四轮的两轮或三轮机动车辆，L 类又分为以下五类。

a. L1 若使用热力发动机，其气缸排量不超过 50mL，且无论何种驱动方式，其最高设计车速不超过 50km/h 的两轮摩托车。

b. L2 若使用热力发动机，其气缸排量不超过 50mL，且无论何种驱动方式，其最高设计车速不超过 50km/h，具有任何车轮布置形式的三轮摩托车。

c. L3 若使用热力发动机，其气缸排量超过 50mL，或无论何种驱动方式，其最高设计车速超过 50km/h 的两轮摩托车。

d. L4 若使用热力发动机，其气缸排量超过 50mL，或无论何种驱动方式，其最高设计车速超过 50km/h，三个车轮相对于车辆的纵向中心平面为非对称布置的摩托车（带边斗的摩托车）。

e. L5 若使用热力发动机，其气缸排量超过 50mL，若无论何种驱动方式，其最高设计车速超过 50km/h，三个车轮相对于车辆的纵向中心平面为非对称布置的摩托车。

③ 按公安机关管理的需要分类 为了便于摩托车的技术检验、核发牌证以及进行专门管理，公安机关为管理的需要，将摩托车按其排量与车速分为轻便摩托车和摩托车两大类。

a. 轻便摩托车 发动机排量在 50mL 以下，车速不超过 50km/h。

轻便摩托车按车轮的数量分类，可分为轻便两轮摩托车和轻便三轮摩托车；按变速方式分类，可分为有级换挡变速式摩托车、无级变速式摩托车和有级自动换挡式摩托车；按用途分类，可分为男式轻便摩托车、女式轻便摩托车和特种轻便摩托车（如电工维修车、邮政送信车、农村越野车）等。

b. 摩托车　空车质量不超过400kg（带驾驶室的正三轮摩托车及专用摩托车的空车质量不受此限），设计最大车速超过50km/h，发动机排量超过50mL。

④ 按发动机冲程数分类　可以分为二冲程摩托车和四冲程摩托车两大类。

a. 二冲程摩托车　指发动机的曲轴每旋转一周，活塞上下往复运动两个冲程，完成进气、压缩、做功、排气4个过程，即完成一个工作循环。

b. 四冲程摩托车　指发动机的曲轴每旋转一周，活塞上下往复运动四个冲程，完成进气、压缩、做功、排气4个过程，即完成一个工作循环。

⑤ 按发动机排量分类　发动机的排量是指发动机的气缸工作容积之和，分为50mL、70mL、80mL、100mL、125mL、150mL、250mL、750mL、1000mL等不同类型。生产时发动机排量要预先做出规定，之后按照发动机的不同排量进行分类。

⑥ 按乘坐方式分类　可以分为坐式摩托车（又称踏板摩托车）和骑式摩托车两种。

坐式摩托车（踏板车）的特点是车架前部是平面式，驾驶人的双脚可放在踏板上，乘坐舒适，操纵方便。多采用排量为50～250mL的发动机和五速变速系统，车轮直径小，因而上下方便，安全性好。

骑式摩托车大多采用125mL以上的排量，车速较高，都配有脚动换挡机构，速度快，操纵较烦琐，但更富驾驶乐趣，多适合于男士驾驶。

2 摩托车型号的编制

摩托车型号的编制如下所示。

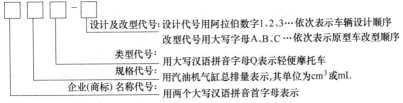

轻便摩托车型号命名形式

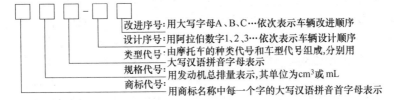

摩托车型号命名形式

摩托车种类及类型代号见表1-2。

表1-2 摩托车种类及类型代号

名称	代号	种类 名称	代号	类型代号
两轮摩托车	—	普通两轮摩托车	—	—
		微型两轮摩托车	W	W
		越野两轮摩托车	Y	Y
		普通两轮赛车	S	S
		微型两轮赛车	WS	WS
		越野两轮赛车	YS	YS
		特种车、开道车	K	K
边三轮摩托车	B	普通边三轮摩托车	—	B
		边三轮警车	J	BJ
		边三轮消防车	X	BX
正三轮摩托车	Z	正三轮客车	K	ZK
		正三轮货车	H	ZH
		正三轮罐车	R	ZR
		正三轮自卸车	Z	ZZ
		正三轮冷藏车	L	ZL

例如，玉河机器厂生产，气缸总排量为 50cm³，基本型轻便摩托车，其型号为 YH50Q，YH 为玉河机器厂代号，50 为气缸总排量代号，Q 为轻便摩托车代号。

又如，长江牌商标，气缸总排量为 750cm³，第二个基本型边三轮警车，其代号为 CJ750BJ-2，CJ 为长江牌商标代号，750 为总排量代号，BJ 为边三轮警车代号；2 为设计顺序号。

3 摩托车上的图形标志及含义

在摩托车上，常常在仪表板、操纵把、按钮、开关等地方看到各种各样的图形标志。其所以用图形而不用文字，一是让使用者易于辨认，减少差错，保证行车安全；二是为了克服文字障碍，使不论是哪个国家的人都能看得懂的。这些图形标志在许多国家中的含义都是统一的，它告诉使用者该器件的功能，或者显示出某部件或总成的工作状况。例如，发动机冷却水温度和哪一个转向灯在工作等。摩托车上的图形标志及含义见表 1-3。

表 1-3 摩托车上的图形标志及含义

序号	项目		图形符号	显示颜色
1	大灯灯束控制	远光灯		蓝色
		近光灯		
2	转向信号			琥珀色或绿色
3	危险警告灯（两者挑一）	两箭头一起闪动		红色
4	手动阻风门(冷启动用)			
5	喇叭			
6	燃料			琥珀色
7	发动机冷却液温度			红色

续表

序号	项目		图形符号	显示颜色
8	蓄电池充电指示灯			红色
9	发动机润滑油			红色
10	前雾灯			绿色
11	后雾灯			琥珀色
12	燃油箱开关阀	断开		
		接通		
		储备		
13	发动机熄火辅助装置	断开		
		行驶		
14	灯开关(可与点火开关结合在一起)	行驶灯		
		总灯开关		
		停车灯		
15	空挡指示灯			绿色
16	电启动机			

二、摩托车维修工具、仪表仪器及使用

1 摩托车维修通用工具及使用

(1) 钳子及使用 钳子主要是用来切断金属丝及扭拧金属材料和夹持各种小零件的工具。它不能用来拆装螺母或作撬棒使用,以免损坏零件和钳柄。常用的手钳有鲤鱼钳、钢丝钳、尖嘴钳、弯嘴

钳、断线钳、挡圈钳和多用钳等,如图 1-3 所示。它们的规格一般以钳身长度来表示。

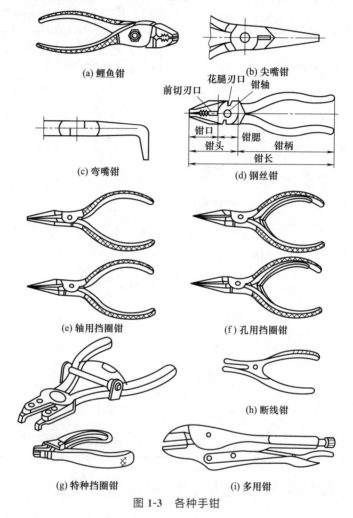

图 1-3　各种手钳

① 鲤鱼钳 [图 1-3 (a)]　按长度分为 150mm、200mm、250mm 三种。鲤鱼钳可用来切割金属丝,弯扭小型金属棒料,夹持扁的或圆柱形小工件。

② 尖嘴钳和弯嘴钳 [图 1-3 (b)、(c)]　按长度分为 130mm、

160mm、180mm、200mm 四种。该种钳能在较狭小的工作空间操作，不带刃口的只能夹捏工件，带刃口的能切剪细小零件，是修理仪表及电信器材的常用工具。

③ 钢丝钳 [图 1-3（d）] 按长度分有 150mm、175mm、200mm 三种。钢丝钳上带有旁刃口，除能夹持工件外，还能折断金属薄板以及切断直径较小的金属线。钳柄上套有橡胶绝缘套的钢丝钳多在带电的场合使用。

④ 挡圈钳 按用途分为轴用挡圈钳 [图 1-3（e）]、孔用挡圈钳 [图 1-3（f）] 和特种挡圈钳 [图 1-3（g）]。挡圈钳专门用于拆装带拆装孔的弹性挡圈。

⑤ 断线钳 [图 1-3（h）] 能比较省力地剪断较粗的金属线材。常用的有 750mm、900mm 两种规格。

⑥ 多用钳 [图 1-3（i）] 利用一组复合杠杆能产生很大夹紧力，兼有活动扳手、普通手钳和夹具的功能。

小提示

使用钳子应注意的事项

● ① 钳子的规格应与工件规格相适应，以免钳子小，工件大，造成钳子受力过大而损坏。

● ② 使用前应先擦净钳子柄上的油污，以免操纵时滑脱而导致事故。

● ③ 使用时必须将工件夹牢后，再用力切割或扭弯。

● ④ 严禁用钳子代替扳手拧紧或拧松螺栓、螺母等带棱角的工件，如图 1-4（a）所示，以免损坏螺栓、螺母等工件的棱角。

● ⑤ 使用时，不允许用钳子切割过硬的金属丝，如图 1-4（b）所示，以免造成刃口损坏或钳体损坏。也不能用钳柄代替撬棒撬物体，以免造成钳柄弯曲、折断或损坏，如图 1-4（c）所示。

● ⑥ 使用时，不允许用钳子代替锤子敲击零件。

> **小提示**
>
> ● ⑦ 不可用钳子夹持过热的工件或夹持工件在火中加热，以防钳口退火。
> ● ⑧ 使用完应保持清洁，及时擦净。

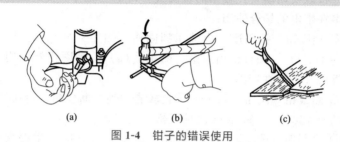

图 1-4　钳子的错误使用

（2）**螺钉旋具及使用**　螺钉旋具俗称起子、改锥、旋凿、螺丝刀，是用来拆装有槽口的螺栓或螺钉的工具。偏置起子用来拆装其他起子难以拆装的螺栓。这种起子两端都有起子口，在扭动螺钉时可以变换使用。摩托车维修时所用的螺钉旋具有一字螺钉旋具（标准起子）、十字螺钉旋具、重级起子、偏置起子、内六角形和冲击式螺钉旋具等。

① 一字螺钉旋具［图 1-5（a）］　常以钢杆部分的长度来区分，其常用的规格有 50mm、75mm、125mm、150mm 等几种，主要用于拆装一字槽的螺钉、木螺钉等。

② 十字螺钉旋具［图 1-5（b）］　按十字口的直径可分为 2~2.5mm、3~5mm、5.5~8mm、10~12mm 四种规格，专用于拆装十字槽口的螺钉。

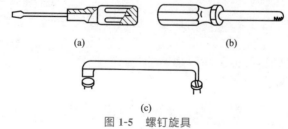

图 1-5　螺钉旋具

③ 花链头旋具［图1-5（c）］ 这是一种使用简便的旋具与较大夹紧力的套筒相结合的工具。适用于在空间受到限制的安装位置拆装小螺母或螺钉。

旋具正确的握持方法：应以右手握持旋具，手心抵住旋具柄端，让旋具口端与螺栓（钉）槽口处于垂直吻合状态。当开始拧松或最后拧紧时，应用力将旋具压紧后再用手腕力按需要的力矩扭转旋具。当螺栓（钉）松动后，即可使手心轻压住旋具柄，用拇指、中指和食指快速扭转。使用较长的螺钉旋具时，可用右手压紧和转动旋具柄，左手握在旋具柄中部，防止旋具滑脱，以保证安全工作。

小提示

使用旋具时应注意的事项

● ① 选用起子时，起子口应与螺栓或螺钉槽口相适应，否则会损坏起子或螺栓（螺钉）槽的口。
● ② 使用前应擦净起子口上的油污，以免工作时滑脱。
● ③ 使用时，以右手握持起子，手心抵住柄端，使起子口与螺栓或螺钉槽口垂直吻合，并先用力压紧起子，然后扭动，如图1-6所示。使用较长的起子时，可用右手压紧和拉动手柄，左手握起子柄中部使它不致滑脱，以保证操作安全。
● ④ 使用偏置起子时，因所施的压力很小，所以必须使起子口与螺钉槽口完全吻合，才能顺利拆装螺钉。
● ⑤ 禁止用起子当撬棒、凿子等使用，如图1-6（b）所示。
● ⑥ 使用完毕，应将旋具擦拭干净。

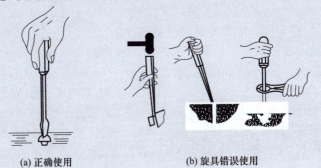

(a) 正确使用　　　　　　(b) 旋具错误使用

图1-6　旋具的使用

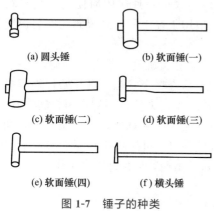

图1-7 锤子的种类

(3) **锤子及使用** 锤子俗称榔头,是用于錾削、矫正、弯曲、铆接和装拆零件等的敲击工具。手锤由锤头和木柄两部分组成,根据材质的不同可分铜锤、木锤、铁锤、橡胶锤等。在摩托车维修中常用的有圆头锤和横头锤两种,如图1-7所示。

① 圆头锤和横头锤[图1-7(a)、(f)] 其规格是以锤头的质量单位规定的。常用的有0.25kg、0.5kg、0.75kg、1kg、1.25kg和1.5kg六种。

② 软面锤[图1-7(b)~(e)] 常用的有塑料软面锤、皮革软面锤、木质软面锤和黄铜软面锤。软面锤一般用于过盈配合的组合件的拆装,当敲开或压紧组合件时,使用软面锤不会损坏零件。

> **小提示**
>
> 使用锤子时应注意的事项
>
> ● ① 使用锤子前应注意检查手柄是否松动,如有松动应紧固,以防工作时锤头飞出伤人或损物。
>
> ● ② 使用前,应将手上和锤柄上的汗水及油污擦干净,以免锤击时发生滑脱而敲偏,损坏工件或发生意外。
>
> ● ③ 使用时,手要握住锤柄后端[图1-8(a)],握柄时手的握持力要松紧适度,这样才能保证锤击时灵活自如。锤击时要靠手腕的运动,眼应注视工件,锤头工作面和工件锤击面应平行,才能使锤面平整地打在工件上。错误使用方法如图1-8(b)所示。
>
> ● ④ 锤击时,不应直接敲在有硬度的钢质零件表面上,以免零件或锤子碎裂飞溅伤人。通常垫铜梗或铜块,然后再敲击。

小提示

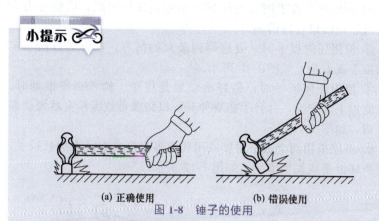

图 1-8 锤子的使用

● ⑤ 锤击时，工件要放牢垫实，用力大小需根据工件性质而定，不可用力过猛，以免敲坏工件。在锤击铸铁等脆性工件和截面较薄的零件或悬空未垫实的工件时，不能用力过猛，以免打飞工件伤人。

（4）开口扳手及使用　开口扳手用来拆装一般标准规格的螺栓或螺母，使用时可以上、下套入或直接插入，使用方便，适用范围在 6～24mm 之间。按其结构形式可分为双头和单头两种；按其开口角度又可分为 15°、45°、90° 三种。常用的有 5 件套和 8 件套两种。

① 选用各种扳手时，扳口大小必须符合螺母或螺栓头的尺寸，如图 1-9 所示。如扳口松旷，则易滑脱，损坏扳手或螺母、螺栓头的棱角，甚至会碰伤人。

图 1-9 开口扳手的选择

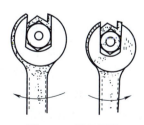

图 1-10 开口扳手的使用方法（一）

② 使用开口扳手时，为使扳手不致损坏和滑脱，应使受力大的部位靠近扳口较厚的一边。

③ 使用任何扳手时，要想得到最大的扭力，拉力的方向一定要和扳手成直角，如图 1-10 所示。

④ 使用任何扳手时，最好的效果是拉动。倘若必须推动时，也只能用手掌来推，并且手指要伸开，以防螺母或螺栓突然松动碰伤手指，如图 1-11 所示。

⑤ 不能采用两个扳手对接或用套筒等套接的方式来加长扳手，以免损坏扳手或发生事故，如图 1-12 所示。

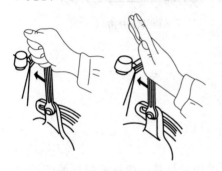

图 1-11 开口扳手的使用方法（二）

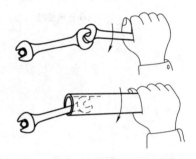

图 1-12 开口扳手的使用方法（三）

（5）梅花扳手及使用 梅花扳手的用途与开口扳手相似，使用时不易滑脱，具有更安全可靠的特点。常用的有 6 件套和 8 件套两种，适用范围在 5.5～27mm 之间。梅花扳手两端是套筒式圆口，部分或全部围住，从而保证工作的安全可靠性。使用时注意选择合适的规格。

（6）套筒扳手及使用 套筒扳手是一种组合型工具，使用时可根据需要装备各种不同规格的套筒和使用不同类型的扳柄。常用的套筒扳手有 13 件套、17 件套和 24 件套等多种规格，如图 1-13 所示。套筒扳手适合拆装部位狭小、特别隐蔽的螺栓或螺母。其套筒部分与梅花扳手的端头相似，并制成单件，根据需要，选用不同规格的套筒和各种手柄进行组合。如活动手柄可以调整所需力臂；快速手柄用于快速拆装螺栓、螺母；与扭力扳柄装配使用，即为扭力扳手。

第一章 摩托车维修基本知识

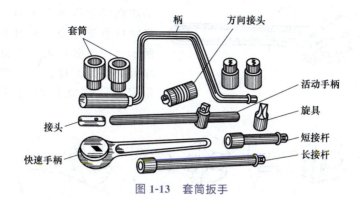

图 1-13　套筒扳手

> **小提示**
>
> 使用套筒扳手时应注意的事项
> ● ① 根据螺栓或螺母的大小和位置，选用适合的套筒和附件，并擦净油污。
> ● ② 使用时，一般将选取好的套筒套在螺栓头部或螺母上。若拆卸螺栓或螺母，一般先用扳杆将螺栓或螺母拧松，再换用摇杆或棘轮手柄快速将螺栓或螺母拆下；若安装螺栓或螺母，则先用摇杆或棘轮手柄将螺栓或螺母快速拧到一定紧度，再换用扳杆或扭矩扳手将其拧到规定的紧度。
> ● ③ 使用完毕后，应用煤油或柴油将工具清洗干净，对号排列放置于专用工具盒内。
> ● ④ 不能将手柄、连接杆等当作其他工具使用。

（7）**活动扳手及使用**　活动扳手的工作端开口的宽度可在一定范围内任意调整，应用范围较广，主要用于拆装不规则的带有棱角的螺栓或螺母。

使用活动扳手时，要将活动扳手扳口调整合适，使其套在螺母或螺栓上不松动。工作时必须注意拉动方向，使拉力施在固定扳口上，否则，扳手易折断或滑脱。活动扳手开口的大小可以根据需要在一定范围内调节，如图 1-14 所示。

使用活动扳手时必须将活动钳口的开口尺寸调整合适。应使扳

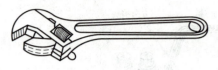

图 1-14　活动扳手

手的活动钳口承受推力,固定钳口承受拉力,如图 1-15 所示,用力要均匀,以免损坏扳手或使螺栓、螺母的棱角变形,造成打滑而发生事故。

(a) 正确使用　　　　　　(b) 错误使用

图 1-15　活动扳手的使用

小提示

使用活动扳手时应注意的事项

● ① 使用前应擦净扳手上的油污。

● ② 将活动扳手开口套入螺栓头部或螺母上时应使扳手的可动部分承受推力,固定部分承受拉力,然后调整活动扳手开口大小,使其与螺栓头部或螺母贴紧,防止扳手滑出损坏螺栓头部或螺母的棱角。

● ③ 禁止在扳手上加长力臂或将扳手当锤子使用。

(8) 扭矩扳手及使用　扭矩扳手如图 1-16 所示,它是一种与套筒扳手中的套筒配合使用,能显示拧紧力矩的专用工具。用扭力扳手拧紧螺栓或螺母时,其力矩的大小能及时指示出来,力矩的单位是 $N \cdot m$。摩托车维护中常用扭力扳手的规格为 $0\sim300N \cdot m$。

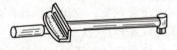

图 1-16　扭矩扳手

使用时选择合适的套筒,套装在被拧紧的螺栓头部或螺母上,再装上扭矩扳手,扳动扳手,指针所指的数值就是螺栓或螺母的紧固力矩值。

在维修作业中，凡是有拧紧力矩要求的螺栓或螺母，均需用扭力扳手将螺栓或螺母拧到规定力矩。使用扭力扳手时，必须符合规定，切忌在过载情况下使用而造成扭力扳手的失准或损坏。用完应将扭力扳手平稳放置，避免因重物撞、压，造成扳手杆或扳手指针变形而影响扳手的精度，甚至损坏扳手。

小提示

使用扭矩扳手时应注意的事项

● ① 检查扳手指针是否指在刻度盘的基线上，并将扳手擦拭干净后，把扳手端部方头插入套筒头的方形孔中。拧动扳手时应逐步加力，并观察指针在刻度盘上的位置变化。当指针指到规定的扭矩刻度时，停止拧动扳手。

● ② 不能在扳手上加长力臂或将扳手当其他工具使用。

2 摩托车维修专用工具

(1) 摩托车维修专用扳手及使用

① 内六角扳手　它用来拆装内六角螺栓，外形如图1-17所示。使用时，将扳手一端插入内六角螺栓头部的六角孔内，扳动另一端。若扭矩不够，可在扳手另一端套入长管，但不可用力过大，以防止内六角扳手折断。

② 火花塞扳手　火花塞扳手是来用拆装火花塞的，有分离式和整体式两种（图1-18）。

火花塞套筒扳手由六角无缝钢管制成（20钢），工作时圆棒插入套筒圆孔内起扳杆作用。由于火花塞的规格尺寸不同，火花塞套筒扳手的尺寸也不相同。

③ 锁紧扳手　锁紧扳手用来拆装各种型式的锁紧螺母，如转向柱的锁紧螺母、消声器的锁紧螺套等。摩托车维修

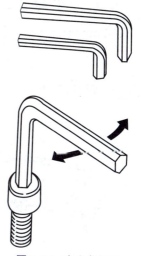

图1-17　内六角扳手

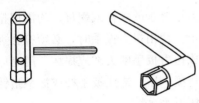

(a) 分离式　　(b) 整体式

图 1-18　火花塞扳手

中常用的有钩形锁紧扳手和叠式锁紧扳手等（图 1-19）。

④ 专用套筒扳手　用于拧转特殊螺栓或螺母（图 1-20）。

⑤ 机油滤清器扳手　用于拆装机油滤清器总成（图 1-21）。

(a) 钩形锁紧扳手　　(b) 叠式锁紧扳手　　(c) 使用方法

图 1-19　锁紧扳手

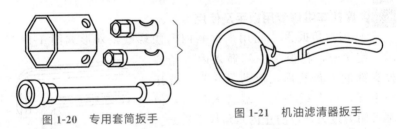

图 1-20　专用套筒扳手　　图 1-21　机油滤清器扳手

（2）气门拆装钳　气门拆装钳用于拆装气门，如图 1-22 所示。

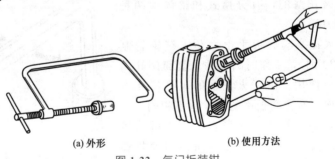

(a) 外形　　(b) 使用方法

图 1-22　气门拆装钳

（3）**气门间隙调整工具** 气门间隙调整工具用于调整气门间隙，如图1-23所示。

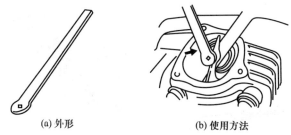

图1-23 气门间隙调整工具

（4）**气门导管拆卸工具** 气门导管拆卸工具用于拆卸气门导管，如图1-24所示。

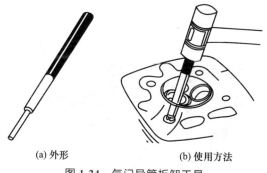

图1-24 气门导管拆卸工具

（5）**气门导管安装工具** 气门导管安装工具用于安装气门导管，如图1-25所示。

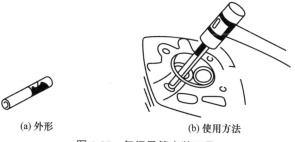

图1-25 气门导管安装工具

（6）**气门导管铰刀** 气门导管铰刀用于铰削气门导管,如图1-26所示。

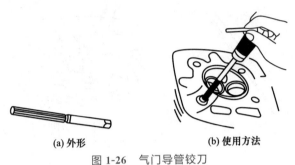

(a) 外形　　　　　　　　(b) 使用方法

图 1-26　气门导管铰刀

（7）**曲轴箱拆卸工具** 曲轴箱拆卸工具用于拆卸曲轴箱,如图1-27所示。

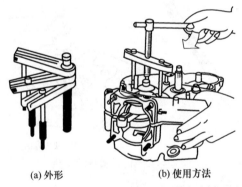

(a) 外形　　　　　　　　(b) 使用方法

图 1-27　曲轴箱拆卸工具

（8）**活塞销拆卸器** 活塞销拆卸器用于拆装活塞销,如图1-28所示。

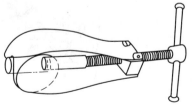

图 1-28　活塞销拆卸器

(9) **专用套筒扳手** 专用套筒扳手用于拆装磁电动机飞轮螺母，如图 1-29 所示。

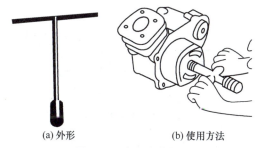

(a) 外形　　　　　　(b) 使用方法

图 1-29　专用套筒扳手

(10) **磁电动机飞轮拔出器** 磁电动机飞轮拔出器用于拆卸磁电动机飞轮，如图 1-30 所示。

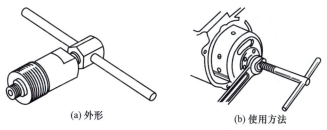

(a) 外形　　　　　　(b) 使用方法

图 1-30　磁电动机飞轮拔出器

(11) **离合器夹持器** 拆卸离合器时，离合器夹持器用于固定离合器，如图 1-31 所示。

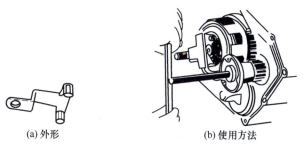

(a) 外形　　　　　　(b) 使用方法

图 1-31　离合器夹持器

(12) **排气管扳手及使用** 排气管扳手是用来拆装排气管螺母的,其结构如图 1-32 所示。

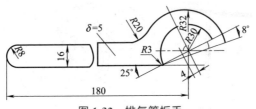

图 1-32 排气管扳手

排气管扳手的厚度一般为 4mm,其他尺寸根据排气管螺母的直径大小来确定,材料为 45 钢。使用时,应将排气管扳手钩头卡在排气管螺母的凹槽内,将圆弧面抵在排气管螺母的外表面上,用力扳动排气管扳手的尾部,即可拧松排气管螺母。也可用锤子打击扳手的尾部,使排气管螺母松动后,再用手扳动。

(13) **止动器及使用** 止动器如图 1-33 所示,它由圆柱销、顶板、铆钉、钩板、固定杆等零件组成。

当拧紧磁电动机固定螺母和小链轮固定螺母时,可使用该工具固定磁电动机飞轮和小链轮,以免其跟随旋转,给拆装造成困难。

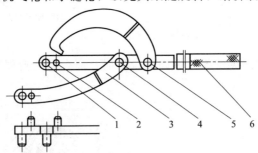

图 1-33 止动器

1—大圆柱销;2—小圆柱销;3—顶板;4—铆钉;5—钩板;6—固定杆

(14) **链条切断器** 链条切断器用于切断链条,如图1-34所示。

(15) **拉压器及使用** 拉压器分为两爪拉器、三爪拉器、球轴承拉器、圆锥滚子轴承拉器等。

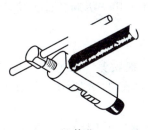 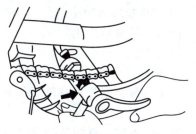

(a) 外形　　　　　　　　　(b) 使用方法

图 1-34　链条切断器

① 两爪拉器　主要用于拆卸发动机曲轴正时齿轮、曲轴带轮、风扇带轮、凸轮轴正时齿轮及其他位置尺寸合适的齿轮、轴承凸缘等圆盘形零件。一般有如图 1-35 和图 1-36 所示的几种型式。

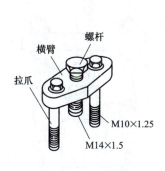 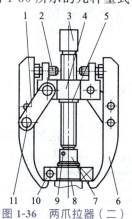

图 1-35　两爪拉器（一）　　图 1-36　两爪拉器（二）

1—连接板；2—螺栓；3—螺杆；
4—横臂；5—螺母；6—拉爪；7—垫套；
8,10—工件；9—定位销；11—销

使用拉压器时应注意的事项

● 使用两爪拉器时，当拉器与被拉工件安装好后，要检查拉爪是否卡紧，两边受力是否均匀对称，垫套与轴是否对中，然后拧动螺杆接触工件后，再复查一次，确认无误后，才能进行拆卸工作。

② 三爪拉器（图1-37） 三爪拉器主要用于拆卸各种齿轮及轴承、凸缘等圆盘形构件。

使用方法与两爪拉器基本相同。

③ 球轴承拉器 专用球轴承拉器一般按某一轴承尺寸制作，主要用于该种类型号的球轴承的拆卸，如图1-38所示。多用途球轴承拉器如图1-39所示。

拆卸轴承时，将两爪扣进球轴承钢球之间的空当，装上锁紧套，拧转拉器的螺杆，就可以将轴承拉下来。

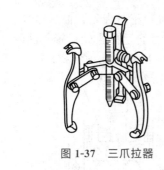

图1-37 三爪拉器

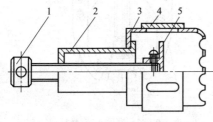

图1-38 专用球轴承拉器
1—螺杆；2—内拉爪；3—外拉爪；
4—调整外圈；5—伸缩板

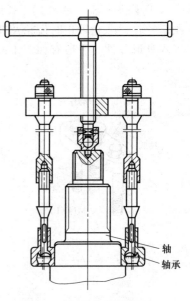

图1-39 多用途球轴承拉器

使用多用球轴承拉器时先将拉脚插入球轴承内、外座圈之间，再插入插脚夹紧。然后顺时针转动手柄，使螺杆下移，则顶头顶住轴承，当轴承距轴端近时可去掉接杆，只用拉脚即可。使用中换用不同规格的拉脚，可拉下多种球轴承和曲轴正时齿轮。

④ 圆锥滚子轴承拉器 主要用于主减速器主动锥齿轮轴承的拆卸。

如图1-40所示为圆锥滚子轴承拉器的一种，使用时，先利用螺杆将垫盘提起，将拉爪从轴承侧面装入，然后转动螺杆使垫盘卡入工件中心孔，与拉爪的卡拔部位对中并限位，以防卡偏和受力时滑脱。继续转动螺杆即可将轴承内套拉下，如图1-41所示。这种拉器只能用在轴承内套里面高出轴肩较多、端面间隙较宽松的场合。

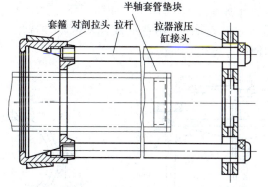

图1-40　圆锥滚子轴承拉器

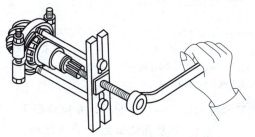

图1-41　拉下圆锥滚子轴承内套

（16）**离合器装配工具及使用**　拆卸摩托车离合器时，不用专用工具是难以完成的，尤其是盘式离合器上的压盘紧固螺钉无法拧紧。常用的离合器装配工具如图1-42所示。定位心棒和花键齿套可选用工具钢淬火至50~55HRC，其他零件可选用45钢，调质处理至28~32HRC，螺钉、圆柱销选用标准件。

装配时，先将离合器弹簧装在飞轮的弹簧孔座内，放上下压盘，将定位心棒装在下压盘上（将定位心棒的四方块装入下压盘的四方孔内），套上花键齿套，再装上驱动片和上压盘。将螺栓拧入飞轮销的螺孔中（最少要拧入 5 扣），顺时针转动扳杆，使弹簧压缩至上压盘与飞轮销端面接触，先装上 4 个螺钉并拧紧，然后卸下工具，再装上另外 2 个螺钉并拧紧。

（17）活塞环夹子及使用 装配气缸时，要使活塞组合能顺利进入气缸，首先要压缩活塞环，使活塞环的外圆面与活塞的外圆面齐平，活塞环夹子如图 1-43 所示。上环和下环一般用 0.8mm 厚的工具钢带调质至 40～50HRC 制造而成，其他零件选用 45 钢，调质至 28～32HRC。

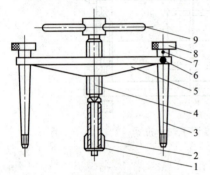

图 1-42 常用的离合器装配工具
1—定位心棒；2—花键齿套；3—螺栓；
4—螺杆；5—梁；6—螺钉；7—圆柱销；
8—滚花手柄；9—扳杆

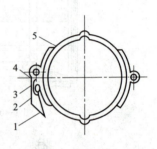

图 1-43 活塞环夹子
1—扳手；2—销子；3—下环；
4—板条；5—上环

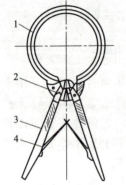

图 1-44 装拆活塞环钳子
1—钳环；2—滑板；
3—钳柄；4—弹簧片

装配时，先扳动扳手，使夹子张开，套在活塞组合的活塞环外径上，再扳动扳手，使夹子合拢，压缩活塞环外圆，使其与活塞外圆平齐。将气缸套在活塞组合上，并往下推至活塞环进入气缸。重复上述动作直至所有活塞环装入气缸，再松开扳手，取下活塞环夹子。

（18）装拆活塞环钳子及使用 装拆活塞环时，一定要用专用工具，不能用手硬扳，以免将活塞环折断，甚至损坏活塞。装拆活塞环钳子如图 1-44 所示。钳柄用工具钢制造，弹簧片用 65Mn 钢制造，其他零件用 45 钢制造。

使用时，将活塞环放入钳环内，使活塞环的开口对准钳柄的顶头，用力握钳柄，活塞环便可张开，从而将活塞环装入活塞环槽内，或从活塞环槽内取下活塞环。

(19) 游标卡尺及使用 游标卡尺是一种使用简便且精度比较高的量具，它可用于测量工件的外径、内径、长度和深度。按照测量功能可以分为普通游标卡尺、深度游标卡尺、带表卡尺等；按照读数值可以分为 0.10mm、0.05mm、0.20mm 等数种。

游标卡尺由主尺（尺身、游标、副尺）、内量爪、外量爪等组成，如图 1-45（a）所示。

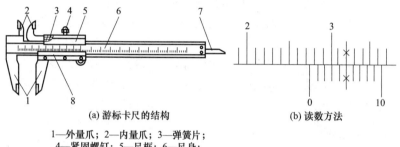

(a) 游标卡尺的结构

1—外量爪；2—内量爪；3—弹簧片；
4—紧固螺钉；5—尺框；6—尺身；
7—深度尺；8—游标

(b) 读数方法

图 1-45 游标卡尺

① 测量方法如下。

a. 测量前，先将零件被测表面和卡脚接触表面擦干净。

b. 测量零件外径时，将外量爪向外移动，使两量爪间距大于零件外径，再慢慢地移动游标，使两量爪与零件接触，切忌硬卡硬拉，以免影响游标卡尺的精度和读数的准确性。

c. 测量零件内径时，移动内量爪，使内量爪与零件内径接触。

d. 测量时，应使游标卡尺与零件垂直，固定锁紧螺钉。测外径时，记下最小尺寸；测内径时，记下最大尺寸。

e. 用深度游标卡尺测量零件深度时，将固定量爪与零件被测表面平整接触，然后缓慢地移动游标，使量爪与零件接触。移动力不宜过大，以免硬压游标而影响测量精度和读数的准确性。

f. 用毕，应将游标卡尺擦拭干净，并涂一薄层工业凡士林，放入盒内存放，切忌折、重压。

② 读数方法如图 1-45（b）所示。

a. 读出游标零刻线所指示尺身上左边刻线的毫米数为 2.7mm。

b. 观察游标上零刻线右边第几条刻线与尺身某一刻线对准，将读数乘以游标上的格数，即为毫米小数值（5×0.01mm＝0.05mm）。

c. 将尺身上的整数值和游标上的小数值相加即得被测零件的尺寸。计算公式如下。

零件尺寸＝尺身整数＋游标读数值×精确度

图 1-45（b）中的（精确度为 0.01mm）读数值为 2.7mm＋5×0.01mm＝2.75mm。

(20) 千分尺及使用 外径千分尺是利用螺旋原理制成的精确度很高的量具，可测量工件外径和厚度，精确度达 0.01mm，也称分厘卡，有些精确度可达 0.001mm，种类还有内径千分尺、深度千分尺。外径千分尺外形如图 1-46 所示。

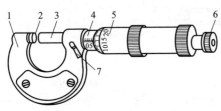

图 1-46 外径千分尺外形
1—尺架；2—测砧；3—测微螺杆；4—固定套筒；
5—微分筒；6—测力装置；7—锁紧装置

按照测量范围可以分为 0～25mm、25～50mm、50～75mm、75～100mm、100～125mm 等多种不同规格，但每一种千分尺的测量范围均为 25mm。

使用方法如下。

① 将工件被测表面擦拭干净，并置于千分尺两砧端之间，使千分尺螺杆轴线与工件中心线垂直或平行，若歪斜着测量，则直接影响到测量的准确性。

② 旋转旋钮，使砧端与工件测量表面接近，这时改用旋转棘轮盘，直到棘轮发出"咔、咔"响声时为止，此时的指示数值就是所测量的工件尺寸。

③ 测量完毕，必须倒转微分筒后才能取下千分尺。使用完毕，应将千分尺擦拭干净，保持清洁，并涂抹一薄层工业凡士林，然后放入盒内保存。禁止重压、弯曲千分尺，且两砧端不得接触，以免影响千分尺精度。

读数方法如下。

① 从固定套筒上露出的刻线读出工件的毫米整数和半毫米整数。

② 从微分筒上由固定套筒纵向线所对准的刻线读出工件的小数部分（百分之几毫米），不足一格数（千分之几毫米），可用估算读法确定。

③ 将两次读数相加就是工件的测量尺寸。

千分尺的三个读数示例如图1-47所示。

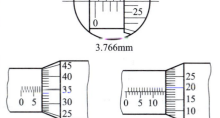

图1-47　千分尺的三个读数示例

小提示

注意事项

● 测量前，应将千分尺的测量面和零件的被测面擦拭干净；然后对千分尺进行零位校准，其方法是旋入活动套管，当棘轮发出"咯咯"响声时，活动套管边缘与固定套管的"0"刻线对齐，同时活动套管上的"0"刻线与固定套管上的基准线对准。若有误差，应予以调整校正。

(21) **百分表及使用**　钟表式百分表（钟面式千分表）是利用齿条齿轮或杠杆齿轮传动，将测杆的直线位移变为指针的角位移的计量器具。

百分表是一种比较性的测量仪表，测量精度为0.01mm，用来测量零件的偏差、摆差、平面度、平行度、直线度和配合间隙等。它是由表体、表圈、刻度盘、转数指示盘、长指针、套筒、测量杆、测量头、器头等组成的，如图1-48所示。

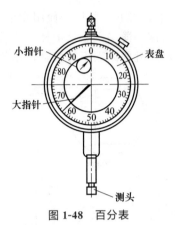

图 1-48 百分表

读数方法:百分表的表盘刻度一般分为 100 格,当测头每移动 0.01mm 时,大指针就偏转 1 格(表示 0.01mm);当大指针超过 1 圈时,小指针偏转 1 格(表示 1mm)。指针的偏转量就是被测零件的实际偏差或间隙值。

使用方法如下。

① 先将百分表固定在表架(支架)上,以测杆端测头抵住被测工件表面,并使量头产生一定位移(即指针存在一个预偏转值)。

② 移动被测工件,同时观察百分表表盘上指针的偏转量,该偏转量即被测物体的偏差尺寸或间隙值。

注意事项

● ① 测量头和零件被测面必须清洁,百分表必须可靠地固定在表架上,表架要放平稳,便于测量的准确性。

● ② 测量前,一般都把百分表的长指针指到刻度盘的零位,便于读数。

● ③ 测量时,测量杆的轴线应与零件被测面垂直。

● ④ 根据被测件的形状和表面粗糙程度不同,选择适当的测头。测量球形或圆柱形零件,可选用平测量头;测量表面较平的零件,可选用球面测量头;测量凹面或形状复杂的表面(如凸轮、凹槽),可选用锥形测量头,但注意不要划伤被测表面。

● ⑤ 测量头与被测表面接触时,测量杆应事先有 0.3~1mm 的压缩量,以便保持测量头与被测表面之间有一定的初始测力,以提高测量值的稳定性、准确性。

(22) **内径百分表及使用** 内径百分表又称量缸表,如图 1-49 所示,是一种用来测量气缸和孔类零件内径形状的测量仪具。在汽车、摩托车维修中，主要用于测量发动机气缸和轴承座孔的圆度、圆柱度误差或零件磨损情况。

它主要由百分表、表杆、表杆座、活动测杆（测头）、支撑架和一套长度不等的接杆等组成。可根据测量孔径大小选择接杆长度，接杆一端有螺纹，拧入接杆座孔时可调节长度，调好后拧紧固定螺母即可。

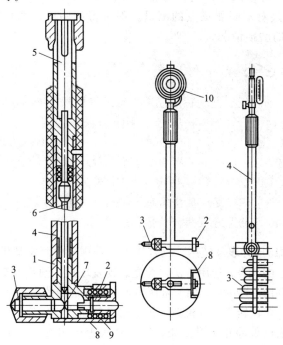

图 1-49 内径百分表

1—三通管；2—活动测杆；3—固定量杆；4—表杆；5—插口；6—活动杆；
7—杠杆；8—活动套；9—弹簧；10—百分表

使用方法如下。

① 用一只手拿住绝热套，另一只手尽量托住表杆下部，轻轻摆动表杆，使内径百分表测杆与气缸轴线垂直，可通过观察百分表指针摆动情况来判断，当指针指示到最小数值时，即表示测杆已垂直于气缸轴线。

② 内径百分表读数方法与百分表相同，读出百分表表头指示数值。

③ 确定工件尺寸如下。

a. 如果百分表表头的大指针正好指在"0"处，说明被测工件的孔径（缸径）与其校表尺寸相等，若以标准尺寸进行校表，则表示工件尺寸与标准尺寸相同。

b. 如果百分表表头大指针顺时针方向转离"0"位，则表示工件尺寸小于标准尺寸；反之则表示大于标准尺寸。

c. 通过对不同测量点的测量，即可得到圆度、圆柱度的误差量或工件的磨损情况。

小提示

● 测量前，应根据气缸内径选择合适的接杆，带固定螺母的接杆旋入内径百分表的接杆座上，用千分尺校对量缸时所测气缸的标准尺寸，留出活动测杆伸长数值为 2mm，旋转百分表圈使刻度盘上的"0"位对正长指针，记住转数指示盘上的指针指示值，拧紧接杆座上的固定螺母。测量时，应把内径百分表表头轻轻放入气缸内，使表头与气缸内径轴线垂直，并左右摆动内径百分表，以内径百分表指针读数最小值为准。

（23）**气缸压力表及使用** 气缸压力表是用来检测发动机气缸内压缩压力大小的仪表。使用方法：首先启动发动机，预热后熄火，拆下火花塞，利用一些附件，将气缸压力表接在气缸盖的火花塞螺纹孔上；然后将油门转把转至全开位置，按下启动按钮或脚踩启动踏杆，直至气缸压力表读数停止上升为止，即可从表上读出气缸内的最大压缩压力。反复测量 2~3 次，取其平均值即为气缸内的压缩压力。

（24）**气门座修整工具及使用** 气门座修整工具是一种用于修整已磨损或损坏的气门座的工具，圆锥上有刀头。

刀头的角度有与气门座角度相对应的 30°或 45°角的、有调节油门座幅宽的 15°角的、有定位用的 75°角的，还有粗切削和粗加工用的。

小提示

● 切削时需注意不得停在同一位置。

(25) **气动套筒扳手枪及使用** 如图 1-50 所示,使用时,一按启动手柄,离合杆就旋转,给螺栓、螺母以冲击力矩。利用切换手柄可任意改变旋转方向,并可改变调节器的数值来调节拧紧力。

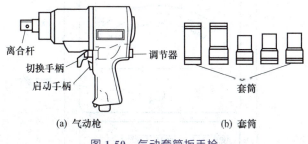

图 1-50 气动套筒扳手枪

3 电气维修常用工具与仪器

(1) **万用表及使用** 万用表是一种多功能、多量程、便于携带的电子仪表,是电子制作中必备的测试工具。常用的万用表有模拟式(指针式)和数字式两种。指针式万用表是以表头为核心部件的多功能测量仪表,测量值由表头指针指示读数;数字式万用表的测量值由液晶显示屏直接以数字的形式显示,有些还带有语音提示功能。

模拟式万用表如图 1-51 所示,它有红黑两支表笔,红表笔为正极,黑表笔为负极。万用表的测量内容如下。

① 电阻 在仪表刻度面板最上方的刻度为电阻值读数,单位为欧姆(Ω)。使用不同挡位时,指针读数应乘以该挡位的倍数。

② 直流电压 在仪表刻度面板上 DCV 刻度为直流电压值读数,单位为伏特(V)。

③ 交流电压 在仪表刻度面板上 ACV 刻度为交流电压值读数,单位为伏特(V)。

④ 直流电流 在仪表刻度面板上 DCA 刻度为直流电流值读数,单位为安培(A)。

(2) **点火正时灯及使用** 点火正时灯用来检测发动机点火是否正时,其外形如图 1-52 (a) 所示,使用方法如下。

① 拆下曲轴箱盖或左曲轴箱盖上的螺塞,找出磁电动机飞轮

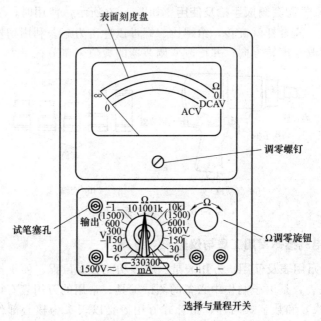

图 1-51 模拟式万用表

和曲轴箱(或左曲轴箱盖的检查孔)上的点火正时标记。

② 将点火正时灯的感应夹头夹在点火线圈的高压线上,启动发动机,使发动机在怠速运转。

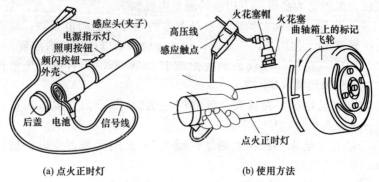

(a) 点火正时灯　　　　　　　(b) 使用方法

图 1-52 点火正时灯及使用方法

③ 按下点火正时灯开关,使点火正时灯对准曲轴箱(或左曲

轴箱盖的检查孔）上的点火正时标记和飞轮［图 1-52（b）］。观察在闪光束的照射下磁电动机飞轮上的"F"刻线（即点火正时标记）所处的位置。若飞轮上的"F"刻线对准曲轴箱（或左曲轴箱盖的检查孔）上的点火正时标记，则说明点火正时；反之，说明点火不正时。

> **小提示**
>
> ● ① 有些摩托车发电机外盖打开时，有一个专门供观察该标志用的观察孔，可将正时灯对准观察孔。
> ● ② 点火正时灯在运用过程中，不仅适用于电容放电式电子点火，也同样适用于其他形式的电子点火，即无触点点火。

（3）**检测灯及使用** 检测灯由灯泡、灯泡座、导线、鳄鱼夹等组成。检测灯可以自制。找一个 12V/35W（或 6V/25W）的大灯泡，在灯泡的灯头上焊上两根不同颜色的塑料导线及两个鳄鱼夹，检测灯即制作完成。用检测灯检测摩托车照明电路断路故障比万用表方便、直观。

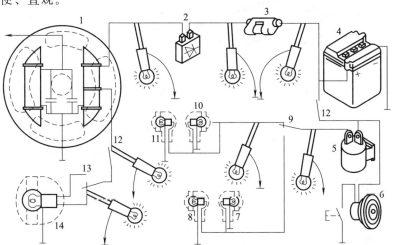

图 1-53 用检测灯检查摩托车电源系统、照明系统、信号系统故障
1—磁电动机；2—整流调节器；3—熔断器；4—蓄电池；5—闪光继电器；
6—电喇叭；7—前右转向灯；8—前左转向灯；9—转向开关；10—后右
转向灯；11—后左转向灯；12—前照灯开关；13—变光开关；14—前照灯

如图 1-53 所示为用检测灯检查摩托车电源系统、照明系统、信号系统故障。检测电路断路故障：打开点火开关，将检测灯一端搭铁，检测灯另一个鳄鱼夹上夹一个大头针，将鳄鱼夹上的大头针刺入塑料导线或插进插接件的接线端子上；若电路正常，如图 1-53 所示的检测灯应发光；如检测灯不发光，说明电路存在断路故障。

如果用检测灯检查摩托车蓄电池充电故障，可以拆掉熔断器的熔丝，将测试灯的两个鳄鱼夹并联夹在蓄电池的正、负极上以替代蓄电池。发动机启动运转，打开照明开关时检测灯应发光。当发动机转速在 4000～5000r/min 时，检测灯发出明亮光线，并且光线强度不随发动机转速的提高发生变化，否则，说明摩托车电源系统有故障。

（4）跨接线及使用　跨接线就是一段可长可短的多股导线，两端分别接有鳄鱼夹或者不同形式的各种插头，可以在不同的场合下使用。摩托车电工一般都备有多种形式的跨接线，以用作特定位置的检测，如图 1-54 所示。

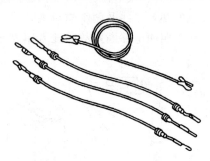

图 1-54　各种形式的跨接线

跨接线可用来替代被怀疑有断路故障的导线，也可以在不需要某部件的功能时，用跨接线将其短路，以检查部件的工作情况。此外，在摩托车电控系统的故障自诊断中，常常需要用专门的跨接线（跳线）跨接在专用检测接口内规定的插座或插头上，以完成调取故障的作业，使维修人员能顺利地进行故障诊断。

小提示

使用跨接线时应注意的事项

● ① 用跨接线将电源电压加至试验部件之前，必须先确认被试部件的电源电压是否应为 12V。如有的喷油器电源电压为 5V，若加上 12V 电压就可能使喷油器损坏。

● ② 跨接线不可错误连接在试验部件"+"接头与搭铁之间。

（5）**正确使用高率放电叉** 高率放电叉是使蓄电池在大电流放电情况下，测量蓄电池端电压的一种专用检测工具。单格蓄电池高率放电叉的外形如图 1-55 所示。

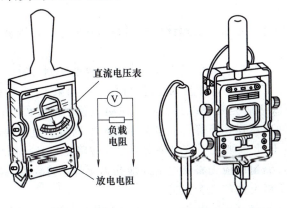

(a) 单格高率放电叉　　(b) 12V整体高率放电叉

图 1-55　单格蓄电池高率放电叉的外形

① 单格高率放电叉检测　测量前应先将蓄电池加液孔盖旋开，测量时将高率放电叉的两触针紧压在蓄电池单格的正、负极桩上，观察放电叉的电压值并做好记录。分别测量各个单格电池在大电流放电情况下的端电压，然后进行比较判断，如图 1-56 所示。性能好、存电足的蓄电池各单格电池的端电压在 1.5V 以

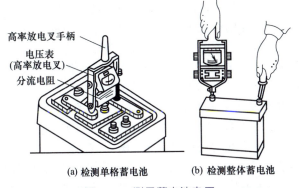

(a) 检测单格蓄电池　　(b) 检测整体蓄电池

图 1-56　测量蓄电池电压

上,并在5s内电压基本稳定。如果各单格电池的电压低于1.5V并在5s内电压迅速下降时,说明蓄电池有故障。若某单格电池电压指示过低甚至为零,则说明该单格电池内部有短路、断路或严重硫化等故障。

读数指针稳定时,迅速读出数据并移开放电叉,测量时间不得超过5s。

一般技术状况良好的蓄电池,用高率放电叉测量时,单格电池电压应在1.5V以上,并且5s内保持稳定;如果5s内单格电池电压虽低于1.5V,但还能维持稳定,说明该蓄电池过放电;如果5s内单格电池电压迅速下降,或者某单格电池测量示值比其他单格电池低0.1V以上,则说明该单格电池存在故障,应进行修理。

注意:测量前应先将蓄电池加液孔盖旋开,将放电叉的两叉头紧抵同一单格电池的2个极桩。

② 12V整体高率放电叉检测 测量时用力将放电叉触针刺入蓄电池正负接线柱,保持15s,若蓄电池电压能保持在9.6V以上,说明电池性能良好;若蓄电池电压稳定在10.6~11.6V,说明蓄电池存电充足;若在测试过程中蓄电池电压迅速下降,则表示蓄电池已损坏。

(6) 正确使用吸式密度计 吸式密度计是用来检测普通型铅蓄电池电解液的相对密度,从而确定蓄电池存电和放电状况的专用测量工具,其结构如图1-57(a)所示。

① 使用时要先捏紧橡胶球,排尽空气,再将橡胶吸管插入蓄电池加液孔,吸入适量电解液,直至密度计浮子浮起。

把密度计下端的橡胶吸管伸入单格电池的加液口内。用手将橡胶球捏下再慢慢放开,电解液就会被吸到玻璃管中。注意控制吸入电解液的量不要过多或过少,应使密度计浮子浮起适当高度。玻璃管内的浮子应浮在中央,不与管壁接触。

② 读取密度计浮子刻度值时要保持"三平",即垂直提起密度计,使浮子浮在玻璃管中央的平衡位置,读刻度时要保持视线与电解液凹平面、浮子刻度三者相平齐 [图1-57(b)]。

③ 测量电解液相对密度时,一般还需同时测量电解液的温度,以便换算到标准温度(25℃)时的密度。简单地说,与25℃相比,环境温度每升高1℃,应在所测得的相对密度值上加0.0007;每降

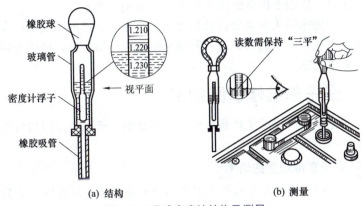

图 1-57 吸式密度计结构及测量

低 1℃，则应减少 0.0007。

（7）**正确使用电枢感应仪** 电枢感应仪是用于检查直流电动机电枢的专用仪具。检查方法：将需要检查的电枢放在感应仪的 V 形槽架内，如图 1-58 所示。接通交流电源，再将一个薄钢片轴向地放置在电枢上面，并慢慢转动电枢。如果薄钢片在某个铁芯槽上跳动，说明该槽内的线圈或相应

图 1-58 电枢感应仪检测电枢线圈

的两个整流片之间有短路。再慢慢继续转动电枢，然后将薄钢片依次跨接相邻的整流片，此时，均应有火花产生，否则说明相邻的整流片所接的线圈断路。用感应仪上的电流表触针触接相邻的整流片时，若电流表无读数，也表明该整流片所接的线圈断路。

（8）**正确使用火花塞套筒** 火花塞套筒按其结构型式有分离式和整体式两种。它的尺寸是与该车火花塞相适应的，深度也是适于该车发动机安装火花塞的，所以千万不能丢失。火花塞套筒的内六角对边有 17mm 和 22mm 两种常用尺寸。内六角对边尺寸为 17mm 的，适用于拆装螺纹直径为 10mm 的火花塞；内六角对边尺寸为

22mm 的，适用于拆装螺纹直径为 14mm 的火花塞。

使用随车的火花塞套筒装卸火花塞是非常方便的，只要将套筒套住火花塞并将套筒落到底，利用所配备的专用扳杆，可以很容易地装卸火花塞。

三、摩托车维修识图知识

摩托车维修识图主要是指摩托车传动图、机械零件图与装配图和电路图的识读。

1 摩托车传动图的识图

用简明的机构符号画出机器的传动原理和关系的图样，称为摩托车传动图。它为了解传动路线、改进设计构思、进行技术交流等提供了很大的方便。

① 摩托车传动符号（参照 GB 4460—2013）见表 1-4。

表 1-4　摩托车传动符号

名称		符号
轴	普通轴	——————— GB
	单曲轴	GB
	单曲轴(带平衡重)	GB
	多曲轴	GB
轴承	滑动轴承	GB
	球形滚动轴承	GB

续表

名称		符号
轴承	滚针轴承	荐用
	单向推力轴承	GB
齿轮	圆柱齿轮	GB
	圆锥齿轮	GB
链轮		GB
联轴器	固定接手	GB
	伸缩套合接手	GB
	弹性接手	GB
	万向接手	GB
离合器	手操片式	荐用
	自动离心(片式)	荐用

续表

名称		符号
离合器	自动离心（块式）	荐用
	超越离合器（不分形式）	荐用
轴与轮接合	固定接合	GB　荐用
	花键接合	GB　荐用
	空套接合	GB　荐用
	侧牙接合	GB 荐用

续表

名　称		符　号
制动器	盘式	荐用
	鼓式	荐用
电动机	不指明形式	GB
	一般表示法	GB
	支座式	GB
弹簧	压弹簧	GB
	拉伸簧	GB
	涡卷簧	GB
	片簧	GB

② 摩托车传动系统的传动如图 1-59 所示。

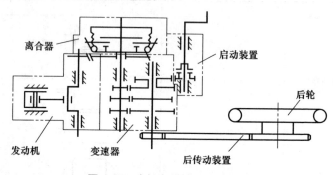

图 1-59　摩托车传动系统的传动

2　摩托车零件图与装配图的识图

（1）摩托车零件图　摩托车零件图是指导制造和检验零件的图样，一张合格的零件图包括以下四个方面的内容，斜圆柱齿轮零件图如图 1-60 所示。

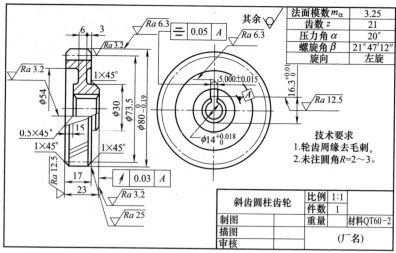

图 1-60　斜圆柱齿轮零件图

① 图形　用一组精选的视图，正确、完整地表达出零件的结构。
② 尺寸　正确、完整、合理、清晰地注出零件的尺寸数值。

③ 技术要求　用代号和文字简明、准确地给出零件的加工技术要求，如尺寸公差、形位公差、粗糙度、材质、热处理及表面处理等要求。

④ 标题栏　写出零件的名称、编号、责任者签署等。

识读摩托车零件图的方法如下。

① 读标题栏　了解零件的名称、用途、材料、比例及所属部件等。

② 分析视图　先重点看清主视图的结构形象和安放位置，随后找出其他视图、剖视的投影关系，以利深入看图。

③ 进行形体分析和结构分析　逐步弄清各部分准确形状和结构特征，得出对零件结构的整体认识。

④ 进行尺寸分析　看清各部位尺寸和总体尺寸，尤其要看准重要的功能尺寸。

⑤ 了解工艺技术要求　弄清制造、检验、维修等技术要求。

（2）摩托车装配图　表达摩托车或其部件装配结构的图样叫作摩托车装配图，它是装配、调整、检验、安装、维修的重要技术资料。一张合格的摩托车装配图包括以下内容。

① 图形　用一组精选的视图，正确、完整、清晰、简便地表现出机械的工作原理、装配关系和主件结构。

② 必要的尺寸　精选并注出反映机械规格性能、装配、检验、安装、使用等要求的少量必要的尺寸。

③ 技术要求　用文字或符号注出机械的装配、安装、使用等技术要求。

④ 标题栏、零件号、明细表　表明厂名、机械名称、零件名称、位置、数量、材料、重量、有关责任人签署及编号等项目。

螺旋千斤顶的装配图如图1-61所示。

识读摩托车装配图的方法如下。

① 识读标题栏、明细表　概括了解机器或部件的用途，初步思考其工作原理和动作特点。

② 分析视图　首先弄清主视图的结构形象和安放位置，接着查清其他视图和小图与主视图的对应关系，了解图形的表达重点，尤其对某些局部视图、省略画法、单件拆示等要多留意。

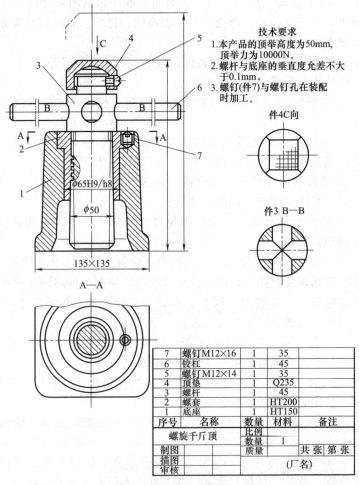

图 1-61 螺旋千斤顶的装配图

③ **分析装配关系** 顺机器的装配主干,逐步弄清零件之间的装配关系和相互作用,力求查清零件的结构形状和形体尺寸,达到全面深入了解机器的目的。

④ **分析尺寸** 分析尺寸的作用和性质是要将机器的规格、外形、装配、安装尺寸弄清楚。

⑤ **归纳小结** 将机器的工作原理、技术特征、拆装方法、注

意事项等进行归纳小结，形成完整的认识。

3 摩托车电路图的识图

（1）摩托车电路图的常用电器符号及含义　虽然不同型号摩托车的电路图不大相同，但摩托车电路图所采用的符号大体相同。摩托车电路图中使用的各种常用电器符号及说明见表1-5。

表1-5　摩托车电路图中使用的各种常用电器符号及说明

符　号	说　明	符　号	说　明
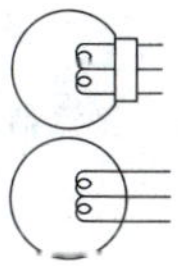	前照灯组合或尾灯/制动灯组合	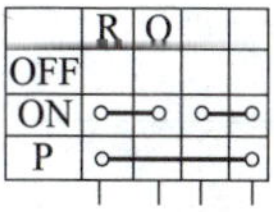	开磁锁开关表或开关锁
	转向灯组合	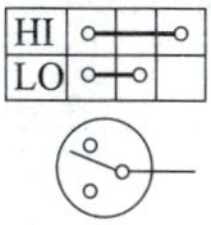	前灯变光开关
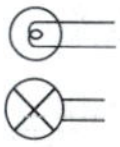	信号灯组合	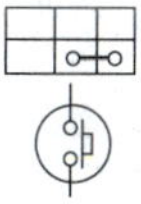	喇叭按钮开关
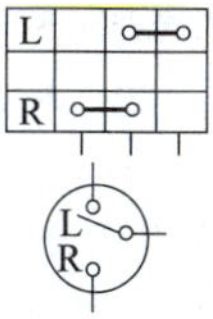	转向信号灯开关	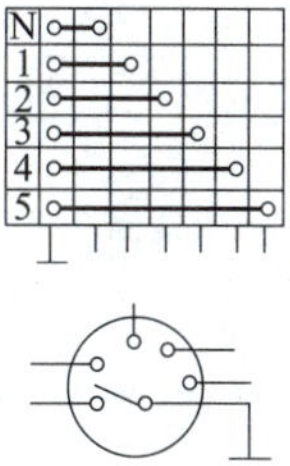	挡位开关
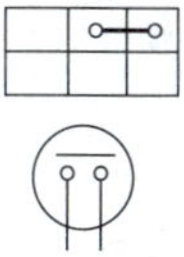	电源按钮开关		二极管
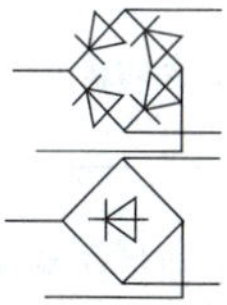	单相全波整流器	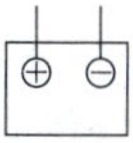	蓄电池

续表

符号	说明	符号	说明
	三相全波整流		熔断器
	点火电源线圈与触发线圈共用的磁电动机		喇叭组合
			调压整流器 REG 或 REC
	外触发式磁电动机		调压器 REG
	外触发式三相交流磁电动机		整流器
	点火器 CDI		闪光器
			充电线圈和照明线圈分开的磁电动机
	点火线圈		启动继电器
	点火线圈		启动机
	电阻器		复合插接器
	圆柱插接器		燃油传感器

（2）**摩托车电气电路中常见的英文标注符号**　摩托车电气电路中常见的英文标注符号见表 1-6。

表 1-6　摩托车电气电路中常见的英文标注符号

名称	标注符号	名称	标注符号
开关	SW	永磁式发电机	MAG
开	ON	蓄电池	BAT
关	OFF	调节器	REG
按钮开关	BS	整流器	RECT
搭铁	E	熔丝	F
位置	PO	仪表	M
空挡	N	速度表	TA
点火	IG	里程表	SP
电容放电点火	CDI	运转	RUN
前照灯	HL	转向指示	TU
远光	HI	空挡指示	NU
近光	LO	释放	FREE
尾灯	TL	按下	PUSH
信号灯	SL	检查	C
左	L	锁	LOCK
右	R	白天	DAY
闪光器	W	夜间	NIGHT
喇叭	HO		

（3）**摩托车电气电路中接线点用途符号的含义**　摩托车电气电路中接线点用途符号的含义见表 1-7。

表 1-7　摩托车电气电路中接线点用途符号的含义

接线点用途符号		含义	接线点用途符号		含义
点火开关	BAT	电源输入	照明开关	HB、HI、H	远光灯接线点
	HO	经点火开关输出		LB、LO、L	近光灯接线点
	IG	点火电源线圈输出		R_1、R_2	电阻器接线点
	E	搭铁	转向开关	N、W	闪光器电源
照明开关	HL	前照灯电源		R	右转向灯电源
	TL	尾灯及仪表灯电源		L	左转向灯电源
	P	前小灯电源			

小提示

电气电路线束色标的规律

● 一般情况下，车上导线用什么颜色，图上就印什么颜色。导线的颜色是有一定规律的，红色线大多为控制火线，棕色线为搭铁线，白、黄色线用于控制灯，蓝色线大多用于指示灯或传感器，绿、红/黑或绿/黑色线多用于脉冲式的用电器。

(4) 摩托车导线中英文符号对照和颜色及用途

① 国产摩托车导线中英文符号对照　国内摩托车生产厂家在电路图上对导线颜色的标注大多依照惯例，将导线颜色用英语词语的第一个字母或缩写表示，如红色导线在电路图上以字母 R 表示。为了避免重复，一般用字母的大小写方式表示，如灰色导线则用 Gr 表示。双色导线以斜线加字母的形式表示，一般将导线的主色调标注在斜线的前面，导线的副色调标注在斜线之后，如导线主色为黑色，副色（线条）为红色时，导线表示为黑/红色或用 B/R 代表。

单色导线中英文符号对照表见表 1-8，双色导线中英文符号对照表见表 1-9。

表 1-8　单色导线中英文符号对照表

导线颜色	符号	导线颜色	符号	导线颜色	符号	导线颜色	符号
红	R	灰	Gr	黑	B	橙	O
黄	Y	浅蓝	LB	绿	G	深绿	DG
蓝	L	浅绿	LG	棕	Br	粉红	P
白	W	天蓝	SB	赭	Ch		

表 1-9　双色导线中英文符号对照表

符号	导线颜色	符号	导线颜色
B/W	黑色带白色条	W/L	白色带蓝色条
R/Y	红色带黄色条	W/G	白色带绿色条
L/R	蓝色带红色条	W/R	白色带红色条
G/W	绿色带白色条	W/Y	白色带黄色条
G/L	绿色带蓝色条	Y/R	黄色带红色条
O/W	橙色带白色条	Y/W	黄色带白色条
R/B	红色带黑色条	Y/L	黄色带蓝色条
R/G	红色带绿色条	Y/G	黄色带绿色条
R/W	红色带白色条	LG/R	浅绿色带红色条
W/B	白色带黑色条	Br/W	棕色带白色条

② 摩托车导线颜色及用途

a. 本田公司摩托车导线颜色及用途见表 1-10。

表 1-10　本田公司摩托车导线颜色及用途

颜色	代号	连接部位	颜色	代号	连接部位
粉红色	P	发电机电源输出线	黑/白色	B/W	熄火线
绿色	G	搭铁线	蓝/白色	L/W	点火器至触发线圈引线
红色	R	蓄电池正极到点火开关前引线	橙/白色	O/W	左位置灯正极引线

续表

颜色	代号	连接部位	颜色	代号	连接部位
蓝色	L(Bl)	前大灯远光引线	黄/白色	Y/W	燃油表至浮子开关引线
白色	W	发电机充电输出、前大灯近光引线	棕/白色	Br/W	仪表灯引线
黑色	B	点火开关与信号用电器连线	天蓝/白色	SB/W	右位置灯正极引线
黄色	Y	发电机灯光、充电电源输出线	黑/红色	B/R	点火电源线圈至点火器引线
橙色	O	左边前后转向灯至转向开关引线	蓝/红色	L/R	点火器触发电源上端引线
灰色	Gy(Gr)	闪光器至转向开关引线	蓝/黄色	L/Y	点火器触发部分引线
棕色	Bl(BR)	仪表灯、位置灯、尾灯、闪光器至转向开关引线	绿/黄色	G/Y	前、后制动灯开关至制动灯引线
天蓝色	SB	前、后转向灯至转向开关引线	黑/黄色	B/Y	点火线圈至点火器引线
浅绿色	LG	空挡灯至空挡开关引线	棕/红色	Br/R	超速警告灯至超速传感器引线
浅蓝色	LB	电喇叭至电喇叭按钮引线	黄/红色	Y/R	启动继电器正极引线

b. 雅马哈公司摩托车导线颜色及用途见表1-11。

表1-11 雅马哈公司摩托车导线颜色及用途

颜色	代号	连接部位	颜色	代号	连接部位
红色	R	蓄电池正极至点火开关	蓝/白色	L/W	启动继电器正极引线
粉红色	P	电喇叭至电喇叭按钮	黑/白色	B/W	点火线圈初级绕组输入线
蓝色	L	电源总开关至变光开关中间线	绿/黄色	G/Y	水温表至水温传感器之间引线
绿色	G	燃油表至燃油传感器	棕/白色	Br/W	闪光器至转向灯开关之间引线
黑色	B	搭铁线	红/黑色	R/B	C、D、I点火电源（发电机输出至C、D、I)
白色	W	发电机充电电源输出	白/黑色	W/B	电子点火器至发电机触发线圈
橙色	O	点火线圈到点火器	红/黄色	R/Y	发电机大灯电源输出线

续表

颜色	代号	连接部位	颜色	代号	连接部位
黄色	Y	发电机的大灯电源输出线	黑/黄色	B/Y	启动辅助继电器负极引线
灰色	Cy/(Gr)	制动灯开关至制动灯	绿/黄色	G/Y	制动灯至前、后制动开关之间引线
棕色	Br(BR)	整车电源正极及点火开关与其连线	白/红色	W/R	C、D、I 触发电源
咖啡色	Ch	左转向灯正极引线	绿/红色	C/R	燃油显示器至浮子开关
深绿色	CG(DG)	右转向灯正极引线	蓝/红色	L/R	雾灯正极引线
天蓝色	SB	空挡灯至空挡灯开关	棕/红色	Br/R	闪光器至转向开关
红/白色	R/W	点火器至触发线圈			

c. 铃木公司摩托车导线颜色及用途见表 1-12。

表 1-12 铃木公司摩托车导线颜色及用途

颜色	代号	连接部位	颜色	代号	连接部位
红色	R	蓄电池正极至点火开关	黑/白色	B/W	搭铁线
粉红色	P	喇叭至按钮开关	绿/白色	G/W	触发线圈引线
绿色	G	喇叭至按钮开关	橙/白色	O/W	熄火线
黑色	B	喇叭至按钮开关,前后转向灯线	黑/红色	B/R	点火电源线圈引线
白色	W	前大灯远光线,后制动灯引线	橙/红色	O/R	前大灯电源线
黄色	Y	前大灯近光灯线	绿/黄色	G/Y	启动继电器正极引线
灰色	Gr(Gy)	仪表灯引线	橙/红色	O/Y	电源正极支路引线
棕色	Br	尾灯引线	黑/黄色	B/Y	按钮开关,浮子开关引线
浅绿色	LG	右转向灯引线	白/黄色	W/Y	变光开关引线

d. 川崎公司摩托车导线颜色及用途见表 1-13。

表 1-13 川崎公司摩托车导线颜色及用途

颜色	代号	连接部位	颜色	代号	连接部位
白色	W	蓄电池至点火开关	白/黄色	W/Y	燃油表至燃油传感器
绿色	G	左转向灯引线	浅绿色	LG	空挡灯至空挡开关
灰色	CW	右转向灯引线	黑色	B	电喇叭至电喇叭按钮

续表

颜色	代号	连接部位	颜色	代号	连接部位
红/黑色	R/B	远光灯引线	蓝/红色	L/R	制动开关至制动灯
红/黄色	R/Y	近光灯引线	黑/红色	B/R	点火电源线圈至点火器
黑/黄色	B/Y	搭铁线	棕色	Br	信号输出线

e. 三阳公司摩托车导线颜色及用途见表1-14。

表1-14 三阳公司摩托车导线颜色及用途

颜色	代号	连接部位	颜色	代号	连接部位
绿色	G	搭铁线	黄/红色	Y/R	启动按钮至启动继电器
黑/白色	B/W	熄火线	白色	W	发电机信号线圈输出线
红色	R	蓄电池至点火开关	黄色	Y	发电机照明线圈输出线
黑	B	点火开关至信号总线	黑/红色	B/R	点火电源线圈输出线
绿/黄	G/Y	制动开关至制动灯	黑/黄色	B/Y	点火器至点火线圈
蓝色	L	变光开关至远光灯	黄/白色	Y/W	燃油表至燃油传感器
白色	W	变光开关至近光灯	蓝/黄色	L/Y	触发线圈输出线
绿/红色	G/R	闪光器至转向开关	灰色	Gr(GR)	机油指示灯至机油灯开关
天蓝色	SB	右转向灯火线	粉红色	P	接电阻器
橙色	O	左转向灯火线			

f. 光阳公司摩托车导线颜色及用途见表1-15。

表1-15 光阳公司摩托车导线颜色及用途

颜色	代号	连接部位	颜色	代号	连接部位
绿色	G	搭铁线	天蓝色	SB	右转向灯线
红色	R	蓄电池至点火开关	橙色	O	左转向灯线
黑色	B	点火开关至信号总线	黄/红色	Y/R	启动按钮至启动继电器
黄色	Y	照明线圈输出线	绿/黄色	G/Y	制动灯至制动灯开关
白色	W	信号线圈输出线	黄/白	Y/W	燃油表至燃油传感器
黑/黄色	B/Y	点火器至点火线圈	蓝色	L	远光灯线
黑/红色	B/R	点火电源线圈输出线	白色	W	近光灯线
蓝/黄色	L/Y	触发线圈输出线	浅绿色	LG	电喇叭至喇叭按钮
灰色	Gr	闪光器至转向灯开关	浅绿/红色	LG/R	空挡至空挡开关

g. 春兰公司摩托车导线颜色及用途见表1-16。

表1-16 春兰公司摩托车导线颜色及用途

颜色	代号	连接部位	颜色	代号	连接部位
绿色	G	搭铁线	蓝/白色	L/W	触发线圈输出线
红色	R	蓄电池至点火开关	蓝色	L	远光灯线
黑色	B	点火开关至信号总线	白色	W	近光灯线
紫色	Pu	电喇叭至电喇叭按钮	绿/黄色	G/Y	制动灯至制动开关
白色	W	信号线圈输出线	棕色	Br	仪表、尾灯接线
橙色	O	右转向灯线	黄/红色	Y/R	启动按钮至启动继电器
浅蓝色	LB	左转向灯线	黄/白色	Y/W	燃油表至燃油传感器
黑/黄色	B/Y	点火器至点火线圈	深绿色	CG(DG)	水温表至水温传感器
黑/红色	B/R	点火电源线圈输出线	粉红色	P	风扇电动机至风扇开关

注意

在进口车型中,每个公司生产的摩托车导线颜色表示的含义都不一样,并具有独立性。如点火电源线圈引线,凡是本田公司生产的摩托车,不管摩托车型号和排量,其颜色一般采用黑/红色。再如搭铁线,本田公司采用绿色,铃木公司采用黑/白色,雅马哈公司采用黑色,川崎公司采用黑/黄色。国产的摩托车也是按照引进公司的规定来选用导线的颜色,如光阳、三阳公司引进铃木公司技术生产的摩托车,其导线的颜色与铃木公司基本相同。在维修摩托车电气设备时首先要弄清是什么公司生产的车,或从哪家公司引进的技术,然后才能彻底弄清线色代表的含义,千万不能生搬硬套,否则不仅查不出故障,还会损坏元器件,产生新的故障。

表中如黑/白色,其含义是带有黑色的白线;又如蓝/红色,其含义是带有蓝色的红线,其他以此类推。

(5) **摩托车电路图的基本布线原则** 摩托车电路图是依据该车电器元件的多少,用线条、图形符号和文字,以串联或并联形式,按布局合理、便于查找、分析电路容易的原则画出来的，是摩托车上各电器元件相互连接情况的形象表示方法。电路图的基本布线原则如下。

① 双电源供电　电源是电能的源泉，一般都采用直流蓄电池和交流发电机两个电源并联供电，以确保供电充足。

② 并联电路　为了保证每个用电器能正常工作而又互不干扰，便于独立装拆，限制故障范围和便于维护等，各用电器都采用并联的连接方式。

③ 单线制　为了减少导线的数量，充分利用摩托车车体这个特殊的导体，将摩托车上所有用电器的正极均用导线引出，俗称为"火线"，而所有电器的负极常利用外壳就近与车体金属部分相连接，俗称为"搭铁线"。

任何一个闭合回路中的电流，都是从电源的正极流出，经各自的导线及用电器后，由搭铁线通过车体金属流回到电源的负极。

在有些车型的电路中，或是个别电器元件，仍然采用双线制，以确保其工作的可靠性和稳定性。

④ 负极搭铁　现代摩托车电路常把电源的负极进行搭铁。负极搭铁的好处：一是对火花塞点火有利；二是可减少对无线电的干扰；三是对车体金属的化学腐蚀较轻。

（6）摩托车电路图的共同特点　电路图有许多共同特点和规律，主要有以下几个方面。

① 蓄电池电压只有两种。一种为 6V 蓄电池，它多为 100mL 以下排量的摩托车采用，而且也多为脚踏式启动发动机；另一种为 12V 蓄电池，它多用于 100mL 以上排量，且基本上是启动机启动发动机的摩托车所采用。

② 蓄电池的正极线也称火线，常用红色导线，负极线也称地线，常用黑色导线。

③ 本田车型的地线为绿色，用字母 G 表示；雅马哈车型的地线为黑色，用字母 B 表示；铃木车型的地线为黑/白线，用字母 B/W 表示；川崎车型的地线为黑/黄线，用字母 B/Y 表示。

④ 在电路图上，蓄电池、熔丝、点火开关一般为串联连接关系。

⑤ 磁电动机充电线圈的输出线多为白色导线，而照明线圈的输出线为黄线或黄/红线。

⑥ 三相磁电动机、三相励磁发电机的输出导线，本田车型为三条黄色导线；雅马哈车型为三条白色导线；铃木车型为三条黄色导线；川崎车型为三条黄色导线。

⑦ 采用CDI点火器的四冲程发动机，脉冲触发线圈安装在磁电动机飞轮的外侧。采用CDI点火器的二冲程发动机，脉冲触发线圈安装在磁电动机飞轮的内侧。

⑧ 磁电动机的电源线圈只有一个抽头线，另一端搭铁；充电、照明线圈有2～3个抽头线，且电阻值比电源线圈要小，多为1Ω以下。

⑨ 点火线圈的初级线圈电阻一般为2Ω左右，次级线圈电阻为$1k\Omega$以上。

⑩ 在摩托车电路中，相同颜色的导线常是对应连接的，即红线接红线，黑线接黑线。只有少量用两种不同颜色的导线连接。

(7) 摩托车电路图的识读　摩托车整车电路最基本的走线方法是从电源（蓄电池或发电机）正极出发，沿着要查找的系统回路经某些微元件后能走回到电源的负极时，即为走通了某个系统，或是走通了某一段电路回路，方法如下。

① 查布局、看特点　当拿到电路图时，首先对全电路设备元件、概况等作一全面查看，并根据电路图中的各种图形符号及文字符号，运用所学知识，确认各类电路中是什么元件，并看出该车电路特点是什么。比如，是蓄电池供电点火的车型，还是磁电动机供电点火的车型，它由几个大系统组成，是属于哪一电路类型的摩托车等。

② 查找出关键元件　在电路系统中最主要而又关键的元件是哪个呢？应该说，一是蓄电池，二是发电机。首先找出它们所在的位置及特点。如它是6V的蓄电池，还是12V的蓄电池；是负极搭铁还是正极搭铁。发电机是单相磁电动机、三相磁电动机，还是励磁发电机。另外，要看电路图中搭铁导线的颜色，地线是各电路系统负极的汇集点，是最低电位，直接与蓄电池负极相通。如地线不通，电路也就不通了。

③ 化繁为简、化整为零　在维护和维修电路时，常常需要对照实物和电路图了解电路系统的组成，各电气元件的连接关系，各电路间的导线颜色以及各种开关对电路的控制情况。尽管整车的电路图是比较复杂的，但是各种类型摩托车电气系统的组成大同小异。因此，在看电路图时，可以化繁为简、化整为零，根据该车的电路概况，将全电路分为4～6个基本电路系统，如启动系统、点火系统、充电系统、照明系统、信号系统、燃油喷射系统等。即把全车电路看成是由若干个相对独立又相互联系的系统组成，并逐个分流进行识别和分析。

（8）**摩托车电气电路回路的特点**　以电源为中心，以供电电源、控制电器、导线、插接件、用电负载、地（蓄电池负极）构成供用电通道。

① 摩托车的电源系统电路回路　电源系统的电源电路主要由磁电动机、整流调节器、蓄电池、熔断器、点火开关等组成。

a. 电源电路蓄电池充电回路　磁电动机输出交流电→整流调节器→输出直流电→蓄电池充电→蓄电池负极→搭铁。

b. 用电负载供用电器回路　蓄电池正极（整流调节器输出直流电）→熔断器→点火开关→照明开关→前照灯→搭铁→蓄电池负极。

② 摩托车信号系统电路回路　信号系统电路回路主要由蓄电池、点火开关、转向开关、闪光继电器、左右转向灯以及将电源（蓄电池）与控制电器（点火开关、转向开关）、负载（闪光继电器、左右转向灯）连接在一起的导线、插接件等组成。

信号系统的电路回路：蓄电池正极→点火开关→转向开关→闪光继电器→转向灯→搭铁→蓄电池负极。

③ 摩托车电启动系统电路回路　电启动系统电路回路主要由蓄电池、点火开关、电启动按钮、空挡开关、熄火开关、电启动继电器、启动电动机等组成。

a. 电启动电路回路　蓄电池正极→点火开关→熄火开关→电启动按钮→电启动继电器线圈→空挡开关→搭铁→蓄电池负极。

b. 电动机工作回路　蓄电池正极→启动继电器开关→启动电动机→搭铁→蓄电池负极。

④ 磁电动机 CDI 点火系统电路回路　磁电动机 CDI 点火系统主要由点火开关、充电点火线圈、触发线圈、CDI 电子点火器、点火线圈、火花塞组成。

磁电动机 CDI 点火系统电子点火器有 4 个电源：磁电动机充电点火线圈输出的交流电源；触发线圈输出的晶闸管触发电源；为点火线圈次级线圈产生磁场的电源；火花塞击穿电极间隙产生高压电。

CDI 电子点火器电路的 6 个回路：点火充电电容充电回路；晶闸管硅触发回路；晶闸管触发，点火线圈初级线圈磁通产生变化，点火线圈次级产生高压电回路；点火线圈输出高压电，火花塞电极间隙被击穿，火花塞搭铁放电回路；CDI 电子元件晶闸管（SCR）保护回路；发动机熄火回路，点火开关关闭，充电点火线圈对搭铁短路，发动机熄火。

（9）**摩托车电气系统电路图识读示例**　现以重庆建设 SR150 型摩托车电路图为例，介绍摩托车电气系统电路图识读方法。

① 充电系统电路图的识读　该型摩托车的充电电路主要由三相磁电动机、整流调节器、蓄电池、熔丝等构成，如图 1-62 所示。

该车充电电路的接线方法：磁电动机三相电流输出线为三根白色（W）线，与整流调压器相接。三相交流电经整流调压器整流后的直流电，通过红色（R）线与点火开关、熔丝、蓄电池相接，并通过点火开关输出线［棕色（Br）线］输送至启动、信号、照明等单元。整流调压器通过黑色（B）线与搭铁相接。

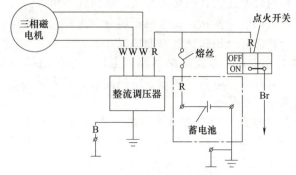

图 1-62　摩托车充电电路图

充电电路的工作原理：采用的三相交流磁电动机三相交流供电具有功率大、电流大、电流稳定等特点。磁电动机输出三相交流电压经三相轿式整流后给蓄电池充电。当磁电动机三相输出电压过高时，整流调压器调节电路开始工作。根据磁电动机三相输出电压的高低自动调节电流大小，保证充电电流稳定。三相磁电动机和蓄电池共同对摩托车用电设备供电。

② 点火电路图的识读 该型摩托车的点火电路主要由磁电动机、充电点火线圈、触发线圈、可变角 CDI 电子点火器、点火线圈、火花塞、发动机紧急熄火开关、点火开关等构成。

小提示

● 该车采用的是磁电动机 CDI 电容放电式电子点火器。CDI 接插件上有 7 根线，这与其他车型的 CDI 不同。实际上，磁电动机的点火充电线圈、触发线圈的一根输出线不是以搭铁的方式输出，而是以双线方式与 CDI 相接的。实际上 CDI 电子点火器是一种可变角（提前角）CDI 电子点火器。它的点火时间从上止点前 9°（1200r/min）到 29°（5000r/min）之间，可变点火提前角能为发动机在各种工况下提供最佳点火时间，以节约燃油。

如图 1-63 所示，该摩托车点火电路是磁电动机 CDI 点火方式。点火电路的接线方法：磁电动机输出的 5 根导线通向 CDI 电子点火器，白（W）线与红（R）线接磁电动机的触发器线圈，棕（Br）绿与绿（G）线接磁电动机充电点火线圈。白/黑（W/B）线是摩托车发动机的熄火线，与电子点火器相接。它通过摩托车右方向把上的发动机紧急熄火开关与点火开关，经导线并联，在这两个开关各自关机的位置（OFF）与搭铁相接，线圈与搭铁短路使发动机熄火。电子点火器有一根输出线，与点火线圈的初级线圈一端相接，点火线圈初级的另一端通过黑色（B）线与搭铁相接。

该型车的主开关也就是点火开关，除具有车头锁功能外，它的内部有两组触点，四个接线点分别接有红（R）色电源线，经点火开关控制后变为棕（Br）线，黑（B）线为搭铁线，白/黑（W/B）线为发动机熄火线。当点火开关在"ON"的位置时，电源线红

图 1-63 重庆建设·雅马哈 SR150（JYM150）摩托车点火电路

(R) 线经过开关触点的控制与棕 (Br) 线接通, 蓄电池电流经棕线送给启动单元、照明单元、信号单元等。当点火开关在"OFF"的位置时, 电源线红 (R) 线与受控电源线棕 (Br) 线触点断开, 电源被切断; 反之, 当点火开关在"ON"位置时, 被开关切断的白/黑线和搭铁线此时却被接通, 点火电路因与地短路, 使发动机停机（熄火）。

在右方向把上的组合开关安装有"发动机停止开关", 也就是紧急熄火开关（实际上它是一个拨动开关）。当开关在"OFF"的位置时, 开关内部分别接有发动机熄火线: 白/黑（W/B）线。当它与搭铁黑 (B) 线的两个触点接通后, 发动机停机。

③ 启动电路图的识读　该型摩托车的启动电路主要由蓄电池、熔丝、点火开关、启动电路切断继电器、启动电动机、启动器继电器、电启动开关、发动机紧急熄火开关、空挡开关、离合器开关等构成。

SR150 型摩托车启动电路中设计和安装了启动器继电器, 这是其他车型所没有的装置。它使 SR150 型电启动电路自动化程度增大, 使电启动电路更安全可靠。同时, 它也可以延长电启动按钮、启动电路切断继电器、启动电动机、蓄电池的寿命。

电气系统的启动电路如图 1-64 所示, 蓄电池通过红 (R) 线经熔丝与点火开关相连, 点火开关输出线棕 (Br) 线与启动器继电器的动触点的一端相接。该动触点的另一端通过蓝/白（L/W）线, 与启动电路切断继电器的电磁线圈相接。启动器继电器电磁线圈的另一端接线柱, 通过黑/黄（B/Y）线与左手把上的离合器开关相接。启动电路继电器内部有一个起单方向导电的二极管，棕（Br）线（蓄电池正极线）经过电磁线圈通过二极管，天蓝（SB）线与空挡开关相接。启动电路切断继电器电磁线圈的另一端，通过红/白（R/W）导线与启动按钮相接。启动按钮与发动机熄火开关

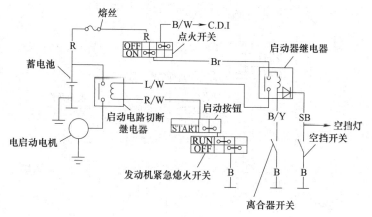

图 1-64 电气系统的启动电路

相接，发动机熄火开关通过黑（B）线与地相接。启动切断继电器动触点的一端与蓄电池正极相接，另一端与启动电动机相接。

工作原理：接通点火开关，蓄电池正极电流通过熔丝、点火开关、红（R）线、棕（Br）线与启动器继电器的动触点的电磁线圈相接；黑/黄（B/Y）线、离合器开关、天蓝（SB）线、空挡开关、黑（B）线与地形成回路；按动启动按钮，启动器继电器磁线圈通电，它的动触点被吸合。点火开关电源输出线（棕色），经过启动器继电器被吸合的动触点、蓝/白（L/W）线、启动电路切断继电的电磁线圈、红/白（R/W）线，再经过右手把上的电启动按钮（按钮被接通时）、发动机熄火开关（开关在"ON"位置）、黑（B）线与地形成回路，启动电路工作，启动电动机通电运转。

当空挡开关、离合器开关其中的一个开关被接通，发动机熄火开关在"RUN"位置时，用手按电启动按钮，启动器继电器电磁线圈通电，动触点被吸合，启动电路继电器线圈通电，启动电动机旋转，发动机启动；反之，在发动机启动时，发动机不在空挡的位置（空挡开关断开），离合器手把没有握住，电启动电路将

不能工作。

④ 电气照明电路图的识读　该型摩托车的照明电路主要由蓄电池、熔丝、点火开关、照明开关、仪表照明灯、大灯远光指示灯、尾灯制动灯、大灯、大灯变光开关等构成。

该车型摩托车电气系统照明电路如图 1-65 所示。

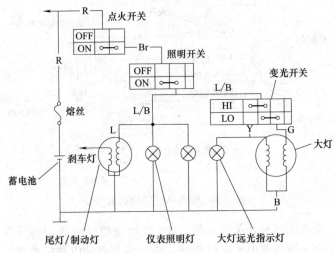

图 1-65　重庆建设 SR150 型摩托车电气系统照明电路

SR150 型摩托车采用的是全直流供电方式，磁电动机发出的三相交流电经过整流调节器整流，变为单方向流动的直流电对蓄电池充电，并通过红（R）线共同向照明电路供电。直流电经熔丝，通过红（R）线与点火开关相接。当点火开关打开时（ON），电流经棕（Br）线至照明开关。照明开关拨至开（ON）的位置，电流经过蓝/黑（L/B）线分成两路：一路经蓝/黑（L/B）线至变光开关；另一路经蓝（L）线至摩托车车尾部的尾灯/制动灯和两个仪表照明灯。变光开关内部有两组开关，开关在远光（HI）位置，大灯双灯丝的远光灯丝通电与地形成回路，远光灯亮，同时仪表盘上的远光指示灯也发光。当变光开关拨在近光（LO）位置、近光灯亮，仪表盘上的远光指示灯熄灭。

⑤ 电气系统信号电路图的识读　该型摩托车电气系统的信号电路如图 1-66 所示，主要由蓄电池、熔丝、点火开关、空挡开关、

前制动器开关、后制动器开关、空挡灯、转向灯、尾灯、转向灯、喇叭、喇叭开关、转向灯开关、闪光继电器、汽油传感器、汽油表灯构成。

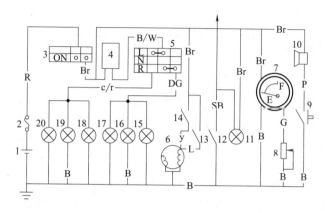

图1-66 重庆建设SR150型摩托车电气系统的信号电路
1—蓄电池；2—熔丝；3—点火开关；4—闪光继电器；5—转向灯开关；
6—尾灯/制动灯；7—汽油表；8—油传感器；9—喇叭开关；10—喇叭；
11—空挡指示灯；12—空挡开关；13—前制动开关；14—后制动开关；
15~17—右转向灯；18~20—左转向灯

工作原理：打开点火开关，蓄电池正极电源经过棕（Br）线分两路送出，一路送至闪光继电器；一路送到前、后制动开关、空挡指示灯、汽油表、喇叭。

a. 打开点火开关，电源通过棕（Br）线至闪光继电器工作，脉动电流通过黑/白（B/W）线送至转向灯开关。当闪光继电器开关拨到右转向时，脉动电流通过右前闪光灯、右后闪光灯、右闪光指示灯，与搭铁线黑（B）线形成回路，转向灯泡一明一暗发光。

b. 打开点火开关，电源经棕（Br）线至喇叭，喇叭按钮的一端通过黑线与地相接，当按动喇叭按钮电路形成回路时，喇叭发出声响。当发动机在空挡时，空挡开关与地相接，空挡指示灯通电发光。当前后制动开关接通时，制动灯通电发光。

点火开关在开的位置（ON），电源经棕（Br）线送至汽油表，汽油表的另外两个接线柱，一端通过黑线与地相接；另一端与汽油传感器相接。当汽油传感器浮子随油箱中汽油油量的增减,在汽油浮力的作用下上下移动时,汽油传感器内的可变电阻的电阻值也随着浮子的移动而变化,使汽油表表头磁场强度发生变化,使指针摆动,指示出油箱中实际汽油的存量。

四、摩托车的维护与维修基本知识

1 摩托车的维护及类型

所谓维护,是对摩托车的部件进行检查、紧固、润滑和调整的一种作业。维护制度是一种技术性组织措施。它根据摩托车使用中的技术特点,规定了技术维护的分级、作业内容和维护周期等。

(1) **摩托车维护的类型** 摩托车维护主要分为日常维护、定期维护、季节性维护。定期维护是指摩托车每行驶一定的时间或里程之后所进行的清洗、检查、调整甚至更换零部件等比较全面的维护。该维护可按周、月、季度进行维护,但目前我国绝大多数生产厂家所规定的是按行驶里程进行不同级别的定期维护。按行驶里程可划分为一级维护、二级维护、三级维护甚至四级或更高级的维护,维护的级别越高,其维护就越全面。

① 日常维护 日常维护是指行车前后和途中的例行维护,其主要内容包括行车前的检查、行车中的观察和行车后的检测维护。检查的项目请仔细阅读"保修手册",若检查时发现问题,能直接处理时应尽快处理。

② 定期维护 定期维护一般分为周期维护和季节性维护两类,也可分为一级技术维护、二级技术维护和三级技术维护。

(2) **摩托车维护的周期** 摩托车的维护周期分为初期维护和定期维护两种。

① 初期(磨合期)维护 摩托车使用初期的正常磨合与磨合期的维护质量,直接影响到摩托车的使用寿命和大修的里程间隔。因此,新车或经过大修的摩托车,在使用初期必须认真做好初期(磨合期)维护。

初期维护是在用户购车1个月内或车辆行驶300km时进行的。

新车在磨合前期，应严格遵循限速、限载及初期维护的要求，以减少发动机及传动零部件的磨损，同时也能充分发挥新车性能，延长车辆的使用寿命。

② 定期维护　定期维护是在车辆每行驶 3 个月或每隔 3000km（该时间与里程、温度、使用频度及交通环境有关）时进行的，若使用时间多、道路环境差，维护的时间间隔应缩短。

一级技术维护一般是行驶 1000km 之后进行；二级技术维护是行驶 2000～2500km 之后进行；三级技术维护又称第三阶段维护，是摩托车的最高一级技术维护，一般是在车辆行驶满 6000km 后进行。

2 摩托车维护时应注意的事项

① 不能用汽油清洗摩托车油漆表面，不能让车体表面接触强酸、强碱等腐蚀性物质，一旦溅上此类物质，应立即清洗干净。

② 摩托车不能放在火炉等高温热源附近，不能长时间放于露天，受风吹雨淋或暴晒。

③ 雨雪天有泥污粘在车上时，可用水冲洗或用软布蘸水擦拭，用水冲洗时应注意，不要让水流入空气滤清器、发电机、启动电动机、电器开关、调节器、制动装置和高压线圈等部件内。

④ 用干布将车擦干后，应打上保护上光蜡（油漆表面的明面和暗面、塑料件表面均应打蜡），打蜡时先用干净的软布蘸上蜡均匀地涂在车体部件表面，数分钟后再进行反复擦抹，使其光亮。

⑤ 在每日例行维护中，应对摩托车各总成脏污部位进行冲洗，冲洗后的摩托车要避免强烈暴晒。在用清水冲洗的过程中，注意不要使水流到点火线圈接线端头、总开关、发电机及调节器等部位。

3 摩托车的一级维护

当摩托车行驶一定里程（一般为 1000～2000km）后，应按规定对需要润滑的部位加注润滑剂，并紧固外露的螺栓和螺母。这种以润滑、紧固为中心的维护作业称为一级维护。一级维护的内容除例行维护的项目外，还应增加以下项目。

① 将工作一段时间的热发动机熄火，待其降温后，再重新启

动，查看化油器工作的均匀性和怠速的高低，必要时进行调整。

② 链条传动的摩托车，应卸下链条进行清洗，注上润滑油。皮带传动的摩托车，应卸下皮带轮进行清洗，注上润滑脂。

③ 清洗空气滤清器、化油器、油箱滤网和燃油开关。

④ 清除火花塞上的积炭，并检查、调整电极间隙（一般为 0.6～0.7mm）。

⑤ 检查、调整离合器、油门、制动器各个操纵部件的自由行程，并在其操纵线的钢索上加注润滑油。

⑥ 对车速里程表及发动机转速表软轴，用润滑脂润滑。

⑦ 更换变速箱内的润滑油，并对润滑点进行润滑。

⑧ 卸下发动机气门盖，用千分尺检查气门间隙（一般为 0.1mm）。

⑨ 观察分电器的工作情况，根据需要按标准要求调整触点间隙（一般为 0.4mm），并清除积炭。

⑩ 清洗蓄电池上的灰尘和污垢，检查全车电缆线接头的接触是否良好。

4 摩托车的二级维护

以检查、调整为中心的维护作业称为二级维护。摩托车一般行驶 3000～6000km 后进行二级维护。二级维护的内容除一级维护作业的项目外，还应增加以下项目。

① 检查转向把、方向柱、前叉横向和纵向摆动间隙及前后减振器功能情况，并根据情形进行调整。

② 检查发动机缸体和排气管消声器有无松动，以及整体的其他主要部位有无异常情况。

③ 检查离合器摩擦片和制动块上的制动片的磨损情况，根据磨损的情况予以调整或更换。

④ 卸下发电机，清洗机体上的脏物和灰尘，抽出机芯检查，若发现电刷高度低于要求尺寸，应更换。

⑤ 测听扬声器发声情况是否正常，发现问题，应调试接点螺钉或更新。

⑥ 用气压表测量车轮的充气情况，检查车轮轮辋、轮辐有无变形、松动、断条现象等。

5 摩托车的三级维护

以摩托车解体，总成分解进行检查、清除隐患为中心的维护作业，称为摩托车三级维护。三级维护一般在 6000～10000km 以后进行。三级维护除完成二级维护的工作外，还应补充以下内容。

① 分解发动机，清除气缸盖、活塞顶、活塞环、排气口等处的积炭，检查活塞与气缸壁、连杆小头轴承与活塞销、连杆大头轴承与曲轴销的间隙，检查左、右曲柄的跳动量等。

② 分解离合器，检查离合器弹簧的自由长度和摩擦片的厚度，必要时更换弹簧或摩擦片。

③ 检查变速器各齿轮有无裂纹、烧蚀、剥落和严重的阶梯磨损现象。

④ 分解方向柱组合，清洗方向柱轴承，加足润滑脂，装复后调整间隙。

⑤ 分解前、后减振器，添加或更换减振器油。

⑥ 四冲程发动机需检查气门的密封性，如密封不良，应研磨气门或"镗缸"。

⑦ 检查前、后车轮的直线性和车轮的跳动量及摆动量。

由于各型号的摩托车结构各异，所以维护时应按随车说明书的规定进行。

6 摩托车维修作业的类型

摩托车维修作业类型分为大修、中修、小修、总成修理和零件修理五种。

（1）**摩托车大修** 新车或经过修理的车辆，在行驶一定的里程后，各部件自然损耗，使整车的动力性能、经济性能、安全性能和可靠性能等有明显的下降，此时必须通过一次修理，才能使车辆基本恢复或达到规定的技术要求。这种使摩托车的技术状况和驾驶性能恢复到技术标准要求的修理，就是大修。

大修是一次完善的全部修理，需要彻底拆卸检查和修理。通过大修使车辆达到或恢复原有的动力性、经济性和紧固性等性能，使摩托车技术状况恢复到原来的技术要求。

> **小提示**
>
> 摩托车大修的标志
>
> ● 摩托车的大修标志以发动机为主，结合其他总成，符合大修条件的，就应进行大修。发动机有下列情况之一者则应进行大修。
>
> ● ① 摩托车行驶超过 50000km。
>
> ● ② 供油和点火系统虽然正常，但发动机输出功率大幅度下降，使摩托车不能保持以往的高速行驶，特别是行驶在上坡道时，感到发动机无力。
>
> ● ③ 耗油量剧增，并且无法调整。
>
> ● ④ 没有按规定比例燃烧混合油，或燃烧了纯汽油，造成气缸严重磨损，已超出使用极限。
>
> ● ⑤ 当发动机工作时，发出活塞销、连杆轴承、曲轴轴承、活塞等的敲击声，并无法排除。
>
> ● ⑥ 发动机气缸压缩压力不足，或发动机的零部件有严重损坏。

（2）**摩托车中修** 摩托车在使用较长时间后，有的部位局部损伤，车辆的使用性能下降，此时可安排一次中修。

摩托车的中修（包括二级、三级维护在内）是一次较全面的整修。重点是对影响使用性能的部位进行修理和调整，可参照大修技术规范进行拆卸、检查、修理和调整，消除故障隐患。通过中修，基本达到或恢复原车性能参数。通过中修可以消除隐患，避免故障的发展。

（3）**摩托车小修** 摩托车小修作业是为了消除在使用中各零部件因自然磨损，由于驾驶不慎、维护不善及其他原因（如车祸）造成的早期损坏和故障，因而它是一种按需要进行的运行修理作业。其中包括消除摩托车在运行中发生的临时故障，消除维护作业过程中发现的隐患，以及已经摸清规律的计划性修理作业。

小提示

摩托车维护与小修的区别

● 摩托车维护与小修是两种性质不同的作业,这两种作业既有联系又不互相影响,往往在执行维护作业时遇到小修;进行小修作业时,又必须做好有关的维护工作。因此,除在车辆运行中的临时故障应随时排除外,对于在维护作业时发现的隐患,应在维护时进行处理;对属于自然磨损而又掌握了规律的小修作业项目,如更换活塞环、研磨气门以及个别总成的拆卸、维修等,可根据所掌握的规律列为计划小修,按计划周期结合到相应一级的维护作业中进行。

(4)摩托车总成修理 摩托车行驶一定里程后,某一总成的主零件或重要零件有伤裂、磨损、变形等,对整车使用性能影响较大,可单独对该总成进行修理。

7 摩托车零件的鉴定方法

摩托车零件清洗后,应进行检测鉴定,以确定其技术状态是否可继续使用。对不同的零件其鉴定内容和要求是不同的,包括零件的尺寸、几何形状(平面度、圆柱度等)、表面状态(粗糙度、损伤、剥落、裂纹、腐蚀等)以及其他特殊要求(平衡度、质量等)根据检测结果分为可用、待修、报废三种情况,再分别进行处理。零件的检测鉴定方法主要有直检法、测检法和无损探伤法三种。

(1)直检法 直检法不需要仪器和其他工具,只靠人的感觉器官来检验和判断零件的技术状况。直检法主要有目测法、比较法和声响法三种。

① 目测法 用目测或借助放大镜对零件表面进行仔细观察,确定该零件是否有严重磨损、裂纹、折断、脱皮、表面退火、烧蚀损伤和弯曲变形等现象。例如,气缸体裂纹、齿轮齿面疲劳剥落、齿轮副啮合印迹等;橡胶零件应重点检查橡胶是否变质,确定零件是否需要修理或报废。

② 比较法 用新的标准零件与被检测的零件比较,通过对比来确定被检测零件的技术状况。

③ 声响法　听声音判断。用小锤轻轻敲击零件被检查部位，根据发出的声音判断其内部有无裂纹，连接是否紧密。若声音清脆，说明零件技术状况完好；若声音沙哑，说明零件已产生裂纹或结合处松动。例如，鉴定曲轴、连杆有无裂纹等。

(2) 测量(检测)法　对于零件的尺寸、几何形状、相对位置的偏差等，要用量具进行测量鉴定。用量具、仪器测检零件尺寸和几何形状的变化，可以得到准确的数据，对照允许使用的极限范围，便可以确定该零件的技术状况。这种方法准确性高，但检测前必须认真检查量具的精度，并合理地选择测量部位。

(3) 无损探伤法　零件内部的缺陷，可用无损探伤法进行检验。常用的无损探伤法有浸油锤击检验、磁粉探伤、荧光检验、X射线探伤、超声波探伤等，其中以浸油锤击和磁粉探伤较为常用。具体方法如下。

① 用浸油锤击法检验时，先将零件浸入煤油或柴油内3～5min，然后取出，将表面擦干，撒上一层白粉（滑石粉或石灰），再用小铁锤轻轻敲击零件非工作面。如果零件有裂纹，由于振动，会使浸入裂纹的油喷溅出来，使裂纹处的白粉出现黄色线痕。

② 磁粉探伤法用于铁磁性材料表面的探伤。这种方法能发现零件表面或隐藏在表面下 0.015～0.02mm 深的缺陷。

8　摩托车零部件的修理方法

摩托车零部件的常用修理方法主要有调整、换位法以及附加零件法、修理尺寸法、恢复尺寸法、更换零件法等几种。

(1) 调整、换位法　调整法是某些配合部位因零件磨损而间隙增大时，可以用调整螺钉或增减调整垫片等补偿办法来恢复正常配合关系。例如，发动机气门间隙的调整。换位法是配合件磨损后，把偏磨的零件调换位置或转动一个方向，利用未磨损部位继续工作，以恢复正常的配合关系。

(2) 附加零件法　附加零件法是用特制零件镶配在磨损零件的磨损部位上，以补偿磨损零件的磨损量，恢复其配合关系。例如，处理气门座磨损，可把气门座孔镗大，镶上一个特制气门座圈，以恢复与气门的配合。

（3）**修理尺寸法**　修理尺寸法是对于磨损后影响正常工作的配合件，将其中一个零件进行机加工，使其达到规定尺寸、几何形状和表面精度，而将与其配合的零件更换，以恢复正常的配合关系。一般是对比较贵重、复杂的零件进行加工，加工后零件的实际尺寸称为修理尺寸。为了使修理后的零件具有互换性，国家规定了统一的修理尺寸。例如，磨削曲轴后更换修理尺寸的轴柄，镗削气缸后更换加大尺寸的活塞等。

（4）**恢复尺寸法**　恢复尺寸法是采用某种恢复工艺来恢复磨损零件的原始尺寸、形状和使用性能的方法。常用的恢复工艺有焊修、电镀、喷涂、粘接等。例如，曲轴轴颈磨损后，通过金属喷涂加大尺寸后，再利用机加工恢复其尺寸、形状和精度。

（5）**更换零件法**　更换零件法是用新零件或修复的零件（总成），代替出现故障的零件（总成）的方法。

9　摩托车整车的拆装

（1）**摩托车拆装时应注意事项**

① 在拆装维修时，必须使用必要的专用、通用的工具和量具，并正确地使用。

② 解体前应尽可能判明故障所在部位和性质，了解零件的装配关系。

③ 摩托车解体时，应按拆卸顺序进行，先外后内，先附件后主件，对有公差配合要求和不能互换或有方向性要求或有配合标记的零件，在拆卸时应做好必要的数据测定及记录，以便组装时能恢复到拆卸前的状态。

④ 必须待发动机完全冷却后方可拆卸发动机，以避免机件的变形。

⑤ 拆卸发动机前，应将车体、发动机外部上的油污、泥沙和杂质清除干净，以免在拆卸维修过程中将其混入发动机内部，加速机件磨损或发生意外故障。

⑥ 零件拆卸后，在检查测定前应在清洗溶剂里清洗干净，并用压缩空气吹去洗涤油，然后按各个系统对零件进行整理分类保管。

⑦ 及时更换老化的橡胶零件，并严禁用汽油或煤油清洗、接

触橡胶零件。

⑧ 更换零件、润滑油应采用原厂正宗零件或推荐产品。

⑨ 拆卸后重新装配时,应更换衬垫、O形密封圈、挡圈、开口销等。

⑩ 安装弹性挡圈时,一定要使其锐角部分位于该挡圈承受负荷相反的一侧。安装后应转动弹性挡圈,确认其确实安装在挡圈槽内。

⑪ 安装防松垫圈(碟形弹簧垫圈)时,印有"OUT SIDE"标记的一面应朝外,无标记的防松垫圈应将有凹部的一面朝里。

⑫ 安装轴承和油封时,应使其制造厂标记或标号一面朝外。安装轴承时,应注入机油或涂抹润滑脂后方可安装;安装油封时应在油封主刃口上涂抹少量润滑脂后方可安装。

⑬ 装配零件时,应在零件的润滑面涂抹机油,对指定部位务必涂抹或注入推荐的润滑脂。

⑭ 拧紧螺栓、螺钉、螺母时,应在稍微拧紧后,按规定的扭矩从直径大的到直径小的,从内侧到外侧按对角交叉方式拧紧。特别注明的除外。

⑮ 安装完毕后,应检查所有部位的安装、动作及运行情况。

⑯ 制动液会腐蚀油漆表面、塑料及橡胶零件,因此应注意不要让制动液沾到它们上面,若沾上应立即用水冲洗。

⑰ 操纵钢索时不得无故扭转或用力弯曲钢丝绳,否则会使钢丝绳变形或损伤,引起操作不良。

⑱ 拆装维修电气系统时,应先看懂被维修车型的电路图。

⑲ 拆卸蓄电池时,应先拆下蓄电池的负极线,并注意在拆卸时不要让拆卸工具碰撞车架,以免引起短路。安装蓄电池时,应先接好正极线,后接负极线。接好后,应在蓄电池正、负极接线柱上涂抹少量润滑脂,并盖好保护盖,以防腐蚀。在拆装中,禁止用工具将蓄电池负极与车架接触。

⑳ 在拆卸带有锁扣的插件时,应先解除锁扣,然后用手拿着插接件本体进行拆卸,严禁抓导线往两边扯。安装带有锁扣的插接件,应使锁扣完全扣合。

㉑ 安装插件时，应使插头充分地插入插接座中，让塑料套完全盖住插头部位。

㉒ 在拆卸电线接头时，要拿住连接器本身进行拆卸，不要拉扯电线束。

㉓ 对电气零件不能乱扔乱放，更不能使其掉落到地上。

小提示

拆卸方法

● ① 应按先外后内、先附件后主体的顺序拆卸对方向性有要求的零件。在拆卸时应记准方向，以免装反。

● ② 拆卸齿轮、带轮、离合器时，应用专用工具，也可以用铝棒直接敲打。

● ③ 拆卸过盈配合的衬套、销轴时，应用铜或铝棒，严禁用锤子敲打。

● ④ 拆卸带有调整垫片的零部件时，要避免将调整垫片损坏。

● ⑤ 螺栓因生锈而造成拆卸困难时，可先用煤油浸润，或用专用松动螺栓溶液浸润，几分钟后再将螺栓或螺母旋出。

● ⑥ 螺栓拧断在螺孔内时，应先在中心部位钻一个小于螺纹直径的孔，再将淬火的四棱锥形杆打入已钻孔内旋出；也可以在已钻孔内攻下反向的螺纹，拧入螺栓旋出。如果已断的螺栓高出平面一定高度也可以再焊接上一个螺栓旋出。

● ⑦ 拧下的螺栓、螺钉、螺母和垫片等，在不影响修理的情况下，应尽量旋在原位或分别放置，以免错乱或丢失。

● ⑧ 为了防止磕碰、拉毛等质量事故，活塞、曲轴等零部件应单独存放。

（2）摩托车整车拆卸时应注意事项

① 对位置配合要求较高的零件，拆卸时应检查其配合标记，如标记不清，应重新做好标记。

② 拆卸前减振器、前轮、后轮、后减振器等总成时，应将主车架支撑好，以防车架翻倒伤人或损坏零件。

③ 拆下来的零部件应按拆卸的顺序摆放整齐,精密度要求高的零件不要直接放在地面上。

④ 拆下来的螺母或螺栓应分开放置,不要乱丢乱放。也可将这些紧固件装到原来的位置上,但不要拧紧。

⑤ 拆卸有过盈配合的零件时,应使用专用工具。无专用工具时,可垫在木质或软质金属器具上,用锤子敲击。勿用锤子直接敲击,以防损伤零件。

(3) 摩托车组装时应注意事项

① 垫圈、O形圈、开口销和开口环,在重新组装摩托车时应换用新件。

② 在安装螺栓、螺母、螺钉时,要先用手试旋,然后按照从大直径到小直径、从里到外的角线顺序,用十字交叉法紧固到规定的力矩值。

③ 零部件和润滑油应使用厂家要求的合格品或推荐的零部件。

④ 要按规定使用专用或通用工具。

⑤ 将零部件拆卸后,在对其进行检查、测量之前应先清洗洁净,安装时要在滑动面上涂抹润滑油。

⑥ 组装后必须对各个部位的紧固、动作情况进行检查。

⑦ 操作结束后,要对各个部位的连接固定、接线再次检查。

⑧ 电线束不应与下列部位接触:旋转或转动部位;产生高温部位;车身边缘及锐角部位;螺栓及螺钉的头部前端。

⑨ 电线束不应有松弛或强行拉扯现象。

⑩ 如电线束无论怎样也躲不过边缘、锐角部位时,应用胶管或胶带进行保护。

⑪ 电线束或钢索不允许扭曲安装。

⑫ 配线时应注意在将转向把向左右转满角度时,电线束不能出现绷紧或松弛,且应无突出的弯曲、被压倒的现象。

⑬ 在熔丝熔断时,要检查其原因,必须按规定规格更换相应的熔丝,不允许用大规格的熔丝。

> **小提示**
>
> 装配后检查与调整的内容
>
> - ① 装配后的检查内容如下。
> - a. 检查车辆是否有错装、漏装的现象。着重检查制动装置、操纵装置等部位。
> - b. 检查整车的紧固件连接是否紧固牢靠。着重检查前、后（边）轮轴螺母以及前、后减振器的安装螺栓（螺母）、发动机的安装螺栓（螺母）、转向柱螺母等部位紧固件。必要时，可用扭力扳手再次拧紧。
> - c. 检查变速箱、机油箱、燃油箱以及前、后减振器部件是否有漏油现象。
> - d. 检查前后轮是否在同一平面内，其偏差不应超过5mm。
> - e. 转向把应转动灵活，无阻滞现象。
> - f. 检查电器设备，应齐全有效。
> - ② 装配后的调整内容如下。
> - a. 前制动握把、后制动踏板的自由行程。
> - b. 离合器操纵握把的自由行程。
> - c. 油门操纵钢索的自由行程。对于自动分离式润滑系统，还应调整润滑油泵的柱塞行程。

（4）摩托车电缆、软轴、钢索安装时应注意的事项

① 一旦电缆、软轴或钢索松脱，就可能导致危险情况的发生，所以当电缆、软轴或钢索夹紧之后，要检查其是否确定紧固。

② 使用焊接式夹紧装置时，不要将电缆强行塞入焊接部位或夹紧装置端部。

③ 凡车架部位与导线或电缆的连接，都要按各相关位置采用不同箍带，并扭紧箍带。

④ 安装电缆时，电缆线要适当拉紧，但不要拉得太紧，也不能出现松弛现象。

⑤ 凡需与很锋利边缘或角部位置相接触的导线或电缆，都应采用胶布或管子保护导线。使用胶布保护导线时，应先将接触表面

洗干净后再包胶布。

⑥ 不要使用绝缘、已断开的导线或电缆,要先用胶布修好之后才使用,或换用新的电缆。

⑦ 布置导线或钢索时,尽量避免经过锋利边缘或转角部位。

⑧ 不要经过有螺栓或螺钉端头的部位。

⑨ 电缆应远离排气管或其他温度较高的部位。

⑩ 垫圈一定要正确地装入其凹槽内。

⑪ 布置导线后,要检查线束是否紧固,并且不能干扰其他任何活动部件的活动。

⑫ 沿有握把位置布设的电缆,不能拉得太紧,也不能太松或压紧。不能与各转向位置或相邻部位相互干扰。

⑬ 装好电缆之后,检查电缆是否有扭曲或扭结点。

五、摩托车故障的诊断与维修方法

1 摩托车的故障及规律

(1) 摩托车故障 摩托车故障是指摩托车中的零部件或总成部分丧失或完全丧失规定功能的现象。通常情况下,所谓的摩托车故障主要表现在摩托车不能行驶,或不能正常行驶的障碍或毛病。突出表现为发动机不能启动、发动机启动困难、发动机工作不良、摩托车行驶无力、加速性能差、油耗过量、摩托车制动不良等。其中,尤以发动机不能启动和启动困难为常见,以摩托车制动不良为危险。

(2) 摩托车故障的规律

① 摩托车在正常行驶中,发动机有异常现象,如突然熄火,一般为点火系统故障所致。

② 发动机在运转中逐渐熄火,且在熄火前明显感到动力不足,一般为供油系统故障所致。

③ 行驶中,发动机有金属摩擦声或不正常敲击声,随后突然熄火,一般为发动机内部机械出现故障。

④ 如果无法判明故障的所在位置,而发动机又不能启动时,一般诊断故障的步骤顺序是:先从点火系统入手(因点火系统故障

率高）进行检查，若点火系统工作正常，再检查供油系统是否存在故障，最后考虑发动机内部机械故障的影响。

2 摩托车故障的诊断原则及方法

（1）摩托车故障诊断的基本原则

① 先调查后熟悉　接收故障车首先要询问产生故障的前后经过以及故障现象，并根据用户提供的情况和线索，再认真地对电路进行分析研究，从而弄通其电路原理和元器件的作用。

② 先思后行、先熟后生　在进行摩托车故障维修时不要盲目地乱拆瞎碰，应针对故障现象首先进行故障分析，确定故障的可能原因及部位后再进行检查，这样既不会对与故障现象无关的部位做无效地检查，又可避免对一些有关部位漏检而不能迅速排除故障。一些车型的某些故障，常常以某个部件或总成故障比较常见，应先对这些常见故障部位进行检查，若未找出故障，再对其他不常见的可能故障部位予以检查。有些故障形成的原因很复杂，涉及的部位也比较多，此时可先挑一些自己熟悉的部件、部位或系统进行检查。

③ 先简后繁、先易后难　能以简单方法检查的可能故障部位先予以检查。比如直观诊断最为简单，可以用看（眼睛观察线路或插接器是否有断裂、松脱；进气管路有无破损等）、摸（用手摸一摸相关电器总成、继电器、可疑的线路插接器连接是否有松动；摸一摸电子部件表面的温度有无不正常的高温以判断该处是否接触不良；摸一摸喷油器、电磁阀是否有规律地振动来判断其工作正常与否等）、听（用耳朵或借助螺钉旋具、听诊器等听一听发动机有无异响；怠速和急加速是否粗暴；有无漏气声、喷油器有无规律的"喀哒"声等）等直观检查方法将一些较为显露的故障迅速地找出来。直观诊断未找出故障，需借助仪器、仪表或其他工具来进行诊断时，也应对较容易检查的部位先予以检查。

④ 先机外后机内　对于故障机，应先检查机外部件，特别是机外的一些开关、旋钮位置是否得当，外部的引线、插座有无断路、短路现象等。当确认机外部件正常时，再打开机器进行检查。

⑤ 先机械后电气　着手维修故障机时，应先分清故障是由机械原因引起的，还是由电气毛病造成的。只有确定各部位转动机构

无故障时，才能进行电气方面的检查。

⑥ 先静态后动态　所谓静态检查，就是在机器未通电之前进行的检查。当确认静态检查无误时，再通电进行动态检查。如果在检查过程中，发现冒烟、闪烁等异常情况，应立即关机，并重新进行静态检查，从而避免不必要的损坏。

⑦ 先清洁后维修　检查机器内部时，应着重看看机内是否清洁，如果发现机内各组件、引线、走线之间有尘土、污垢等异物，应先加以清除，再进行维修。实践表明，许多故障都是由于脏污引起的，一经清洁故障往往会自动消失。

⑧ 先电源后机器　电源是机器的心脏，如果电源不正常，就不可能保证其他部分的正常工作，也就无从检查别的故障。根据经验，电源部分的故障率在整机中占的比例最高，许多故障往往是由电源引起的，所以先维修电源常能收到事半功倍的效果。

⑨ 先外围后内部　先检查其外围电路，在确认外围电路正常时，再考虑内部电路。例如，发动机出现故障时，先对电子控制系统以外的可能故障部位予以检查；诊断进气系统故障时，首先应按未装电控元件的基本诊断方法进行检查排除，如故障仍未排除，并确认是进气系统发生了故障时，应首先检查空气滤清器滤芯及其周围（是否有脏物、杂质或其他污染物）、进气管（是否破裂、漏气、老化或挤坏）、各传感器与电脑的连接电线束（是否松动或断开）、电线（是否有磨破或线间短路、断路）、电线插接头（是否插接就位，有无腐蚀现象）等是否正常，应首先排除这些一般性的故障。

⑩ 先检查故障后进行调试　对于"电路、调试"故障并存的机器，应先排除电路故障，然后再进行调试。因为调试必须是在电路正常的前提下才能进行的。当然有些故障是由于调试不当而造成的，这时只需直接调试即可恢复正常。

⑪ 先备后用、代码优先　先备后用就是指在维修该型车辆时，应准备好维修车型的有关维修数据资料。电子控制系统的一些部件性能好坏、电气线路正常与否，常以其电压或电阻等参数来判断。对于有故障码时，应先按制造厂提供的方法读取故障码，并检查和排除故障码所指的故障部位。待故障码所指的故障消除后，再对其他可能的故障部位进行检查。

第一章 摩托车维修基本知识

（2） 摩托车故障诊断的基本方法

① 看　就是观看故障征兆、故障部位，再综合分析，做出正确的判断。

② 听　在检查判断时，听一听摩托车的声响有无异响，根据异常响声综合分析判断故障。

③ 嗅　利用嗅觉，根据摩托车运行时散发出的某些特殊气味来判断故障的发生部位。

④ 摸　用手触摸试探可能发生故障的部位，看其温度有无异常，振动是否加剧或有无振动等来判断故障。

⑤ 试　就是试验，通过试车、试灯、试换易损零部件来检查判断。

⑥ 测　利用简单仪表和工具，通过测量参数与正常值的差别来判断故障。

⑦ 想　根据掌握的以上情况进行综合分析、推理，判断出故障的成因及发生部位。

上述几个方面既各自独立，又相互依存，在维修实践中常常是几个方面交叉进行或同时并用。

3　摩托车故障的维修方法

摩托车电路故障大多是由于断路、短路和元件损坏引起的。诊断电路故障常用的方法有分析法、检测法和替换法。

（1） 分析法　分析法是诊断电路故障较为常用的一种方法。它是根据故障产生的症状，结合电路的工作原理进行综合分析、推理，判断故障所在范围。这种方法要求维修人员具有一定的修理经验，掌握电路的工作原理。例如，按喇叭时不响，但转向灯、发动机的工作都正常，可以判断故障的范围在喇叭和喇叭按钮及其电路上。这种方法一般可以判断出故障所在的范围，但要精确地找出故障的位置还要借助其他方法和仪器。

（2） 检测法　检测法是通过仪器、仪表对电路及元件的工作参数进行测试，通过对比分析而准确地判断故障所在的一种方法。如测量蓄电池的充电电流与端电压，判断充电电路是否充电；测量电气部件中绕组的阻值，判断绕组有无断路和短路；测量引线两端的电阻，判断电路的导通性等。

检测法需要一定的检测仪器，如果一时手中没有这些仪器，也可以采用试灯代替试验用仪器，对电路进行粗略检查。将试灯分别接在发电机和蓄电池的输出端，通过试灯发光的强弱，判断发电机的输出和蓄电池的储电情况；将试灯分别接在电路的故障怀疑部位或根据电路的工作原理将试灯接在电路上，通过试灯的发光与否来查明故障的发生部位。

（3）替换法　替换法就是在维修电路时，对某些电气元件的工作是否正常产生怀疑，而一时又无法判断该电气元件的故障，采用同样性能良好的电气元件将其替换，利用比较来判断故障的一种方法。如交流供电照明系统灯全不亮，可断开磁电动机夜间输出端，将蓄电池输出端接入照明电路，查看照明电路的反应，以辨别是磁电动机照明线圈有故障，还是照明设备有故障。又如火花塞的火焰强度较弱，发动机不能启动，可用一个性能良好的火花塞将其替换。此时，发动机若能恢复工作，则表明原先的火花塞有故障。如果替换性能良好的火花塞后发动机仍然不能启动，可进一步替换，如用新的、性能良好的CDI（如果安装CDI系统）替换旧的，若能启动，说明是CDI有问题，若仍然未能启动，则仍可进行再替换。

小提示

● 使用替换法时注意所替换采用的新元件一定是性能良好的合格产品，否则会产生误导，增加故障判断的难度。

六、摩托车维修基本操作技能

1 维修操作技能

（1）清理　清理贯穿整个维修作业的始终。需要维修的摩托车各部件被油、锈、泥和污物弄得很脏，为了使维修作业迅速正确地进行，清洗作业可以说是重要的维修作业。新部件或洗干净的部件在不使用时，必须适当地保管。对于这些部件，应该涂油防锈，用蜡纸或玻璃纸等包好，以防潮气。

特别提醒

注意部件之间不能磕碰,并根据部件的精度,分别采取适当的保管方法。

维修用工具和设备,每天使用前后都要检查,不好用的要修理好,保证经常处于良好状态。还应固定放置场所,清理整顿。特别是手工工具需经常使用,所以要整理好工具箱、工具架,分清种类和数量。

（2）**维修** 进行维修作业时,要检查摩托车的主要部件,准确地判断其好坏程度。

维修可分磨损、龟裂、弯曲、扭曲、生锈、腐蚀、泄漏、平衡、间隙、紧固件等项目进行,根据情况可拆卸维修。

① 磨损 回转、摩擦的部位由于摩擦产生磨损,必须观察磨损程度;同时,也应检查与磨损部位有关的部件;对异常的磨损要查明其原因。异常磨损的原因有安装状态不良、润滑不良或材料不良等。

② 龟裂 部件由于材料不良、过度的冲击、热的影响、疲劳等原因有时会发生龟裂。龟裂的程度有时即使很小,也会急剧扩大,造成重大事故,所以在检查时要充分注意。

③ 弯曲 部件弯曲的原因有安装不良、轴承不良、负重不均匀等。如果凸轮轴等弯曲,运转中会发出噪声,影响与其相关部件的功能。要检查弯曲的部件有凸轮轴、曲轴、驱动轴和中间轴等。

④ 生锈 生锈是铁的氧化或是铜、黄铜的氧化。锈蚀加重会破坏部件。在涂防锈剂时,一定要先把锈清除干净,否则起不到防锈作用。

⑤ 腐蚀 腐蚀是指电解液溢出,造成蓄电池托架腐蚀,从广义上讲,锈蚀也应包括在内。

⑥ 泄漏 摩托车上需要检查是否泄漏的部位很多。漏水检查应针对散热器、缸体、水泵、橡胶管等部位,漏水原因有紧固件松脱、垫圈（片）变形、龟裂等;漏油的原因有紧固件松脱、油封损

坏、密封不良等；另外，润滑油过多也会从油箱部位漏出。

⑦ 积炭 积炭的主要原因有燃料燃烧不充分和润滑油参加燃烧。积炭后，发动机的工作状态会恶化。容易积炭的部位有活塞头部、缸体气门口部、分流器、火花塞及排气管等。

⑧ 颜色检查 颜色检查时也可凭颜色做出判断。例如，观察火花塞的工作状态，或通过排气的颜色分析发动机的工作状态。

⑨ 过热 过热一般是指回转部位或摩擦部位发生异常高温。其原因有调整不良、冷却不良等。容易过热的部件有发动机、制动鼓、曲轴轴承等。

⑩ 平衡 摩托车需要平衡的部件很多。例如，车轮不平衡会产生振动；多缸发动机的连杆和活塞的组合中，由于有重量差别，曲轴的平衡不好，发动机的回转就不平衡。因此，进行各部件组装时，必须注意平衡。

⑪ 间隙 活塞和缸体等之间的相互摩擦或运转部分必然存在间隙。没有振动而且运动灵活的间隙是最理想的；间隙过大，会产生明显的偏磨，发出敲击声，造成破损。

2 特殊操作技能

（1）严重生锈螺母拧松的方法 拧松严重生锈的螺母时，首先用钢丝刷刷干净铁锈，然后用煤油注进螺纹牙内，用锤子轻轻敲击螺母，一边敲击一边拧松。还可以用乙炔气加热，使螺母膨胀后拧松螺母。

（2）折断螺栓的取出方法

① 折断螺栓的一头露在外面时，可用加力钳夹住断头旋动拔出，如图1-67所示。

② 断在螺孔内时，有以下几种方法可以取出断螺钉，如图1-68所示；可一面冲击，一面用断螺钉取出器旋动取出；借用钻头钻一个孔，用左螺纹丝锥攻螺纹取出；或在断螺钉上焊上一根短棒将断螺钉取出。

图1-67 加力钳夹住断头

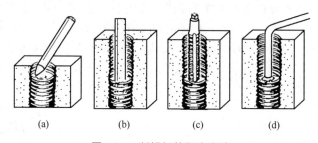

图 1-68　断螺钉的取出方法

(3) 修补已损坏的螺纹孔　采用螺纹衬套修补轻合金的气缸盖或曲轴箱的破损螺孔。螺纹衬套及专用工具如图 1-69 所示。螺纹衬套是在螺孔与螺栓之间插入一种弹簧状的螺纹套筒。插螺纹衬套时，使用专用工具的导销前端夹住螺纹衬套旋入螺孔，如图 1-70 所示。

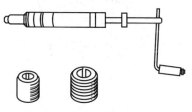

图 1-69　螺纹衬套及专用工具

(4) 裂纹和孔的修理　用铝合金粘接剂修补铝合金气缸散热片的裂纹和孔。铝合金粘接剂（图 1-71）因产品而异，本剂与硬化剂同量加热调配，抹进裂纹或孔内，表面抹平。待其完全硬化干燥后方可使用。但是，对影响行驶的零部件应尽早更换为好。

图 1-70　螺纹衬套的旋入方法

图 1-71　铝合金粘接剂

(5) 双头螺栓的装卸　装卸双头螺栓时，可使用双螺母、双头螺栓装卸器、双头螺栓装卸工具及手钳,如图 1-72 所示。用双螺母时,用扳手相互拧紧上、下螺母,拧进时扳手在上螺母上,拧出时,扳手在下螺母上。用双手螺栓装卸器插入螺栓时,双头螺栓应旋入装卸器的端部,如图 1-73 所示。用双头螺栓装卸工具时,应夹着双头螺栓,用梅花扳手动旋动,使装卸工具与螺栓紧固,如图 1-74 所示。

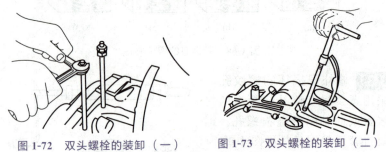

图 1-72 双头螺栓的装卸(一)　　图 1-73 双头螺栓的装卸(二)

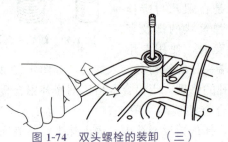

图 1-74 双头螺栓的装卸(三)

(6) **裂纹检查** 金属零部件的裂纹检查方法有着色渗透探伤法、超声波探伤法、荧光渗透探伤法、射线探伤法和磁粉探伤法。这些方法中适于摩托车零部件裂纹检查的有以下几种。

① 着色渗透探伤法是一种利用液体的毛细管现象检查零部件表面裂纹的方法,使用清洗液、渗透液(红色)以及显影液(白色)。

检查时,首先擦干净零部件的被检部位(预洗),在表面涂上红色渗透液(渗透处理)。然

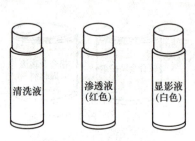

图 1-75 着色渗透探伤法

后，用清洗液洗净附在表面的红色渗透液。涂上白色显影液（显影处理）。这样就能吸出渗入裂纹内部的渗透液，裂纹部位出现红色纹路，如图1-75所示。

② 荧光渗透探伤法。

③ 磁粉探伤法。

3 维修操作安全知识

(1) 摩托车维修应注意的事项 摩托车维修操作时，必须严格遵守以下事项，以保障自身、他人及设备的安全和维修操作的顺利进行。

① 维修工作场地的照明、通风应良好，地面平整、干净，维修工具和量具放置有序、清洁。当必须在启动发动机的情况下进行某些工作时，一定要在通风良好的条件下进行，绝不能在不通风的地方启动发动机，因为发动机排出的废气是有毒的一氧化碳。

② 汽油具有高度的易燃性和易爆性，因此工作场地应严格禁火。

③ 维修操作时，务必穿戴好适合维修操作的工作服、帽子等劳保用品，以保护身体。

④ 汽油是有毒物质，严禁接触汽油的手拿食物吃或用嘴通过胶管吸汽油。长时间连续接触使用过的机油可能引起皮肤癌，因此在接触机油后，必须立即用肥皂和水彻底冲洗干净。严禁儿童接近汽油和机油。

⑤ 水冷发动机使用的冷却液具有轻毒副作用，不得入口，也不要沾到皮肤、眼睛、衣服上。当沾到皮肤、衣服上时，需用肥皂和流水冲洗；当沾到眼睛上时，应用大量的清水清洗并接受医生治疗。日常应注意冷却液的保管，严禁儿童接近。

⑥ 避免沾上电解液。电解液是稀硫酸，沾到皮肤或眼睛上，会有烧伤、失明的危险。当沾到皮肤或衣服上时，应立即用水冲洗；当沾到眼睛上时，应用大量的水充分清洗或立即送医院治疗；当误饮电解液时，立即用开水漱口，喝入含有镁的牛奶或植物油，并接受医疗治疗。日常应注意蓄电池和电解液的保管，严禁儿童接近。

⑦ 发动机刚停止工作时，发动机和排气消声器温度较高，必须佩戴隔热手套或等到发动机和排气消声器冷却后，方可接触其部件。

⑧ 蓄电池在充电时会产生具有爆炸性的氢气，因此应在通风良好的场地进行蓄电池充电，并严格禁火。

⑨ 在两人以上一起操作时，应互相注意安全。

⑩ 在维修操作过程中应时常注意不要把手或衣服夹进传动链条、链轮等可动部位。

⑪ 避免在蓄电池附近吸烟或点火。蓄电池排出的氢气是具有高度爆炸性的气体，故不能在蓄电池附近吸烟或点火，尤其在充电时更应注意。

⑫ 慎用零件和润滑油。应采用原厂或推荐使用的零件及润滑油。如所用零件不符合原厂设计规定，则可能毁损摩托车。

⑬ 拆装时应采用不能燃烧的或高燃点的溶剂将各零件洗干净，装配之前，要在零件的润滑面涂好润滑油（脂）。

（2）一般安全须知

① 工作前穿戴好个人防护用具。

② 工作前必须仔细检查所使用的工具和设备是否完好，若有故障不得迁就使用，并报告领导请求处理。

③ 工作地点要保持清洁，地面不得洒有润滑油或冷却液，对夹具、工具、半成品、材料、成品等要排放整齐、稳固，并且不宜放得过多，避免砸伤或摔倒。棉纱、铁屑应放在指定的地点。

④ 使用机器设备和电动工具时，若有事离开工作地点，必须停机并断电。

⑤ 工作场所不允许用抛掷方式来传递工具、零件，避免砸伤人和设备。

⑥ 工作时除注意自己的安全外，也要注意其他人的安全。

⑦ 使用吊车工作时，必须注意运行范围内有无故障、阻碍物和人站着。吊挂或架起的重物必须紧固牢靠，并且不允许在悬架的重物下面进行工作或通行。

⑧ 在进行与酸碱溶液有关的作业时，应穿戴橡胶手套、围裙等防护用具，以免烧伤皮肤。如果万一酸碱溶液喷溅到手、脸或其

他部位时，应立刻用大量的清水冲洗。

⑨ 配酸溶液时，应将酸倒入水中，不得将水倒入酸中，并且要慢慢倾倒，以免溶液喷溅。

⑩ 局部照明或手提灯必须采用安全电压（36V），潮湿的工作场所应用 24V 或 12V。

⑪ 需在装盛过易燃易爆物质的器皿或设备上进行焊接，事前必须清洗，以免发生爆炸。

⑫ 电气设备着火时，应首先切断电源，用四氯化碳灭火器或干砂熄灭。

（3）维护蓄电池的安全规则

① 搬动蓄电池时要轻拿轻放，不可歪斜，以免将电解液泼溅到衣服或皮肤上引起腐烂。如遭到泼溅，应立即用清水冲洗。

② 检查电解液密度和液面高度时，使仪器稍微离开电解液注入口即可，不要将仪器提得过高，以免电解液滴溅在身上或其他物件上。

③ 禁止将油料容器及各种金属物放在蓄电池壳体上。

④ 配制电解液时，应使用陶瓷或玻璃容器，将硫酸慢慢倒入水中，绝对禁止将水倒入硫酸中。因为水倒入硫酸时，温度会急剧升高，以致发生大量的蒸汽，使硫酸四溅，烧伤人体皮肤和衣物，甚至使容器炸破。

（4）充电安全操作规程

① 操作者必须严格遵守一般安全须知。

② 充电房禁止闲人入内，工作一定要按操作规程进行，要经常检查电路开关、线路等否漏电，以免触电。

③ 调配补充电解液时，要穿戴好防护用具，电解液应保持高出极板 10mm 以上，绝不可使极板露出液面。

④ 各种蓄电池用约 10h 后按正常充电法进行充电。

⑤ 充电过程中，电解液温度不得超过 40℃，如超过时应减小电流，降低温度。

⑥ 充电时使用量具应仔细观看误差，看比重计、温度表时，应与视线成水平。相对密度在 1∶21 以下时，每 2h 测量一次相对密度、电压和湿度；相对密度在 1∶21 以上时，每 1h 测量一次相

对密度、电压和温度。全测与抽测间隔进行，并做好记录。

⑦ 充电过程中，如发现个别电池有异常现象，如温度过高、气泡过多或过少等，应立即检查，及时排除故障。

⑧ 充电将要完毕时，调整各电池的相对密度，使其一致，相对密度高时应加水，相对密度低时应加较大相对密度的电解液。操作时必须将硫酸慢慢倒入蒸馏水中，严禁将蒸馏水倒入浓硫酸中。

⑨ 充电完毕后，等温度降下时再把蓄电池盖盖上；打扫卫生，保持整洁。

（5） 汽油洗涤槽安全操作规程

① 只允许在有通风的情况下进行汽油洗涤工作，工作时必须戴口罩。

② 工作物放入槽内必须小心轻放，工作时应防止钢铁工件互相碰击，以免发生火花。

③ 工作完毕后，必须将槽盖盖好或把汽油装在铁桶内密封起来放在适当地点。

④ 所有零件需用汽油洗涤时必须在汽油槽中进行（槽内放不下的零件除外，但必须在汽油洗涤间内进行）。

⑤ 工作间内电气设备必须是防爆式的，严禁在室内乱接临时线路。

⑥ 工作地点禁止吸烟，禁止携带引燃物（火柴、打火机），不得穿有钉鞋及氯纶衣服入内。

⑦ 工作室内必须备有灭火设备（灭火器、砂箱等），并放置在适当位置，不得放在通道上。

⑧ 防止中毒的汽油最高允许浓度为 0.3mg/L，防止爆炸的最高允许浓度为 1.3%。

第二章
摩托车发动机的构造与维修

一、发动机的基本构造

摩托车的发动机一般为汽油机或柴油机两种，均属于内燃机。它是使燃料在机体气缸内燃烧，并将其放出的热能直接转换为机械能的热力发动机。它一般由三大机构和六大系统组成，如图2-1所示。三大机构是曲轴连杆机构、机体组和配气机构。六大系统是燃料供给系统、进排气系统、冷却系统、润滑系统、启动系统和点火系统。

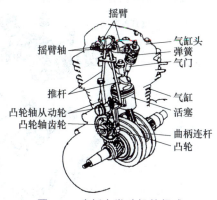

图 2-1　摩托车发动机的组成

目前摩托车普遍采用二冲程或四冲程汽油机作为发动机。通常气缸工作容积较小的摩托车大多使用二冲程发动机，气缸工作容积较大的摩托车采用四冲程发动机。

> **小提示**
>
> 二冲程发动机与四冲程发动机的区别
> - ① 二冲程发动机的曲轴每转一周，就有一个做功行程；四

> **小提示**
>
> 冲程发动机的曲轴每转两周，才有一个做功行程。
> - ② 二冲程发动机做功过程的频率较大，运转比较均匀平稳。
> - ③ 二冲程发动机没有专门的配气机构，因而它的结构比四冲程发动机简单，重量也比较轻，维修使用方便，使用寿命较长。
> - ④ 二冲程发动机的不足之处是较难把废气从气缸内排除干净；换气时，有一部分新鲜可燃混合气随同废气排走。因此二冲程发动机的经济性和排放净化程度不如四冲程发动机。

1 机体组

机体组的作用是构成发动机的骨架，支撑所有运动件，安装辅助系统，利用曲轴箱将发动机总成吊挂在车架上。机体组由气缸盖、气缸体和曲轴箱体三部分组成，如图 2-2 所示。

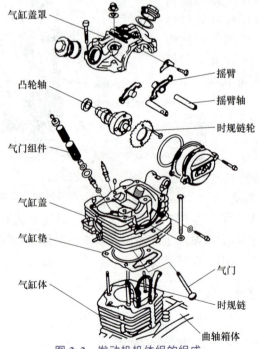

图 2-2 发动机机体组的组成

（1）**曲轴箱体**　曲轴箱体的作用是与气缸体、气缸盖共同组成发动机基体。发动机的许多零件均安装在曲轴箱里，它承受着发动机的多种作用力。曲轴箱有整体式和组合式两种不同的结构类型。

（2）**气缸体**　气缸体是发动机完成工作循环的场所，也是活塞运动的轨道，它承受着高温和高压的作用，外壳铸有若干散热片，起散发热量的作用。

（3）**气缸盖（又称气缸头）**　气缸盖的作用是用来封闭气缸的顶部，与气缸和活塞顶共同构成发动机的燃烧室，气缸盖上也铸有若干散热片，起散发热量的作用。火花塞装在气缸盖上（顶置式进、排气门也装在气缸盖上）。

新型的四冲程摩托车发动机均采用顶置气门、链传动、顶置凸轮轴结构。

2　曲轴连杆机构

曲轴连杆机构的作用是承受气体燃烧的爆发压力，推动活塞连杆，再由连杆推动曲轴旋转，使活塞的直线往复运动变为曲轴的旋转运动，为摩托车提供动力。同时，活塞在曲轴和飞轮的带动下，完成进气、压缩、排气三个辅助行程，并驱动配气机构及辅助装置。

曲轴连杆机构主要包括活塞、活塞环、活塞销、连杆、连杆大小轴承、曲轴、飞轮等，在组合式曲轴中还有曲柄销，如图2-3所示。

（1）**活塞**　它的作用是在气缸内承受燃烧气体的压力并做高速往复运动，气缸内的爆发压力通过活塞、活塞销，传递给连杆和曲轴。二冲程发动机的活塞还起着控制进气、换气、排气的作用。

（2）**活塞环**　活塞环根据其功用有气环和油环两种。气环的作用是防止燃烧气体从活塞与气缸壁之间窜入曲轴箱，使燃烧室保持一定的压力；另一个作用是将活塞顶部的热量传至气缸壁上散掉。油环的作用是刮去气缸壁上的过量润滑油，不使润滑油漏入燃烧室内，以防止积炭产生。

（3）**活塞销**　用来连接活塞和连杆，承受燃烧气体所产生的巨大压力，将此力传递给连杆。

（4）**连杆**　用来连接活塞和曲轴，将活塞承受的气体压力传给曲轴，使活塞的直线往复运动转变成曲轴的旋转运动。

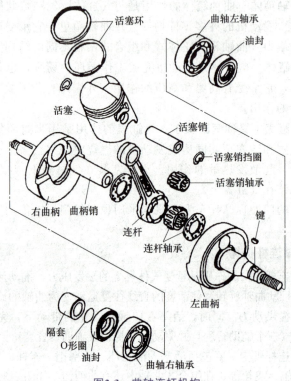

图2-3 曲轴连杆机构

（5）**曲轴** 它的作用是将连杆传来的动力变成旋转的扭转力矩而输出功率，还起平衡作用。

（6）**飞轮** 用以储存发动机的旋转惯量。在做功时，飞轮将能量吸收并储存；而在进气、压缩、排气行程时，利用飞轮的惯量，带动曲轴旋转，保持发动机平稳工作，并满足摩托车启动和加速的要求。

（7）**曲柄销** 曲柄销是组合式曲轴中的一个重要零件，用于连接曲轴和连杆，使左、右曲轴连成一体，它承受连杆传来的爆发力和惯性力。

3 配气机构

配气机构的作用是使发动机在工作过程中控制气缸按照一定的时间吸入混合气和排除废气。此机构工作正常与否直接影响发动机工作的好坏。

在二冲程发动机中，是由活塞和进气簧片阀组合等零件来控制进气、换气和排气的。只有四冲程发动机才装有凸轮轴、气门等配气机构，配气机构由气门组和气门传动组组成。该机构主要包括凸轮轴、气门、气门座、气门弹簧、气门弹簧座、分气正时齿轮、分气主动齿轮、气门挺杆（顶置气门式配气机构中是推杆）、挺杆导管（或摇臂、摇臂轴）等零件，如图2-4和图2-5所示。

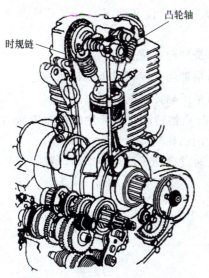

图2-4　顶置凸轮轴式配气机构

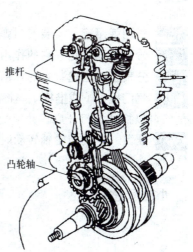

图2-5　顶置气门式配气机构

小提示

四冲程发动机配气机构的特点

● 四冲程发动机采用气门式配气机构，由凸轮控制气门的开闭，按气门布置方式不同可分为顶置气门式和侧置气门式两种；根据各气缸配置的气门数目，又有两气门结构和多气门结构之分。顶置式配气机构按凸轮轴的布置形式可分为凸轮轴下置式、凸轮轴中置式和凸轮轴上置式；按曲轴和凸轮轴的传动方式可分为齿轮传动式、链条传动式和齿形带式。

(1) 凸轮轴　它的作用是控制气门的开启和关闭。有的凸轮轴上安装断电器凸轮,以控制断电器触点的开启。

(2) 气门　气门有进气门和排气门之分。它们的作用是分别控制进、排气门通道。在工作过程中,进气门按照一定的时间开启或关闭使可燃烧混合气流进入气缸,而排气门按照一定的时间开启或关闭将气缸中燃烧后的废气排出。

(3) 气门座　承受气门落座时的巨大冲击力,并起密封作用。

(4) 气门弹簧　它的作用是使气门回位并使气门与气门座紧密贴合。

(5) 气门弹簧座　安装气门弹簧并起定位作用。

(6) 分气主动齿轮　它的作用是带动分气正时齿轮转动。

(7) 分气正时齿轮　它的作用是正确控制配气相位。

(8) 气门挺杆(或推杆)　将凸轮轴转动时所产生的推力传递给气门,以控制气门开启,并承受因凸轮转动所产生的侧向力。

(9) 摇臂　承受凸轮轴转动时通过推杆传递来的推力,定时顶开气门。

小提示

VVT 可变气门定时机构

● VVT 可变气门定时机构采用两种凸轮。高功率、高速转速时用凸轮 A(大的升程及长的开启时间),充分发挥功率;低功率、低速时用凸轮 B(小的升距及短的开启时间),充分加大扭矩,降低油耗。每对进气门或排气门都具有一个同轴的凸轮,由齿条控制偏心凸轮转动。整个机构由电脑控制,它将变化信息传递给电磁阀驱动装置,驱使齿条向外或向内移动。采用该装置后,动力性和经济性有很大改善。

4　燃料供给系统

燃料供给系统的作用是根据发动机不同的工况要求,将汽油与所需要的空气混合,形成可燃混合气,及时、定量、准确地将可燃混合气送入气缸,并将燃烧后的废气从气缸内排出,保证发动机工作的平稳性和经济性。

燃料供给系统主要由燃油箱（俗称油箱）、带有沉淀器和网式滤清器的油箱开关、汽油管、化油器等组成，如图 2-6 所示。

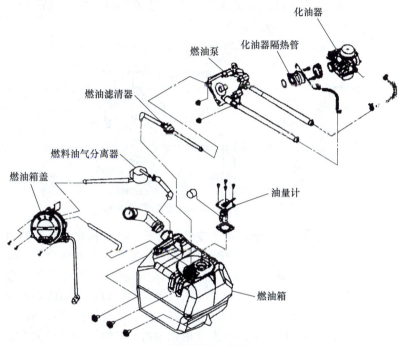

图 2-6　燃油供给系统的结构

（1）**化油器**　化油器安装在汽油发动机进气通路上，它的作用是准备混合气，使燃油与空气按一定比例混合成适当浓度的可燃混合气，然后送入气缸中燃烧。常用的化油器主要有柱塞阀油门可变喉管化油器、固定真空度可变喉管化油器和碟片转阀油门固定喉管化油器三种。

（2）**燃油箱**　用于储存一定数量的燃油，供发动机工作时使用，确保摩托车行驶一定路程。主要由油箱体、油箱盖和油箱开关三部分组成。它的顶部有加油口，油箱开关装在油箱的下端。

（3）**油箱开关**　用于接通或关闭油箱与化油器之间的油路，控制燃油的供给。它有开、关及备用三个位置。

常见油箱开关主要有三通式油箱开关和膜片式油箱开关（又称真空式或真空膜片阀式油箱开关）两种。三通式油箱开关主要由开关体、滤油杯、手柄等组成；膜片式油箱开关由两个阀门串联而成，一个类似于三通式开关，另一个则是膜片阀，主要包括开关体、手柄、滤油杯、膜片芯阀等零件。

二冲程发动机的燃油供给系统如图 2-7 所示。

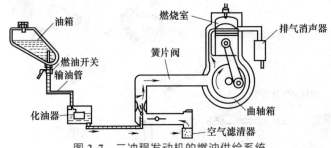

图 2-7　二冲程发动机的燃油供给系统

二冲程发动机的燃油供给系统的工作原理：燃油由油箱经燃油开关、输油管流入化油器浮子室，再由浮子室经主量孔或怠速量孔喷出后雾化，并与从空气滤清器进入的空气混合，变成可燃混合气。可燃混合气经进气阀（或旋转阀）吸入曲轴箱，再由曲轴箱压入气缸上部的燃烧室，由火花塞点燃混合气，燃烧后膨胀做功。

四冲程发动机的燃油系统主要由化油器、油箱、油箱开关等零件组成，如图 2-8 所示。

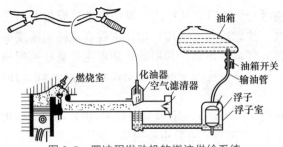

图 2-8　四冲程发动机的燃油供给系统

四冲程发动机的燃油供给系统的工作原理：燃油由油箱经燃油开关，再经输油管流入化油器浮子室，再由浮子室经主量孔或怠速量孔喷出后雾化，并与从空气滤清器进入的空气混合，形成可燃混合气。可燃混合气经进气门进入气缸上部的燃烧室，由火花塞点火燃烧。

5 点火系统

点火系统的作用是将蓄电池或交流发电机输出的低电压变为点火用的高电压，并送至火花塞，使火花塞产生准时的强烈火花，点燃气缸内的可燃混合气，从而使发动机运转做功。

点火系统的种类较多，按电源不同分类，可分为蓄电池点火系统和磁电动机点火系统；按点火形式分类，可分为有触点式点火系统和无触点式点火系统；按点火原理分类，可分为电感放电式点火系统和电容放电式点火系统。

现以电容器放电式无触点磁电动机点火系统为例，点火系主要由蓄电池、触发线圈（也称脉冲线圈）、电容放电式点火装置（简称 CDI 点火装置）、点火线圈、火花塞等组成，如图 2-9 所示。

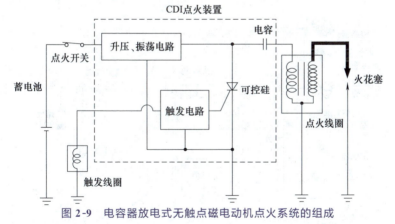

图 2-9　电容器放电式无触点磁电动机点火系统的组成

（1）**点火线圈**　它的作用是利用电池感应原理，将蓄电池或磁电动机（或发电机）输出的低压电（6V 或 12V）转变为高压电（15000～16000V），供给火花塞点燃混合气。

（2）**磁电动机**　它的作用是将机械能转变为电能，适时给发动机点火、照明、喇叭等提供所需的电流，还能对蓄电池充电。

（3）**断电器**　它的作用是在点火凸轮的作用下周期性地接通或切断点火线圈中低压线圈中的低压电流，使点火线圈中的高压线圈感应，产生发动机工作时所需的高压电流。

（4）**CDI 电子点火器** 无触点点火装置，是以电子开关替代传统的断电器触点开关的点火装置。

（5）**电容器** 它的作用是利用自身的存放电作用，增强高压电流的电压和防止触点烧蚀，延长断电器的使用寿命。

（6）**火花塞** 在高压电作用下，火花塞产生强烈的火花，点燃燃烧室内的可燃混合气。

> **小提示**
>
> 微电脑控制的点火系统
>
> ● 微电脑控制的点火系统主要由输入信号、控制单元（ECU）和输出信号三部分组成，如图 2-10 所示。

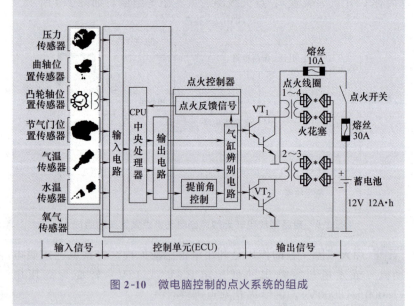

图 2-10 微电脑控制的点火系统的组成

6 冷却系统

发动机冷却系统的作用是将发动机受热零件吸收的部分热量及时散发出去，使发动机在所有的工况下都保持在适当的温度范围内。正常的冷却系统既要防止发动机过热,也要防止冬季发动机过冷。在发动机冷启动之后,冷却系统还要保证发动机迅速升温,尽快达到正常的工作温度,以保证发动机的可靠转动。

摩托车发动机的冷却方式有风冷和液体冷却两大类。风冷又分为自然风冷和强制风冷。骑式摩托车广泛采用自然风冷;坐式摩托车一般采用强制风冷。

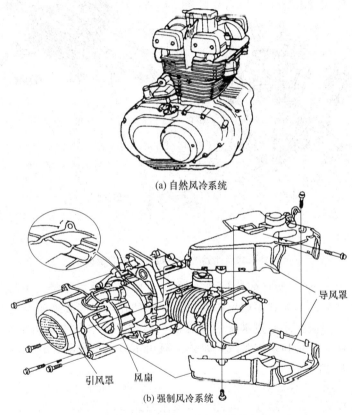

(a) 自然风冷系统

(b) 强制风冷系统

图 2-11 风冷发动机冷却系统的组成

液体冷却又分为水冷和油冷。较为高档的大、中型摩托车采用水冷。运动型摩托车有部分采用油冷。

（1）**风冷发动机冷却系统** 自然风冷系统主要由缸体和缸盖上的散热片构成；强制风冷系统主要由散热片、引风罩、风扇、导风罩等构成，如图 2-11 所示。

（2）**水冷发动机冷却系统** 水冷发动机冷却系统一般由水泵、水套、风扇、节温器和散热器等组成，如图 2-12 所示。

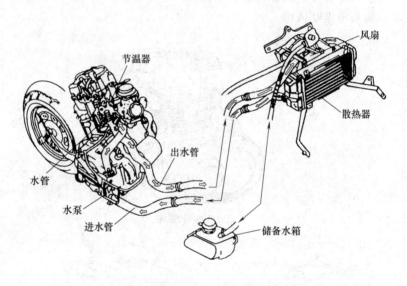

图 2-12　水冷发动机冷却系统的组成

① 水泵　水泵的作用是对冷却液加压，使冷却液循环流动。水冷式摩托车大都采用离心式水泵。即使在水泵因故障而停止工作时，冷却液仍能通过水泵的内腔而自然循环。水泵主要由水泵体、水泵盖、叶轮和泵轴组成，泵体上有出水口，水泵盖有吸水口，如图 2-13 所示。

② 节温器　对于摩托车而言，是根据冷却液温度的高低来控制冷却液的循环路线，因此大多采用蜡式节温器或乙醚折叠式节温器，它安装在水管与散热器之间。在发动机（冷却液）的温度较低时，节温器将阀关闭，停止冷却液的循环，使发动机快速热机；当发动机（冷却液）的温度较高时，节温器就将阀打开，使冷却液开始循环。节温器的组成如图 2-14 所示。

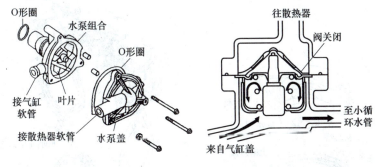

图 2-13　水泵的组成　　　　图 2-14　节温器的组成

③ 散热器　散热器的作用是将冷却液的热量传递给大气，使冷却液降温。散热器的组成，如图 2-15 所示。

散热器盖上设有通气阀和压力阀，它的作用是控制循环水流的总量。在散热器盖的下方有虹吸管与备用水箱相连，当散热器内

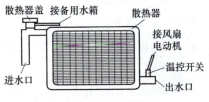

图 2-15　散热器的组成

的压力随温度升高而升高时，散热器盖上的压力阀被顶开（向上移动），散热器内的部分高温冷却水和高压蒸汽便通过虹吸管向备用水箱内转移。散热器盖的组成，如图 2-16 所示。

（3）**油冷发动机冷却系统**　油冷发动机冷却系统主要由油泵、喷嘴、散热片等组成，如图 2-17 所示。

7　润滑系统

发动机润滑系统的作用是润滑发动机中运动机件的接触面，以减少运动件间摩擦阻力，通过润滑油的循环，带走热量，降低温度，延长其使用寿命。润滑油在润滑系统中起到润滑、冷却、密封和清洗四大作用。

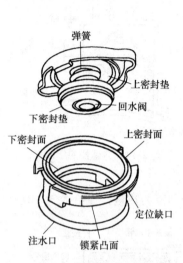

图 2-16 散热器盖的组成

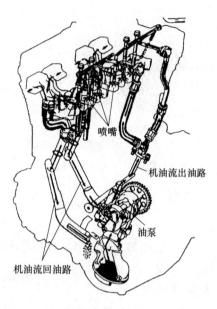

图 2-17 油冷发动机冷却系统的组成

由于发动机的润滑方式各不相同,其润滑系统的组成及工作过程也不尽相同。它主要分为四冲程发动机润滑系统和二冲程发动机润滑系统两大类。

(1) 四冲程发动机 一般都是采用飞溅润滑和压力润滑相结合的综合润滑法,其润滑系统主要由油盘、油泵和油管(油道)组成,如图 2-18 所示。

摩托车油路通道几乎不用油管,而是借助于箱体上的孔和沟槽。机油滤清器常采用网式和离心式两种,而机油泵多采用体积较小的转子泵。

(2) 二冲程发动机 润滑方式有混合润滑和自动分离润滑两种。混合润滑方式没有专门的润滑系统,发动机零部件的润滑是靠润滑油与汽油以适当的比例〔一般为(18~22):1〕混合后加注在燃油箱中,通过化油器吸入发动机进行润滑的。

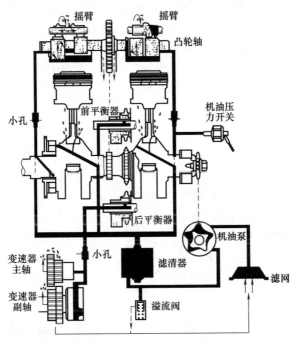

图 2-18 四冲程发动机典型的润滑系统

自动分离（英文缩写 CCI）润滑系统如图 2-19 所示。它是采用润滑油泵根据曲轴转速及化油器节气门开度，自动调整需要的润滑油量，按比例输送到簧片阀安装座的输入孔内，然后被吸入发动机进行润滑的。采用分离润滑的发动机有一套润滑系统，包括机油箱、机油泵（俗称点滴泵，柱塞式结构）、油管及油泵操纵钢索等。发动机运行过程中，机

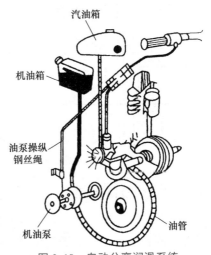

图 2-19 自动分离润滑系统

油从机油箱流入机油泵,机油泵通过油管将机油泵入化油器主通道,经高速气流将其雾化后与雾化的汽油和空气一起进入气缸。分离润滑又分为单路润滑与双路润滑两种形式。

目前除国产二冲程发动机摩托车大多采用混合润滑外,其他二冲程发动机摩托车则采用分离润滑。

> **小提示**
>
> ● ① 分离润滑的原理与混合润滑方式相同,所不同的是,由于机油泵与发动机曲轴联动,曲轴转速越高,泵入的机油量也越大,故比混合润滑合理。
>
> ● ② 单路分离润滑系统主要由机油箱、油泵、油管和联动控制器等组成。双路分离润滑系统的组成与单路分离润滑系统大体相同,只是由机油泵送出的机油在分流点处被分为两路,其中一路与单路分离润滑系统完全相同,而另一路则被直接送至曲轴的主轴承及连杆大头轴承处。

8. 启动系统

启动系统的作用是启动发动机,借助外力带动曲轴旋转,使曲轴达到某一转速后进入工作状态。启动方式有脚踏启动与电启动两种。脚踏启动机构在变速器内,电启动主要由电动机、启动离合器组成,如图2-20和图2-21所示。

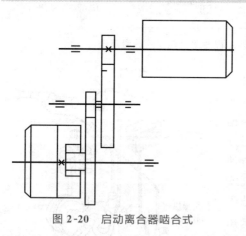

图 2-20 启动离合器啮合式

9 进气系统及排气系统

(1) 进气系统 进气系统的功用主要是引导并过滤空气,控制进入气缸的混合气量,降低进气噪声。进气系统主要由进气管、空气滤清器、进气阀等部件组成。结构先进的发动机上还装有进气消声

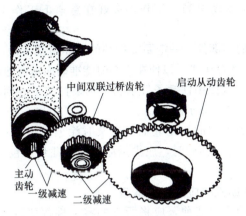

图 2-21　启动机的二级减速机构

器、YEIS 系统。

（2）**排气系统**　排气系统的功用主要是降低排气噪声并排出废气。排气系统主要由排气管和消声器等部件组成。

排气管用钢管弯成，安装于气缸（气缸盖）排气口与消声器之间，其作用是将燃烧后形成的废气排出车外；而消声器的作用是降低发动机排气噪声，消除废气中的火焰和火星，使废气降温和减速后排向大气，减少对环境的污染。

根据消声原理可分为阻性消声器、抗性消声器和阻抗复合式消声器三大类。

二、发动机的拆装

1　拆装发动机应注意的事项

（1）**拆卸发动机时应注意的事项**

① 发动机的拆卸必须在完全冷却后进行，否则会引起某些机件的变形，如气缸盖的变形。

② 关闭汽油箱开关，拆下汽油管。

③ 放尽曲轴箱体内、变速器内的润滑油。

④ 拆卸前应用毛刷和自来水冲刷发动机外部灰沙，用水清洗不掉的油污可用轻质矿物油（汽油、煤油均可）洗。另外，在放润

滑油之前，若发动机尚能工作，最好在怠速下工作10min后，再放掉润滑油。

⑤ 拆卸的零部件，一定要按拆卸的顺序清洗干净，将零部件分别放置在清洁的盘子里，以便在组装时能准确而迅速地进行工作。

⑥ 严禁直接使用铁锤子等金属工具敲打加工表面和配合偶件，必要时，可用橡胶锤子敲打。

⑦ 对于易生锈的加工表面，应及时涂上润滑油；对于拆卸零部件，需要长时间存放时，应少量涂些油脂并封严包装，以防零部件锈蚀。

(2) 组装发动机时应注意的事项

① 在发动机组装前，应将所有的零部件都清洗干净。各种经过修理的零部件应按技术要求检查合格后，方可进行组装。

② 安装曲轴箱轴承时，应使用加热器对曲轴箱轴承孔周围进行加热。

③ 所有配合的零部件表面在装配前，都应涂抹润滑油加以适当的润滑。

④ 各种卡环、挡圈和密封胶圈，在装配前都应加以严格的检查，有缺陷、变形及失去弹性者应一律更换。

⑤ 对于需要涂抹密封胶的接合表面，应用酒精将其表面擦干净，不得有润滑油和密封胶凝固残余物。

⑥ 有条件时，各紧固件螺纹部件涂以螺纹胶结剂，以防紧固件松动。

⑦ 运动件装配之后，都要进行转动检查，以确认装配是否合适。

2 发动机总成的拆装

由于各种发动机及其车架在结构上的差异，其拆卸方法和步骤也不尽相同。现介绍发动机的一般拆卸方法和步骤。

(1) 发动机外围的拆卸

① 拆下各个与发动机相连接的部件。

a. 拆下发动机与车架相连的螺钉。

b. 拆下发动机与汽油箱相连的螺钉。

c. 拆下发动机与化油器相连的油门操纵钢索。
d. 拆下发动机与离合器相连的离合器操纵钢索。
e. 拆下发动机与发电机相连的电枢导线。
f. 拔下发动机与点火线圈、喇叭相连的导线。
g. 拆下发动机与车速里程表相连的软轴管线。
② 关闭汽油箱开关，拔下输油管，拆下汽油箱。
③ 拧下放油螺栓，放出曲轴箱、变速器内的润滑油。
④ 将后车轮用支撑架撑起，拉起后轮挡泥板，拆下后车轮，松掉传动轴（链）护罩或后传动链护罩，卸下传动链或推开传动轴。
⑤ 拆下固定发动机机身的螺钉。
经过以上五个步骤，即可将发动机从车架上拆卸下来。

（2）发动机的拆卸

① 拆下变速器总成，抽出离合器滑块、止推轴承和离合器分离杆。
② 拆下气缸上的化油器。
③ 把离合器支撑圆盘上的螺钉保险嵌点用相应型号的冲子冲开，拆下固定支撑圆盘的螺钉。
④ 打开飞轮固定螺钉的保险片，将飞轮用支架固定住（或用相应型号开口扳手的一端卡在连接销上，另一端支撑在曲轴箱体上），以便在拆卸飞轮螺钉时，曲轴不致与飞轮体一起转动。随后用相应型号的旋具拧松螺钉，螺钉拧松后暂时不要拆下，可先用拔卸器将飞轮拔起，然后当飞轮拨至曲轴后半部时也暂时不要取下，因为仍需要利用飞轮来转动曲轴。
⑤ 拆下发动机上的分电器、高压导线、点火线圈、火花塞齿轮室盖。
⑥ 取下发电机组合。
⑦ 用装卸气缸盖螺钉取下气缸盖。
⑧ 拧下气门室盖螺钉，取下气门室盖。
⑨ 转动已拧松但还未取下的飞轮，使活塞移至上止点的位置，取下气缸体。
⑩ 用尖嘴钳取出活塞销卡锁，拆卸活塞和活塞销。

⑪ 拆开挺杆导套压板，抽出挺杆导套组合。

⑫ 打开曲轴主动齿轮固定螺钉的保险片，松开主动齿轮的固定螺钉，用拔卸器拆下主动齿轮。

⑬ 通过正时齿轮的圆孔，用旋具拆下凸轮轴承盖板螺钉，抽出凸轮轴组合。

⑭ 旋下飞轮螺钉，取下飞轮。

如需对曲轴等有关部件进行修理，可进一步对曲轴总成进行详细拆卸（一般情况下不需要轻易拆解曲轴）。

小提示

● 对新的或较新的发动机，在没有准确地判断出其内部故障的前提下，不要轻易地拆开。新发动机每大拆一次就会相应地减少一定的使用寿命。

3 机体组的拆装

摩托车发动机的机体组主要由气缸盖罩、气缸盖、气缸体、左曲轴箱、右曲轴箱等组成。

（1）**气缸盖的拆装**　气缸盖的结构如图2-22所示。

① 四行程发动机气缸盖的拆卸方法

a. 用气门弹簧压缩器压缩气门后取下气门锁夹。

b. 依次卸下气门弹簧压盘、气门外弹簧、气门内弹簧、气门弹簧座及气门杆密封套。

c. 清除燃烧室积炭及气缸盖表面附着的密封垫残余。

② 分解气缸盖　拆下进、排气门间隙调整孔盖（螺栓×6）；先拆下摇臂轴固定挡板，再以6mm螺栓旋入摇臂轴中，将摇臂轴抽出，取下气门摇臂；用气门弹簧压缩器将气门弹簧压下，拆下气门阀栓后，放松压缩器，取下弹簧制止器、弹簧及气门阀（为避免弹簧失去弹力，请勿过度压缩弹簧，以能取下阀栓的最适长度为宜）；或以气门弹簧拆/装器直接压缩弹簧将阀栓及弹簧拆下（以气门弹簧拆/装器直接压缩弹簧前，需在燃烧室侧用布条垫铺，将气门抵紧，以防施力时损伤气门杆及气缸盖）；取出气门、气门杆及

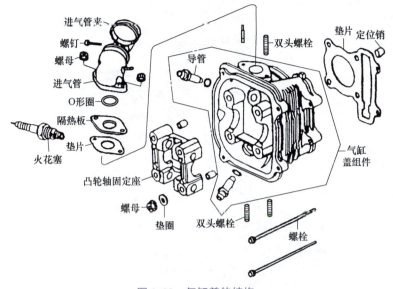

图 2-22 气缸盖的结构

弹簧。

③ 气缸盖的装配　按与拆卸相反的顺序进行，注意不要过分压缩气门弹簧，以免损坏气门弹簧。

（2）**曲轴箱的拆装**　曲轴箱由曲轴箱体、曲轴箱盖组成。曲轴箱体沿曲轴连杆的中心分为左、右两半，称为左、右曲轴箱体和左、右曲轴箱盖。右曲轴箱体及曲轴连杆组件如图 2-23 所示。

右曲轴箱体与右曲轴箱盖之间装有机油泵和电启动机构。机油泵装在右曲轴箱体的右端，通过机油泵驱动链条，一端连接右曲轴上的油泵主动链轮，另一端与机油泵驱动链轮相连。启动机安装在右曲轴箱体的上部，启动机的输出通过启动减速齿轮与装在右曲轴上的离合器的齿轮相啮合。右曲轴箱体上有孔，使两面的润滑油相通，保持相同的油面。右曲轴箱盖上有加油口，内装有标尺，使润滑油平面保持在一定的范围内。右曲轴箱盖的下部装有机油过滤网，使进入机油泵的润滑油先经过过滤网，去除一部分机械杂质。装机油过滤网处，也可供定期放出旧润滑油用。

右曲轴的右端从中间穿过右曲轴箱盖。该处装有油封，防止润

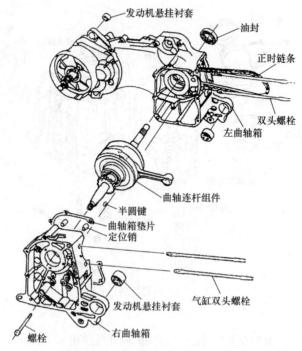

图 2-23 右曲轴箱体及曲轴连杆组件

滑油流到右曲轴箱盖的右端。磁电动机定子装在右曲轴箱盖的右端，磁电动机转子装在右曲轴上，冷却风扇装在磁电动机转子上，导风罩装在右曲轴箱盖上，形成冷却风扇通道。

左曲轴箱体的左端装有变速机构与脚启动机构，减速齿轮箱装在左曲轴箱体的后部。各转轴处装有油封，以防止润滑油流到左曲轴箱的左端。左曲轴箱盖装在左曲轴箱体上。

4 活塞组件的拆装

(1) 活塞的拆装

① 拆卸活塞的方法

a. 拆卸活塞的方法是先把活塞销卡簧取出，再把适当型号的冲子放入活塞销孔内，并在活塞的背面垫上木块，然后一手扶住冲子，一手用锤子轻轻敲击冲子头，把活塞销顶出并取下，即可卸下活塞。

b. 敲击时，注意冲子要对准活塞销，用力要适当，不可急于求成，更不能将活塞裙部敲伤。要防止曲轴连杆因敲击而变形。

② 装配活塞的方法

a. 将修好或选好的活塞先装上活塞销并涂上一层润滑油，然后用木锤轻轻敲进一边销孔，把敲进后伸出的活塞销头插入连杆小头孔内，将活塞对正后再轻敲活塞销，直至到位。

b. 装配活塞时需要注意的是，敲击活塞销时用力一定要轻，在装配活塞之前，先按要求装好活塞环，装活塞时要按活塞顶面上标的箭头或标记进行操作，不要装错位置，特别是不要把活塞环开口对准气缸的排气口和扫气口。

> **小提示**
>
> ● 装配活塞时还应先检查活塞环是否与活塞环槽相匹配，如开口间隙、侧隙和背隙以及漏光度等是否符合要求。

(2) 活塞环的拆装

① 将活塞垂直放置在工作台上，两手拇指抠住活塞环开口处，食指压住活塞头部，中指扶住准备拆装的活塞环，拇指慢慢向两端用力，待活塞环内径稍稍大于活塞头部直径时，即平行装入或取出。

> **小提示**
>
> ● 活塞环材料为合金铸铁，强度较低，拆装活塞环时必须小心仔细，以免折断。

② 为了不使气缸内的气体从活塞开口处泄漏，必须把各道活塞环的开口错开安装。对于有两道活塞环的活塞，应将第一、第二道活塞环开口相错180°；对于有三道活塞环的活塞，通常是将各道活塞环开口相错120°。注意开口安放位置不能处在活塞销方向上。

③ 对于有活塞环定位销的活塞，安装活塞环时，应将活塞环开口对准定位销安装。

④ 将安装好活塞环的活塞装入气缸时，应先在气缸内壁涂上

一层薄薄的润滑油。为了防止活塞环折断,最好采用活塞环卡箍,将活塞环卡紧后再装入气缸。

(3) 活塞销的拆装

① 在换用新活塞销时,应先将旧活塞销用专用顶出器顶出。若没有专用顶出器,可以选用与活塞销直径(粗细)相当的铜棒或铝棒顶住活塞销,用木锤轻轻敲击。

小提示

● 敲击时要在相反的一面用木棒支撑牢固,防止把连杆敲断。

② 选用新活塞销时,首先要考虑松紧度必须适中,既不能过紧(过紧难以装配),又不可过松(过松则旷自转)。最理想的松紧度是间隙 0.01mm;其次要选择好活塞与连杆小头铜衬套的间隙(标准间隙一般为 0.01~0.02mm),选好新活塞销后,即可安装活塞销。

③ 新配新活塞销的方法。

a. 先把活塞销座放在电炉内加热(或放在润滑油槽内加热),温度可在 140~160℃,加热时要保持 15min 左右。而后将活塞销顶进活塞销座,如果没有加热条件,也可在常温下将选好的活塞销顶进活塞销座(常温顶入比较困难)。

b. 在安装活塞销时,如果需要对活塞销孔铰削,可先把选择好的铰刀(其直径要与活塞销孔相匹配,长度要能达到两个销孔一起铰削,以保证两个销孔的同轴度)固定在台钳上,使其与台钳口垂直,铰刀上端头要露出活塞销孔,均匀缓缓地按顺时针方向旋转活塞。铰削的过程中要不断地用活塞销与活塞销孔相比较。当铰削到活塞销的直径与销孔有微量过盈即可停止,再对活塞销孔轻轻抛光即可装配。

5 曲轴的组装

曲轴装配时,先将曲轴销压入曲轴前半部,压入前要注意曲轴销的两个油孔位置必须对准配重块的对方位置上。油孔位置千万不可装错,否则装复后在使用过程中必然会因油孔错位使得曲轴大头轴承得不到润滑而烧坏;再把曲轴销压入曲颊孔内,曲轴销油孔位置要向外，即要与拆卸前所刻划的中心线标记对准；然后把连杆、滚柱和保持器等部件组装在曲轴前半部的曲轴销上，安装时要注意把刻在曲轴前半部配重块上的中心线标记与曲颊上的中心线标记对正，并使用曲轴销对准曲颊的销孔；都对准位置后再在曲轴前半部和曲颊中间垫一块厚度为15.35mm的垫铁，这时要测量连杆大头的侧面间隙是否为标准尺寸（一般为0.045～0.140mm），若侧面间隙大于0.140mm，应取下垫铁，换一块薄一些的垫铁垫上并加大压力，迫使连杆侧面间隙达到标准尺寸。

最后在组合的曲轴前半部和曲颊上装上连杆及连杆大头轴承，垫上厚薄相当的垫铁，把对准中心的曲轴后半部压到曲轴销上，把垫铁取下即可完成曲轴连杆的修配组合并装复使用。

6 化油器的拆装

由于化油器的结构不同，其拆装方法也有所不同，具体方法如下。

① 在对化油器进行拆卸前，先将油箱开关关闭，再把套在化油器上的输油管拔掉，这时应先对化油器外部进行全面清洁，再用小型开口扳手拧下紧固化油器盖的螺母，取下化油器盖，再将浮子取出，最后取下化油器壳体。

把拆卸后的化油器各个部件放在清洁剂（或汽油）里浸泡、刷洗，待其风干后检查主量孔、主喷管有无堵塞，如有堵塞应用打气筒吹通或用压缩空气吹通，还可用细铜丝捅通，注意切不可让细铜丝断在孔洞里面。

小提示

清洗化油器零部件时的注意事项

● ① 不要用水洗，以免水珠沉在主量孔或主喷管中，造成化油器工作故障。

● ② 清洗后的化油器部件要让其自然风干，不可用火烤，也不能用棉纱、细布等擦干，以避免棉纱绒毛附在部件上，造成主量孔或主喷管堵塞。

②化油器清洁及维修后即可按拆卸时的相反方法进行装复，即把浮子装入化油器内，再将化油器盖装在化油器上，安装时要先把油针慢慢对上主量孔，让其自然下落，然后再将化油器盖紧固好。

把化油器组装好后再将其安装到发动机上，装机后的检查事项如下。

a. 检查油门能否顺利而灵活地打开，能否自动地关闭。如果不能，应进一步检查油门轴是否有变形或弯曲，油门是否松动，以及油门弹簧是否弹力衰竭、折断等，如发现有上述故障，均应及时修复或更换零件。

b. 查看阻风门的工作情况，看其是否能全开和全关，如发现开不彻底、关不闭合，应寻找原因并加以排除，以免发动机出现启动困难或动力不足等故障。

c. 检查浮子室是否有渗油或漏油现象，如有渗漏，应找出原因并加以排除。

经过以上检查并都符合要求后，化油器即组装成功，可投入使用。

小提示

● 柱塞式油门化油器安装油门时应注意油门切口处一定要朝向空气滤清器壳体一侧装入，若装反时，油门不能完全地降下到位，导致启动时发动机"飞车"，容易引起事故。

7 机油泵的拆装

（1）**机油泵的拆卸** 拆下发动机；拆下发动机右侧盖；拆下单向离合器及启动齿轮；确认泵轴可自由转动；拆下机油泵盖，再取下机油泵驱动齿轮固定夹及齿轮；拆下机油泵本体固定螺钉；再取下机油泵。机油泵拆卸图如图2-24所示。

（2）**机油泵的安装** 将机油泵装入曲轴箱，并将固定螺钉拧紧；转动机油泵轴，并确认机油泵轴可自由转动；装上机油泵驱动链轮及链条，再以扣环固定在机油泵轴上；装上启动齿轮及交流发电机飞轮组。

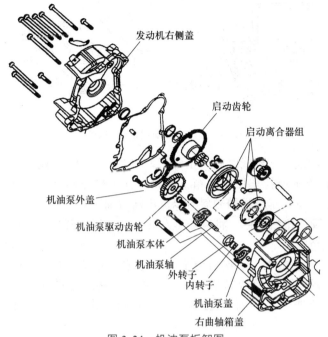

图 2-24 机油泵拆卸图

三、发动机的维护与调整

1 发动机日常维护的内容

(1) 检查润滑油油量

① 发动机运转 2~3min 后停机,过 1~2min 后检查润滑油油量。使车辆保持水平,拔出机油量尺,用布将上面的机油擦净。

② 将机油量尺再插进曲轴箱,但不要旋进。拧下油标尺并擦净其上面的残留机油,插入曲轴箱(不要拧紧螺纹),再取出机油量尺,油位在油标尺的上刻线与下刻线之间为正常。若已接近下刻线,应将润滑油补充到上刻线,但不要超过标线,如图 2-25 (a) 所示。

③ 有机油观察窗的摩托车,可通过观察窗目测机油油位,油

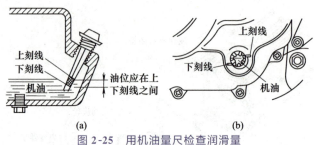

图 2-25 用机油量尺检查润滑量

位在上刻线与下刻线之间为正常,如图 2-25(b)所示。

④ 有的摩托车在曲轴箱下部设有油位检查螺栓,可以旋出螺栓观察油位。车身稍稍倾斜时以流出润滑油为好。

（2）观察排气颜色　将摩托车发动 10min 以后观察发动机排出废气的颜色。

① 黑色浓烟　表明可燃混合气过浓,燃烧不充分。这时必须检查发动机预热后情况是否好转；卸下空气滤清器后情况是否好转；火花塞上是否有黑色油污等。应调整化油器或清洗空气滤清器。

② 白色气体　表明发动机润滑油与燃油一起燃烧。二冲程发动机可能是活塞与气缸配合间隙过大；四冲程发动机须检查配气系统有关部件。

③ 淡青色或无色　表明燃烧良好。但气体过淡时会有以下几种情况：加速性能差,低速运转不稳定,启动性能差,这时应调整化油器。

（3）检查冷却液

① 发动机的工作温度与冷却液液面的高低有直接关系。撑起主支架,使车体垂直,卸下水箱侧盖,观察液面。液面在上下标记线中间即可。

② 如果低于下标记线,须补充到上下标记线之间。打开盖子,注入冷却液,应急时也可以使用自来水。

③ 冷却液减少较快时,应检查各接口、水管、散热器芯片是否损伤、漏水。检查时须将发动机发动。

④ 水温计的读数是否随发动机温度的升高而增大,若有异常,

应检查水温计的接线。

2　清洗气缸盖散热片

　　风冷发动机的热量主要靠气缸盖和气缸体上的散热片散发。因此，散热片必须保持完整、清洁，并且当摩托车用了一定时间后就应冲洗，特别是雨天使用摩托车后，务必用水冲洗干净。

　　散热片上有油垢、泥沙等，会影响散热效果。散热片间的空隙是冷却空气流通的通道，必须保持这些通道内无异物卡入。

　　散热片上的油垢一般用煤油或汽油清洗，也可先将清洗剂加热到 70～90℃，然后将零件置入其中浸煮 10min，取出后再用清水冲洗干净。

3　消声器的维护

　　摩托车的排气消声器有盒式消声器和筒式消声器两种。

（1）盒式消声器的维护方法

　　① 旋下气缸体排气孔处 2 个 M6 螺母，再旋下消声器与平叉连接的 2 个 M8×65、M8×30 螺栓，取下盒式消声器。

　　② 旋下盒式消声器上的 M10×1.25 螺栓，清除消声器进气孔和排气孔内的积炭，然后从螺孔处清除盒内的积炭。

　　③ 将消声器的积炭倒出来。如果消声器进气管处烧穿、壳体烧漏以及消音器内堵塞，不能清除者，应更换消声器。

（2）筒式消声器的维护方法

　　① 旋下气缸体排气口处 2 个紧固螺母，再旋下筒式消声器后部悬挂板上的紧固螺母，取下筒式消声器。

　　② 清除消声器内进气管和排气管的积炭。如果筒式消声器烧穿、进气管烧漏以及消声器内堵塞，应更换消声器。

4　化油器的维护

　　在进行化油器的清洗维护工作时，除了对各量孔和喷嘴及浮子室进行清洗外，还应着重检查浮子阀的针尖部位的磨损和清洁度。

　　具体维护方法如下。

　　① 经常检查化油器、进气管、进气阀以及曲轴箱进气口各结合平面的牢固情况，保证密封。否则，由于漏气会使可燃混合气变稀。

② 经常清理化油器，保持表面清洁。若化油器沾满油污、灰尘，则影响节气门和阻风门灵活地打开及关闭，甚至影响怠速调节螺钉的调整。

③ 化油器浮子室经长期使用，其内会沉淀一些杂质，一般每行驶 2000km 左右，应拆下浮子室进行清洗。否则，杂质进入化油器内，会堵塞主量孔，影响化油器正常工作。

④ 化油器清洗干净后，装配前，应检查浮子针的密封性。具体检查方法是，先拆下浮子室，再将输油管插在化油器的进油嘴上，用手倒拿化油器壳体，并将浮子插好，然后扭开油箱开关，用另一只手轻轻垂直转动浮子，若浮子针锥面处有燃油溢出，表明密封性不好；若燃油大量流出，表明密封性差，应予以修理。修理时，可用小木锤轻轻敲打浮子针根部，边敲打边转动浮子，使锥面均匀接触。也可在浮子针的锥面上涂研磨膏，用手轻轻旋转浮子，进行研磨，磨好后再用煤油清洗干净。

⑤ 最后检查一遍橡胶密封垫，若硬化、变形或损坏，应更换新件。

安装时，要特别注意化油器与气缸连接处的密封性，不允许有漏气现象发生。若发现结合面不平或有毛刺，可用细油石修磨，以防漏气。

5 发动机气门间隙的调整

(1) 调整发动机的气门间隙时应注意的事项

① 对侧置气门来讲，气门间隙是指进气门、排气门尾杆与挺杆上的调整螺钉间的间隙，如图 2-26 所示。对顶置气门和顶置凸轮轴式气门来讲，气门间隙是指进气门、排气门杆尾端与摇臂调整螺钉间的间隙。

② 气门间隙分为冷间隙和热间隙两种，热间隙比冷间隙略小。在发动机冷态下测量的间隙即为冷间隙。通常，进气门冷间隙在 0.08～0.10mm 之间，排气门冷间隙在 0.10～0.12mm 之间。调整时，应严格按照具体车型的说明书规定的间隙进行调整。

③ 气门间隙的检查及调整必须在进气门、排气门都完全关闭时进行。而活塞位于压缩行程的上止点时，恰好进气门、排气门完全关闭，所以调整气门间隙时，必须使活塞处于上止点。

④ 气门间隙的调整应在发动机冷态时进行，严禁在发动机运转时进行调整。对双缸发动机，应逐缸进行检查和调整。

(2) 发动机气门间隙的调整方法

① 顶置凸轮轴式气门间隙的调整　顶置凸轮轴式气门间隙是指摇臂与气门杆尾端之间的间隙。此间隙的调整方法如下。

拆下进气门、排气门室盖和磁电动机外罩。

转动磁电动机转子，使其外圆面上的"T"刻线与机壳上的刻线对准，此时活塞应处在压缩行程的上止点。

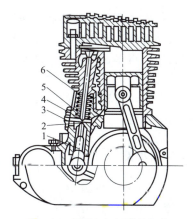

图 2-26　侧置气门间隙的调整
1—挺杆；2—调整螺母；3—调整螺钉；4—气门间隙；5—气门室盖；6—气门

将厚度为规定气门间隙值的塞尺，小心地插入气门间隙内来回拉动，若感到略有阻力时，说明间隙合适。

若间隙不合适，则应先旋松调整螺母，一边用小扳手转动调整螺钉，一边拉动塞尺检查间隙，待间隙合适后，再拧紧调整螺母。

为防止螺母拧紧后间隙发生变化，应再用塞尺复测一次。

② 侧置气门间隙的调整　侧置气门间隙是指气门杆尾端与挺杆上调整螺钉之间的间隙。此间隙的调整方法如下。

拆下气门室盖，卸下火花塞。

用手指堵住火花塞孔，踩动启动蹬杆，当手指感到有气流冲击时，说明活塞已处在压缩行程。这时，可将螺钉旋具头部伸入火花塞孔内，再缓缓踏动启动蹬杆，当螺钉旋具上升到最高点时，活塞即处于上止点。

检查并调整气门间隙，其方法同顶置凸轮轴式气门间隙的检查、调整方法。

6　发动机化油器的调整

(1) 化油器怠速的调整　首先将摩托车主停车架支起，启动发动机；待发动机充分预热后，按顺时针方向拧转油门调整螺钉，使发动机转速略有升高；然后把怠速空气调整螺钉按顺时针方向轻轻拧到底后，再迅速退回到标准旋转圈数；最后拧转油门调整螺钉，这样反复调整，直到使发动机怠速转速达到规定值。

有发动机转速表的摩托车，可直接观察发动机转速表来调整怠速调整螺钉。

小提示

● 怠速空气调整螺钉和油门调整螺钉可交叉调整几次。只有多次反复进行调整才能使发动机怠速达到标准要求，即当油门关到最小开度时，发动机仍然保持在最低转速上（一般不高于1500r/min）稳定运转。

应检查怠速的稳定性，方法如下。

① 在发动机怠速工况时，突然快速地开大油门，然后再突然快速地关小油门。

② 如果发动机在突然快速地开大油门时，其转速能迅速随之加快升高，而在突然快速地关小油门时又不至于熄火，则表明怠速调整成功。

③ 若在油门突然快速加大的情况下发动机转速不见升高或升高很慢，而在突然快速关小油门时发动机熄火，则怠速调整失败，应按调整怠速的要领和要求重新进行调整。

（2）双缸发动机的两缸工作一致性调整　把摩托车用撑架支起（使后轮悬空），启动发动机，使其怠速运转5~10min进行预热（如果是热发动机则无此必要）。加大油门换入高挡，使"车速"保持在40km/h以上，一先一后地轮换着把左右缸火花塞上的高压帽摘下（摘下要接地或搭在缸片上），随摘随看速度表上的指针，若摘下一缸的高压帽，单缸工作时所降低的时速与戴上后再摘下另一缸的高压帽单缸工作时所降低的时速相同，则表明双缸工作均匀；反之，当两缸轮流单缸工作时所降低的时速差距较大，甚至当摘下其中一缸的火花塞高压帽而立即引起发动机熄火,则证明两缸工作不匀,甚至一缸工作,另一缸不工作。

应按下列方法进行调整。先将转速低甚至不工作的一缸的转速调上来,即先把工作不好的一缸的化油器上的护罩拨下,将化油器弯头处的油门操纵钢索的外套锁紧螺母旋松,把外套挡拔出,拔出多少可凭发动机工作的声音来确定,只要双缸运转的声音高低一致即可。然后把挡管锁紧螺母旋紧,再用调节怠速的方法,使双缸怠速均匀。如果是由于化油器浮子室的浮子封闭不严而导致浮子腔内渗油,或浮子针与针阀座严重磨损,而引起两缸工作不匀,应更换浮子或研磨浮子针或针阀座。

(3) 化油器油平面的调整

① 拆下化油器,将其垂直放置。

② 如果油平面高度不正确,则拆下浮子室,取出浮子,微量扳动浮子上的调整片,即改变油平面高度。

a. 朝浮子针阀方向扳动调整片,可使浮子针阀提早关闭,从而降低油平面。

b. 反方向扳动调整片,则可提高油平面。

对无法修复的浮子,则应进行更换。

(4) 化油器的中速调整　中速是指化油器柱塞处于全开位置的1/4～1/2时的发动机旋转速度,也是车辆行驶中用得较多的速度,在这个速度下行驶安全性好,耗油少,机件磨损小。中速的调整主要以改变油针的喷嘴内的位置,即通过改变油针在柱塞内的高度来获得,如图2-27所示。

油针的下段为锥形,下小上大,油针的中上段为圆柱形,上段圆柱部分开了多条圆环槽。使油针穿过柱塞内孔,并用油针调整挡圈,将油针位置固定住,再用油针限位片簧和复位弹簧将油针在柱塞内固定下来。

若将油针调整挡圈卡在油针的最上环槽时,则油针进入喷油嘴孔内就多,油针与喷油嘴孔的间隙就小。当柱塞节流阀上行到全杆的1/4～1/2时,由于油针下端尚有部分在喷油嘴孔内,喷油嘴的喷油截面较小,混合气就稀;若将油针调整挡圈固定在油针的最下一条环槽时,则油针进入喷油嘴孔内较少,喷油嘴的喷油截面就较

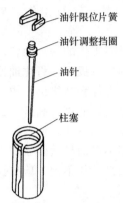

图 2-27 中速调整部位

大,混合气就浓。

因此通过调整油针即可改变喷油嘴的喷油截面,也就是改变油针调整挡圈在油针环槽的安装位置,便可获得满意的节油效果和理想的行驶速度。一般进行中速调整时都将油针调整挡圈固定在油针的中间环槽。如果在调试中,化油器发出明显的回声,则说明混合气过稀,应将油针下调一个环槽,如果要获得较好的加速性能,也可将油针下调一个环槽。夏季因汽油容易挥发,可将油针放低些,而冬季应将油针提高些,新车出厂时均在中间位置。

7 采用分离润滑方式的机油泵的检查调整

采用分离润滑方式的机油泵的检查调整,主要是机油泵操纵钢索的调整和机油泵最小行程的检查。

① 机油泵操纵钢索的调整,如图 2-28 所示,其调整方法如下。

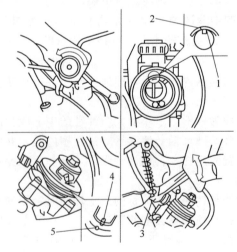

图 2-28 机油泵操纵钢索的调整

1,2—化油器节气门的标记;3—调整螺母;4,5—机油泵上的标记

a. 转动油门转把，使化油器节气门的标记1对准标记2。

b. 当节气门位于此位置时，检查机油泵上的标记4、5是否对准。

c. 若机油泵上的标记4、5未对准，应调节调整螺母3，使机油泵上的标记4、5对准。

② 机油泵最小行程的检查，如图2-29所示，其检查方法如下。

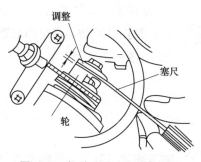

图 2-29　机油泵最小行程的检查

a. 当发动机处于怠速运转状态时，上述标记应对正。

b. 当调整板与控制凸轮之间的间隙达到最大时停车，用塞尺测量机油泵的间隙。

小提示

- 如果间隙不符合要求，则应卸下或加上调整垫片。

8　散热器的检查

① 用水冲洗散热器芯，清除其表面的灰尘，若有油污，则应用汽油洗净。

② 检查散热器的散热片之间有无泥土、小虫、叶片等脏物或异物。若有此类脏物或异物，则应进行彻底清理。

③ 检查散热片有无变形，若有变形，则可用一字槽螺钉旋具小心地将其校正。若散热片折断且损坏部分占总面积的20%以上，则应更换新的散热器。

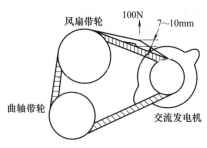

图 2-30　调整风扇皮带张紧力

④ 从外部察看散热器上、下水室及芯子，不得有渗漏现象，散热器框架不得有断裂和脱焊现象。

⑤ 检查散热器的紧固情况。散热器应当紧固可靠，前后晃动时应无松动现象。散热器与水泵风扇叶片间的距离应保持适当。

9 三轮摩托车冷却系统风扇皮带张紧力的调整

风扇皮带的张紧力是靠调整交流发电机的位置来实现的，如图2-30所示。

检查皮带张紧力的方法：用100N垂直于皮带的拉力拉动皮带时，在风扇带轮与发电机带轮之间皮带的挠度应在7~10mm范围内。

10 节温器阀门开启温度的检查

（1）**节温器阀门开启温度的规定** 当冷却液温度上升到63~67℃时，节温器主阀门应开始打开；当冷却液温度上升到80℃时，节温器主阀门应处于开启状态，且升程为3.5mm以上；当冷却液温度达到95℃时，节温器主阀门应处于全开位置，其升程能达到4.5mm。

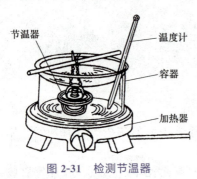

图2-31 检测节温器

（2）**节温器阀门开启温度的检查方法** 将节温器放置于装有水的烧杯中，如图2-31所示，再将烧杯置于电炉上，逐步将水加热，在烧杯中插入温度计，观察水温。

（3）**观察节温器阀门开启情况** 若节温器阀门在规定温度时开始开启，到全开温度时阀门升程符合要求，则节温器的蜡质元件工作正常。若在规定的温度范围内阀门不开启，或阀门在过低或过高的温度时才开启，则必须更换节温器，以保证发动机在最佳温度条件下工作。

四、发动机的主要部件维修

1 气缸盖的维修

气缸盖变形是指气缸盖与气缸相结合的工作平面产生了翘曲、凹陷等现象。维修时，可用钢板尺或卡尺靠在气缸盖工作平面上，并用厚薄规测量其变形尺寸（最大挠度）。若变形尺寸小于0.5mm，属于正常值，可继续使用；否则，必须进行修理。

气缸盖下表面变形，可用直尺接触，用塞尺进行测量。测量时直尺的接触方向按图 2-32 所示进行。

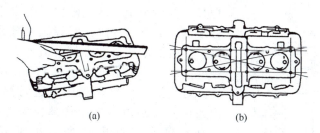

图 2-32　气缸盖安装面的维修

若检测的间隙为极限值，可用细砂纸（约 400 号）放在平板上，按如图 2-33 所示的方法进行研磨，边磨边检查。磨平后清洗干净，并在金相砂纸上推光。

2　气缸体端面的维修

检查气缸体端面时，先将气缸体上端面附有衬垫等物清除干净，然后用塞尺测量直尺与气缸体端面间的间隙，且要多测几个点的间隙，如图 2-34 所示。若测量值大于使用极限值，则说明气缸体端面变形，应研磨气缸体端面；若气缸体端面变形严重而无法修复，则应更换气缸体。

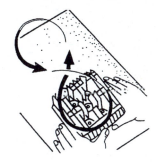

图 2-33　气缸盖的研磨

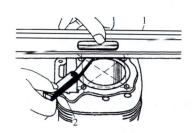

图 2-34　气缸体端面的检查
1—直尺；2—塞尺

3 气缸的维修

用内径百分表在气缸活塞销方向（Y-Y 方向）及其垂直方向（X-X 方向）选上、中、下三段的六个点各测量一次气缸内径（图 2-35）。测得最大值即是气缸内径值，若气缸内径值大于使用极限值，则应对气缸进行镗缸修理或更换气缸。测得最大值减去最小值即是气缸的锥度，X 与 Y 方向的差值即是气缸的椭圆度。对气缸的锥度和椭圆度进行测量时，内径百分表必须与被测量部位保持平行。气缸锥度和椭圆度标准值小于或等于 0.01mm，若测得值大于使用极限值 0.025mm，应对气缸进行镗缸修理或更换气缸。

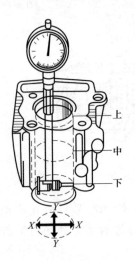

图 2-35　测量气缸内径

其最大磨损部位通常在气缸顶部向下 10～20mm 的位置。如果发现气缸内壁有严重伤痕，那么应对气缸进行镗缸研磨修理，必要时更换气缸。当气缸最大磨损部位的内径尺寸超过磨损极限时，应对气缸进行修复或更换。

小提示

● 检测气缸前应观察气缸内壁是否有损伤、擦伤的痕迹。如果气缸壁有面积不大的擦伤、划痕或黏结物，那么可先用细砂纸将黏结物除去，然后用抛光砂纸浸汽油进行抛光，以确保测量值的精确。

4 活塞的维修

活塞维修前应对活塞顶的积炭进行清除，清除方法如图 2-36 所示。

① 在与活塞销孔呈垂直方向且离活塞裙部底面一定距离处，

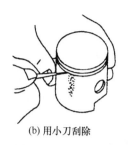

(a) 用不尖锐的金属刮刀或非金属刮刀刮除　　(b) 用小刀刮除

图 2-36　活塞顶积炭的清除

用外径千分尺测量活塞直径，如图 2-37 所示。若测量值小于使用极限值，则说明活塞过度磨损，应更换活塞。更换时，应先测量出新活塞直径及气缸内径，计算出新活塞与气缸的配合间隙。若配合间隙符合标准值，则可换上新活塞；若配合间隙大于使用极限值，则应对气缸进行镗缸修理。

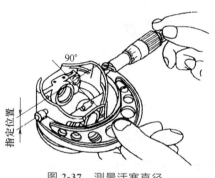

图 2-37　测量活塞直径

② 活塞的拉伤和烧蚀。若发动机使用或维护不当（如活塞环折断、气缸内混入硬质颗粒等），则活塞表面会产生拉伤。对于轻度拉伤，可用细砂纸或磨石蘸少许机油磨光；当拉伤严重时，则应更换活塞。

若发动机遭遇高温或活塞顶部积炭层过厚，则活塞上的一部分金属会粘在气缸壁上或者活塞顶部会出现烧熔的小麻坑。前

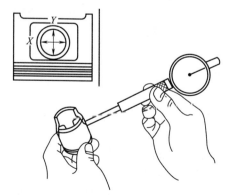

图 2-38　测量活塞销孔内径

者称为粘缸,后者称为烧蚀。若拉伤或烧蚀不严重,则可用磨石或细砂纸将粘缸处或烧蚀处磨光,严重者要更换活塞。

活塞有时也会产生破裂,多发生在活塞顶部或机械负荷较大的活塞销孔附近。当活塞破裂时应及时更换,以防发生更大的故障。

③ 用内径百分表测量活塞销孔内径(图2-38),若测量值大于使用极限值,则说明活塞销孔过度磨损,应更换活塞。

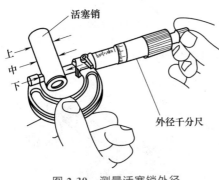

图 2-39 测量活塞销外径

④ 用外径千分尺在活塞销上、中、下三个位置测量活塞销外径(图2-39),若测量值小于使用极限值,则说明活塞销过度磨损,应更换活塞销。更换活塞或活塞销时,应使活塞销孔与活塞销配合间隙符合标准值。

5 活塞环的维修

(1) 弹力的检查 活塞环应具有一定的弹性,其外径弹力要求在 11.8～15.7N·m 之间。

(2) 侧隙的检查 活塞环和活塞环槽装配后,应有一定的侧隙。侧隙正常时,活塞环沿环槽应能灵活转动。通常通过测量活塞环自由端隙的大小来间接地判断活塞环弹力是否减弱。用游标卡尺测量活塞环自由端隙,若自由端隙小于使用极限值,则说明活塞环弹力严重减弱,造成活塞环不能与气缸壁紧密接触而漏气,应更换活塞环。侧隙过小时可研磨活塞环端面;侧隙过大的活塞环不能使用,应重新选配。

(3) 开口间隙的检查 活塞环安放在气缸中应有一定的开口间隙,其大小可用塞尺检查。

将活塞环放入气缸内,用活塞头部将活塞环推入气缸底部附近的磨损最小部位,并使其保持水平状态;然后用塞尺测量活塞环开口间隙,若测量值大于使用极限值,则说明活塞环过度磨损,应更换活塞环。若间隙小时,可用锉刀锉修开口,使间隙增大。在锉修时,一次不要锉去太多，应边修边放入气缸内检查，直至间隙合适为止。

有些活塞的活塞环槽装有定位销，其活塞环除应检查开口间隙外，还应检查开口处与活塞环槽上定位销的配合情况。开口处的尺寸符合标准时，安装好活塞环的活塞应能顺利装入气缸。

（4）活塞环的漏光检查 活塞环的开口间隙、侧隙都符合标准后，还应进行漏光检查，以检查活塞环与气缸壁表面的贴合情况。

检查的方法：将白炽灯泡置于被检活塞环下面的气缸内，用直径略小于气缸直径的薄钢板或硬纸板平放在环面上遮住光线，观察环与气缸壁间的漏光缝隙的范围大小。对活塞环漏光的要求如下：用塞尺测量的活塞环漏光间隙不得超过 0.3mm；外圆漏光弧度在圆周上不得超过 45°，在同一平环上的总和不得超过 60°，在活塞开口处左右 30°内不允许漏光。

小提示

● ① 对双缸发动机，在更换活塞时，应注意两个活塞的重量应尽量一致，最大量差不得超过一个活塞总重量的 5%，否则将导致发动机工作不稳定，产生振动。装配活塞时应注意活塞顶面有标记一侧的朝向，二冲程发动机活塞顶面标有箭头或"EX"记号应朝向气缸体排气侧，四冲程发动机活塞顶面标有"IN"记号应朝向气缸体进气侧。安装活塞销挡圈时，应在活塞销、销孔、连杆小孔、滚针轴承等处滴注些机油，在活塞下方放上干净的布，以防止挡圈落入曲轴箱内，并注意挡圈装入活塞的挡圈槽后，应使用挡圈的开口避开活塞的缺口处。活塞组件装入气缸后，应在气缸壁表面涂抹少许机油，避免启动时拉伤气缸壁。转动曲轴，让活塞在气缸内来回移动数次，然后让活塞移至上止点，擦去多余机油。

● ② 当组装大排量两缸或多缸摩托车发动机的活塞时，应选用同一厂生产的同一组活塞，以便使材料、性能、质量、尺寸一致。同一组活塞的直径差不得大于 0.025mm，质量差不得超过 5g，以减小发动机工作时的不平稳。选配完活塞后，应在活塞顶部与气缸筒上打上缸号，以免装错。

6 连杆的维修

（1）连杆大小头间隙的测量 用内径百分表测量连杆小头孔内径，如图 2-40 所示。若测量值大于使用极限值，则说明连杆小头孔过度磨损，应更换连杆。

如图 2-41 所示，将连杆大头推向一侧，使其紧贴曲柄。在连杆大头另一侧与曲柄之间插入塞尺，测量连杆大头轴向间隙。若轴向间隙大于使用极限值，则说明连杆大头轴向间隙过大，应拆卸曲轴连杆，更换连杆或更换曲轴连杆组合。

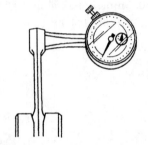
图 2-40 连杆小头孔内径的测量

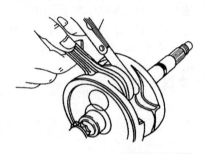
图 2-41 连杆大头轴向间隙的测量

连杆大头径向间隙的测量如图 2-42 所示，用两块等高 V 形铁将曲轴支撑起来，用百分表测量连杆大头与其轴向呈垂直的两个方向上的径向间隙。若径向间隙大于使用极限值，则说明连杆大头径

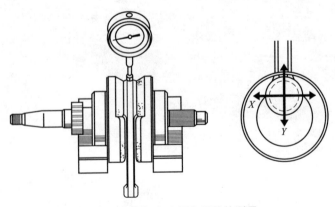
图 2-42 连杆大头径向间隙的测量

向间隙过大，应更换曲轴连杆；或拆卸曲轴连杆，检查连杆大头孔、曲柄销、连杆大头轴承的磨损情况及尺寸，对磨损件应更换。

（2）**连杆的检验**

① 连杆弯曲度和扭曲度的检测。用连杆检验仪检测弯曲度和扭曲度的方法如图 2-43（a）所示。先将活塞销装入已铰好的连杆衬套内，再把连杆大头装在检验仪的可胀式芯轴上，旋转芯轴调整螺栓，把芯轴胀开，从而使连杆在检验仪上定位。轻轻地移动小角铁，使小角铁底面与活塞接触，拧紧小角铁的固定螺钉，再用塞尺测量小角铁的底面与活塞的某一边的间隙大小，即可测出连杆弯曲的方向及弯度。若测量连杆扭曲度，可将连杆向右转动一个角度，把小角铁向下移动，然后将连杆向左旋转使活塞销接触上小角铁的侧面，再用塞尺测量小角铁侧面与活塞销某一边间隙大小，即可测量出连杆扭曲的方向和扭曲度。

如果没有连杆检验仪，也可用简易工具，如百分表、V 形木块及标准芯轴和样板，对连杆弯曲度和扭曲度进行简易测量，如图 2-43（b）、（c）所示。

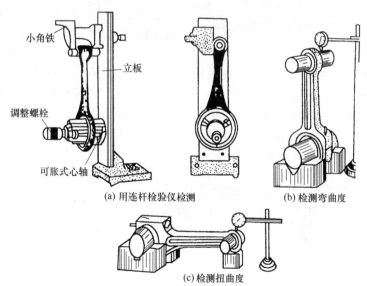

图 2-43　用连杆检验仪检测弯曲度和扭曲度的方法

② 当检测连杆的弯曲度和扭曲度已超过规定的允许值，则应分别进行矫正。矫正连杆的弯曲可将连杆放在矫正工具上（如油压机）加压矫直。矫正连杆的扭曲可将连杆的大头垫上软金属片（保护连杆大头不受夹损），而后夹在台虎钳上固定，再用连杆矫扭工具进行矫正。

7 曲轴的维修

主轴颈径向跳动的检测如图 2-44 所示，在平板上用两块等高 V 形铁支撑曲轴主轴颈，在图示处装上百分表，转动曲轴一圈，读出百分表指针的最大相对偏摆值，即为主轴颈径向跳动值。若径向跳动值大于使用极限值，则说明曲轴弯曲变形。

对曲轴弯曲变形严重者，则应更换曲轴连杆组合。对曲轴弯曲变形轻者，可采用以下方法予以校正，当主轴颈径向跳动的高点均在曲柄销这个方向时，应按如图 2-45（a）所示

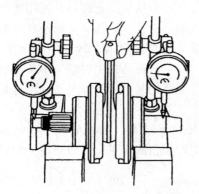

图 2-44　主轴颈径向跳动的检测

用榫铁将曲柄撑开；当主轴颈径向跳动的高点均在与曲柄销相对的方向上时，应按如图 2-45（b）所示用橡胶榔头或铜榔头朝箭头所指方向敲击曲柄；当主轴颈径向跳动的高点出现在两侧的不同方向上，且左右曲柄轴线平行但不在同一条直线上时，应按如图 2-45（c）所示，用橡胶榔头或铜榔头按箭头所指方向敲击曲柄。

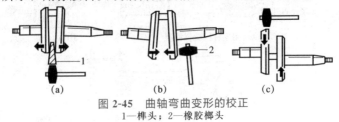

图 2-45　曲轴弯曲变形的校正
1—榫头；2—橡胶榔头

上述矫正方法，在操作过程中应边矫正边检测，直至曲轴主轴

颈径向跳动值符合规定标准值为止。

8 凸轮轴的维修

① 检查凸轮摩擦面是否有磨损，若有，则应更换凸轮轴。凸轮轴摩擦面有损伤时，应检查摇臂的摩擦面是否也有损伤。

② 用千分尺测量凸轮高度，若测量值小于使用极限值，则说明凸轮轴凸轮过度磨损，应更换凸轮轴。

③ 在平板上用两块等高V形铁支撑凸轮轴轴颈，在如图2-46所示处装有百分表，转动凸轮轴一圈，读出百分表指针的最大相对偏摆值，即为凸轮轴径向跳动值。若径向跳动值大于使用极限值 0.1mm，则说明凸轮轴有弯曲变形，应更换凸轮轴。

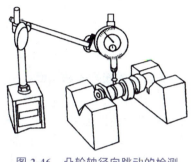

图 2-46 凸轮轴径向跳动的检测

④ 测定轴颈部的外径，若测定凸轮高度值小于极限尺寸，则应更换。

9 气门及气门弹簧的维修

(1) 气门的维修

① 检查气门是否弯曲（偏摆）、烧蚀、损坏，若有则应更换。

② 将气门装入气门导管中，检查其工作情况。

③ 测定气门推杆（与气门导管的滑动面）的外径，若小于使用极限尺寸则应更换。

④ 气门杆的弯曲和气门顶部的歪曲偏摆可用百分表测量，其方法如图 2-47 所示。将气门杆装到检验仪上，两端用顶针顶住或放在两块同样高的V形铁上，转动气门杆，百分表指针摆动数值的 1/2 即为气门杆轴线的直线度。如气门杆轴线的直线度超过 0.03mm，或气门头部的圆跳动超过 0.05mm，均应进行修理。

(2) 气门弹簧的维修

① 主要检查气门弹簧是否有裂痕，若有，则应更换气门弹簧。

② 用游标卡尺测量气门弹簧的自由长度，若测量值小于使用

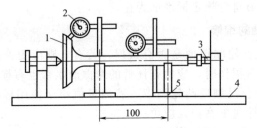

图 2-47 气门杆弯曲变形的检测
1—气门；2—百分表；3—顶针；4—平板；5—V形铁

极限值，说明气门弹簧弹力不足，则应更换气门弹簧或进行修理。

10 负压式燃油开关的维修

检验负压式燃油开关时，应先将开关置于"OFF"位置上，将输油管从化油器上拔下，在软管的下面放置一个容器，将软管和开关内的汽油放净。这时只有油箱内有汽油，再将开关旋臂置于"ON"位置上，如果汽油不流出，则说明开关工作正常，否则，则需检查负压真空管和膜片。旋下膜片阀门盖的固定螺钉，取出弹簧和膜片，如果弹簧和膜片已经损坏，则应更换新件。

检查负压燃油开关时，将负压加到真空管上，如图2-48所示，检查燃油是否顺畅地流出。

图 2-48 检查负压燃油开关

① 检查真空管的负压保持情况，如果不能保持负压，则表明膜片安装不良或膜片损伤。

② 能保持负压但燃油不能顺畅地流出，应检查燃油箱油路是否堵塞。

③ 没有负压加到真空管上时，燃油照样流出，表明膜片安装不良。自动负压燃油开关由于不可拆卸，一旦工作不良应及时更换

负压燃油开关总成。

11 汽油泵的维修

检查时，应启动发动机，使其处于怠速运转状态。从化油器上拆下输油管，检查输油管输出油量情况。

若输出油量不足或无汽油流出，则应检查燃油滤清器有无堵塞以及负压管和输油管有无破损或堵塞。若有，则应更换新件；若无，则说明汽油泵有故障，应将其拆卸。检查膜片有无裂纹、硬化或破裂，若有，应更换膜片或汽油泵。检查汽油泵内的进油阀、出油阀、泄油阀是否能完全关闭，若关闭不严，应修理或更换汽油泵。

12 化油器的维修

维修时，关闭油箱开关，旋松放油螺塞，将浮子室内的汽油放净后，卸下燃油胶管；卸下油门钢索；旋下与进气管结合处的连接螺母，然后卸下空气导流罩，拆下化油器。具体维修的方法如下。

① 进油系统的维修。检查浮子是否破损，如果是轻微破损，可用电烙铁予以热补；如果破损严重，则应更换。检查进油针阀组件能否可靠关闭，如果阀座处有异物，必须进行清洗、疏通；如果进油针阀圆锥面磨损严重，应予以更换。检查浮子室密封圈是否断裂、变形，必要时予以更换。

② 检查主量孔及主喷管泡沫孔有无堵塞现象，如有堵塞，可用小孔径的细钢丝清除各孔的异物，然后在洁净的汽油中清洗，并用压缩空气吹净。

③ 检查节气门限位螺钉及怠速调整螺钉头部的磨损情况，并进行清洗。

④ 检查阻风门摇臂的操作灵活性；观察阻风门有无变形、扭曲，能否完全关闭，必要时应拆下阻风门进行校正或更换。

⑤ 检查节气门的操作灵活性，观察节气门有无变形，全开时是否与化油器体轴线平行，必要时应拆下节气门进行校正或更换。

⑥ 最后，用压缩空气将化油器本体上的各油道孔、气道孔吹净，将各零件用洁净的汽油清洗后，擦拭干净，再进行装配、调整。

> **小提示**
>
> 化油器浮子凹陷或漏油的维修
>
> ● 铜皮制成的浮子有凹陷时,可以在凹陷处焊上金属丝,将凹陷处拉平后再将金属丝去掉。检查浮子有无渗漏时,可将浮子浸入60~80℃热水中,保持1min,气泡冒出处,即为渗漏所在。焊修前,可在渗漏处的对面钻一个小孔,倒出浮子内的燃油。若仍倒不出,可用打气筒吹出浮子内的燃油,然后用锡焊修复。塑料制成的浮子,可用上述方法将浮子内的燃油吹净,再用烙铁将漏气处烫平。焊接时,焊层应少而薄,一般焊修后的重量不得超过原重量的5%~6%,以免浮子过重而影响浮子室油位的高度。

13 四冲程发动机机油泵的维修

为了保证机油泵的正常工作,必须检查其各部位的密封可靠性。需要检查的部位:机油泵转子之间的间隙,外转子与机油泵壳体之间的间隙,内外转子与端盖之间的间隙。检查机油泵的间隙如图2-49所示。若测量值大于使用极限值,则说明机油泵内部过度

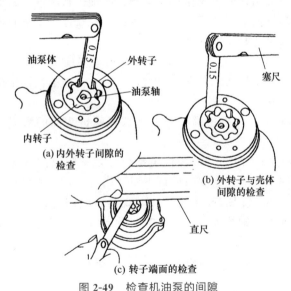

图2-49 检查机油泵的间隙

磨损，应更换机油泵。

14 散热器的维修

（1）**检测散热器盖** 检查时，待散热器内的冷却水温度降为常温后，拆下散热器盖，在盖的密封垫圈表面上涂抹一些水，安装在散热器盖检测器上，用手泵加压，若散热器盖能在开阀压力下保持6s则为良好（图2-50）；反之，则说明散热器盖工作不良，应予以更换。

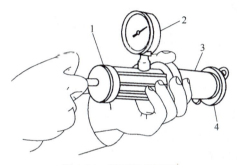

图 2-50　检测散热器盖
1—冷却系统压力检测器；2—压力表；3—接头；4—散热器盖

（2）**节温器的维修** 先在常温下检查节温器的主阀门是否关闭严密。若主阀门关闭不严或处于开启状态，应更换节温器。

接着将节温器置于烧杯中（不要使节温器靠近杯底壁），加水并加热，如图 2-51 所示，检查节温器主阀门开启的温度和升程。用温度计测量水温，当水温上升到 63～67℃ 时，节温器主阀门应开始打开；当水温上升到 80℃ 时，主阀门应处于开启状态，且升程为 3.5mm 以上；当水温达到 95℃ 时，主阀门应处于全开位置，其升程能达到 4.5mm。若测量值与上述规定值不符，则应更换节温器。

注意：检查主阀门的升程时，应在水温达到 80℃ 以上保持 5～6mim 再进行。

（3）**温控开关的维修** 检查时，拆下温控开关，并放入检测容器的水中，且不要将温控开关直接接触检测容器，然后逐渐加热，升高水温，接通欧姆表检测（图 2-52）。若水温超过 95℃ 时仍不导通,则说明温控开关工作失效或损坏,应更换温控开关。

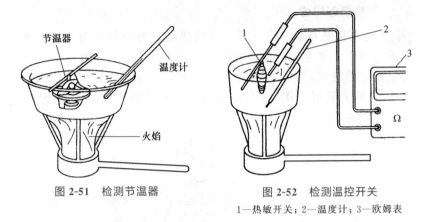

图 2-51 检测节温器　　　图 2-52 检测温控开关
1—热敏开关；2—温度计；3—欧姆表

(4) 水泵的维修　水泵的维修主要是检查水泵是否泄漏,或有无机械损伤,若有,则应更换新泵或修复。

① 在水泵拆卸前,先将散热器中的冷却液放掉。另外将发动机中的机油也放掉。依次拆下水泵盖、垫圈、定位销、叶轮螺母(左旋螺纹),取下叶轮(密封圈不拆卸,机械密封、油封也可以不拆卸)。拆下右曲轴箱盖,从右曲轴处内侧的水泵轴承孔中取出卡环,再从右曲轴箱盖外侧向内冲出水泵轴和轴承。

② 检查机械密封、水泵叶轮密封圈是否损伤或磨损,若有损伤或磨损严重,机械密封和密封圈应成套更换。检查油封的磨损情况,若有磨损或损伤,应更换新件。检查轴承是否松旷,若已松旷,应成套更换。

(5) 散热器的维修　检查散热器的散热片之间有无泥土、小虫、叶片等脏物、异物,若有此类脏物、异物,应彻底清理。检查散热片有无变形,若有变形,可用一字形旋具小心地将其矫正。当散热片折断或扭轴严重,且损坏部分占总面积的20%以上时,则应更换新的散热器。

对于经矫正后的散热器,还应进行渗漏加压检测,具体方法是将散热器装满水,把检测器装于散热器注水口处,用手推压检查手柄以提高检测压力,在规定压力(95～125kPa)下检查各个接头处及散热器芯管等处有无渗漏现象。若发现渗漏，有条件的可进行氧焊修补，否则应更换新的散热器。

五、发动机故障的诊断与排除

1 发动机启动困难或不能启动故障

发动机常温下能正常启动，在冷车状态脚踩启动蹬杆2～3次，在热车状态，踩1次便可启动发动机，如果多次踩下启动蹬杆，发动机仍不能（新发动机除外）启动，则为发动机不能启动的故障，而脚踩启动蹬杆多次才能启动发动机的现象为启动困难。

故障的主要原因有可燃混合气过浓或过稀、火花塞无火、火花塞火弱、火花塞断火、点火时间不正常和气缸压缩压力过低等。

（1）可燃混合气过浓或过稀

① 可燃混合气过浓故障　如果发动机排气尾管放炮、冒黑烟并带有油滴、动力不足、易过热、耗油增加、发动机声音低沉、加速缓慢、火花塞易积炭，则表明发动机可燃混合气有过浓现象。

其故障原因：化油器调整不当；浮子油面过高；空气滤清器堵塞或阻风门未打开（热敏电阻阀针不能关闭）；主油针与主喷口严重磨损，使喷口环形面积增大，从而使与空气相混合的燃油进入量增多；主油针调整不当。

故障诊断与排除方法如下。

启动发动机，拆下与化油器相连的进气管。若可燃混合气浓度恢复正常，则表明空气滤清器堵塞，应清除空气滤清器上的污物；若可燃混合气浓度仍不正常，应检查阻风门是否打开，再检查热敏电阻阀针是否关闭，若不关闭，应更换热敏电阻阀。

检查主油针下部是否过度磨损，上部卡簧是否卡在环槽下部。若是，应将卡簧提升一格。

支起摩托车主支架，观察化油器溢油管、浮子室垫。若漏油，则表明浮子室油面过高，应予以更换。

② 可燃混合气过稀故障　可燃混合气过稀的现象是化油器回火放炮、发动机不易启动、动力不足、无高速、易过热。

可燃混合气过稀故障的原因：化油器调整不当；浮子室内有水或异物；油路不畅；浮子室油平面过低；主油针调整不当；进气系统漏气；化油器气道或油道堵塞。

故障诊断与排除方法如下。

从化油器上拔下输油管，若流油不畅，则表明此处到油箱的油管、油箱开关、过滤器等有堵塞现象，应进行检修。

燃油泵和自动燃油开关的检查方法是，拔下进气管上的负压管并用嘴吸该管，以使自动燃油开关内的真空膜片上产生负压。若吸气时输油管有燃油流出，不吸气时输油管流油终止，则为正常；若吸气时，输油管无燃油流出，则表明自动燃油开关损坏。此时应检查负压管是否损坏，若损坏，应更换；若负压管无堵塞或破裂现象，则应卸下自动燃油开关并分解，用化油器清洗剂清洗滤油管；若负压管和滤油管都正常，则表明自动燃油开关内部堵塞或损坏，应更换自动燃油开关。

一般燃油开关的检查方法是，将输油管从油箱开关上拔下，若有燃油流出，则表明油箱开关正常；若无燃油流出，则表明燃油开关堵塞。检修时，先关闭油箱开关，拆下燃油开关下面的滤环，从燃油开关上取下过滤器密封圈，并用燃油清洗。装复后，若流油不畅，可将燃油箱内的燃油放尽，拆下燃油开关，检查滤网是否堵塞。

检查主油针上的卡簧是否卡在主油针环槽上部。若是，应将卡簧下降一格。

将化油器浮子室注满燃油，进行启动。若可燃混合气恢复正常，则表明浮子室内有水等污物；若可燃混合气仍过稀，则应分解化油器，检查浮子室油平面是否正常。若油平面过低，应进行调整，同时用化油器清洗剂疏通化油器本体上的油道和气道，可使混合气浓度恢复正常。

（2）发动机的火花塞无火、火花塞火弱、火花塞断火和点火时间不正常等　可采用试火法检查火花塞的跳火情况。拆下火花塞并装在火花塞护帽上，让火花塞搭铁电极置于缸体 5～8mm 的位置。

接通电源开关，踩下启动蹬杆，就可检查火花塞的跳火情况。若火化塞跳火集中在极心，火花塞极间有蓝白火花跳过，并在跳火时发出强烈的"啪、啪"声响，表明火花较强，跳火正常；若火花红而短、火花分散，则表明火花塞跳火微弱；若有间断的蓝色火花，则表明点火系统断火。

常见故障的原因：火花塞积炭严重或被"淹死"；火花塞的电极间隙不正确；点火线圈击穿损坏；高压线脱落或绝缘不好。

故障诊断与排除方法如下。

① 除积炭或燃油　卸下火花塞，检查火花塞的烧蚀情况，中心电极点火部分呈暗棕黄色，有轻微的沉积和电极稍微磨损属于正常现象。但若积炭过多或油污严重，则应清除。其方法是用干净棉布把火花塞内侧电极周围油污擦干净，用钢丝刷将电极及周围螺纹、密封垫等处的附着物或积炭刷干净，并检查调整中心电极间隙为 $0.6 \sim 0.7$ mm。

② 电子点火器的检查　用万用表测量电极之间的电阻，并把读数和标准数值进行比较，若读数不在规定范围内，应更换电子点火器。

③ 点火线圈的拆卸与检查　拆下左侧盖，断开电缆接线，拆下蓄电池及点火线圈。用万用表电阻挡测量点火线圈，当初级绕组电阻为 0.6Ω、次级绕组电阻为 $13k\Omega$ 时为正常，否则表明点火线圈损坏，应予以更换。

④ 电容器被击穿短路的检修　用万用表电阻挡测试电容器，如指针摆动后立刻回到原来位置，表明电容器完好；若指针有指数，但不动，表明电容器已被击穿，应予以更换。

⑤ 点火时间不正时

a. 若点火时间过早，则可能原因有触点间隙过人、配电盘调整不当、磁电动机转子滚键。

b. 若点火时间过迟，则可能原因有触点间隙过小、配电盘调整不当、提前点火装置工作不良、磁电动机转子等。

应修理磁电动机或更换新件。

（3）气缸压缩压力不足　脚踏启动时，感觉阻力不大，较为轻松。拆下火花塞，用手指堵住火花塞孔，进行启动试验。若手感觉有较强的冲击力,同时发出"噗噗"的声响,则表明发动机气缸压缩良好;否则,表明发动机气缸压缩不良。

气缸压缩压力也可用气缸压力表来测量。去掉火花塞,把气缸压力表的锥形橡胶圈压紧在火花塞螺纹孔上。按正常的启动方式,使发动机曲轴转动。这时,气缸压力表所指示的压力值为 $6\times 10^5 \sim 7\times 10^5 Pa$,则表明气缸压缩压力正常。

气缸压缩压力不足故障的原因:气缸严重磨损,气缸盖变形,活塞环折断、严重磨损或弹力减弱,活塞表面拉伤、划伤或过度磨损,火花塞和气缸密封垫漏气,气门间隙调整不当,气门移动受阻或气门漏气等。

故障诊断与排除方法如下。

① 气缸严重磨损 若气缸磨损不严重,则换上一副新活塞环;若气缸严重磨损或拉缸,应予以更换或采取镗缸处理。

② 气缸盖变形 气缸盖变形后,容易造成气缸盖与气缸体间漏气。若气缸盖变形超出极限时,应进行修理或更换。

③ 活塞环折断、严重磨损或弹力减弱

a. 活塞环开口间隙的检查 将活塞环放入标准气缸,随活塞将其推至气缸内,然后用塞尺测量活塞环的开口间隙。该开口间隙以不大于 0.8mm 为宜。

b. 活塞环弹力的检查 取一个新活塞环,将旧活塞环压在新活塞环上,使两副活塞环处于同一平面上,然后用力压旧活塞环,根据此时活塞环端隙的大小来检查活塞环的弹力。

④ 活塞表面拉伤、划伤或过度磨损 活塞表面拉伤或划伤轻微,可用金相砂纸抛光后,换一副新活塞环。若活塞严重磨损,应予以更换。

⑤ 火花塞和气缸密封垫漏气 在火花塞密封垫处涂些肥皂水,启动发动机,仔细观察火花塞周围,若有泡沫或有向外喷的气流声,则表明火花塞密封垫漏气。可拆下火花塞,清洗火花塞密封垫、火花塞、火花塞孔及周围。

检查密封垫是否损坏。若是,应予以更换。

⑥ 气门间隙调整不当、气门移动受阻或气门漏气 应检查并调整气门间隙,视情况进行维修或更换。

小提示

● ① 二冲程发动机气缸与曲轴箱间漏气　二冲程发动机的左、右曲轴箱间有一个密封垫，当密封垫损坏时会出现漏气现象。检查时可在左右曲轴箱体接合处涂些肥皂水，然后启动发动机，若此处漏气，将会出现气泡。

● ② 二冲程发动机曲轴箱漏气　发动机工作时具有一定的温度，特别是发动机高负荷工作或出现过热现象时，均会导致发动机左、右曲轴油封和曲轴箱体间密封垫老化，失去密封作用，导致漏气。由于曲轴箱漏气，吸入混合气量减小，而吸入空气量增加，导致混合气过稀。

2　发动机动力不足的故障

发动机动力不足是指功率下降，加速性能差，爬坡能力差。摩托车在行驶过程中，明显感到车速降低，加大油门加速缓慢，在平坦的道路上行驶时，达不到最高车速，爬坡时无力更为明显。

发动机动力不足故障的原因：发动机过热、混合气过浓或过稀、点火不正时、高压火花太弱或断火、气缸压力不足等。

故障诊断与排除方法如下。

(1) 从行车系统着手　若行走部分运行惯性不良，则可能的原因：轮胎气压不足；前后制动装置复位不良；前后车轮不在一条直线上；车轮轴承过紧；传动链条或传动带过紧；轮胎摩擦车体或车叉部位。维修方法如下。

① 检查轮胎气压是否正常，若气压过低，应检查轮胎和气嘴是否漏气，若漏气应修补或更换；若气压正常，应进一步检查。

② 支起主支架，使前、后轮悬空，用手转动车轮。若转动阻力较大，则检查前制动握把和后制动踏板的自由行程是否过小或前制动操纵钢索是否阻力过大；后制动拉杆弹簧是否弹力过弱；制动蹄块摩擦片与制动鼓间是否有异物；制动蹄块回位弹簧是否弹力减

弱或脱落；车轮轴承是否因润滑不良而损坏等。摩托车行驶中，发动机的转速随油门的加大而升高，若车速不能相应加快，则表明离合器打滑。若离合器打滑，应分析离合器打滑的原因，并加以排除。

只有在排除行车系统的故障后，才能将摩托车行驶无力的原因归结为发动机工作无力。具体维修方法如下。

（2）检查发动机是否过热　若过热，应检查润滑油量，燃烧室是否积炭，润滑油油质是否过差，离合器是否打滑，混合气比例是否适当等。

（3）检查可燃混合气是否过稀或过浓

① 当发动机工作时，若化油器发出"啪啪"的回火声，燃油消耗量增加，加速时产生间歇，发动机出现过热以及启动困难等症状，则表明可燃混合气过稀。

检查空气滤清器和化油器。检查空气滤清器、化油器的堵塞情况，并注意清洗化油器。对于调整化油器的车辆，应考虑浮子室油位是否过低；对于使用中的车辆，一般是主量孔堵塞。

② 当发动机工作时，若出现加速性能很差，消声器冒黑烟或"放炮"，怠速不稳且易熄火以及发动机过热等故障，但高速运转时较为正常，则表明可燃混合气过浓。

应重点检查化油器、主量孔或空气滤清器是否堵塞。对于调整化油器的车辆，应考虑浮子室油位是否过高；对于使用中的车辆，一般是主量孔或空气滤清器堵塞。

（4）检查点火正时

a. 若点火时间过早，则可能原因有触点间隙过大、配电盘调整不当。

b. 若点火时间过迟，则可能原因有触点间隙过小、配电盘调整不当、提前点火装置工作不良。

（5）检查点火系统　卸下火花塞，装入火花塞帽中，将火花塞接地后启动发动机。若火花塞火花较弱或无火花，则表明点火电路有故障。

高压火花不良的原因：火花塞积炭或间隙不对；高压线及高压帽漏电；高压线圈漏电及内部受潮；点火器故障；充电线圈及触发

线圈工作不良；触点间隙不对及工作不良；电容器损坏及搭铁不良；低压点火线路接触不良；磁电动机转子扫膛；触发线圈表面有大量磁粉吸附。

（6）气缸压力过低　踏启动杆或按启动按钮，检查气缸压力是否过低。若气缸压力过低，应检查气缸、活塞环、活塞是否配合间隙过大，以及气缸垫是否漏气，气门座是否接触不良，气缸盖是否未拧紧等。若气缸压力正常，则按下项检查。

3　发动机怠速不良故障

发动机怠速是指发动机空载时的最低稳定转速，其转速波动量不应大于±15%。发动机怠速不良是指发动机无怠速、怠速过高和怠速不稳三种情形。

（1）发动机无怠速　发动机无怠速是指正常启动发动机后，手握油门转把不能放松，否则发动机会熄火停车。

发动机无怠速的原因如下。

① 化油器怠速节气门调节螺钉和怠速空气调节螺钉调整不当。

② 怠速量孔堵塞。

③ 化油器接头、曲轴箱、进气阀片漏气。

④ 化油器浮子室油位过低。

故障诊断与排除方法如下。

① 重新调整化油器节气门调节螺钉和怠速空气调节螺钉。

启动发动机，手握油门转把使发动机不熄火，然后将怠速空气调整螺钉拧到底，再将节气门调整螺钉向里拧，直到手松油门转把发动机不熄火为止。

将怠速空气调整螺钉向外拧，直到发动机转速最高而运转平稳。

将节气门调整螺钉向外拧，使发动机转速最低且稳定。

急加速试验。急转油门转把，若发动机转速直线上升（即过渡良好），则表明怠速调整正常；若发动机过渡不良，应重新调整发动机怠速。

② 若经过调整节气门和怠速混合气调整螺钉都不能使怠速恢复正常，则表明化油器等出现故障。拆下化油器并分解，用直径

0.30mm 的细铁丝疏通各量孔并用化油器清洗剂洗净化油器各部。

③ 若仍无怠速，应检查化油器浮子室油平面是否过低，并根据情况进行调整。

④ 若化油器进气管螺钉松动，则应紧固。曲轴箱、进气阀片有漏气部位，则应进行修复。

> **小提示**
>
> - 调整发动机怠速必须满足以下条件。
> - ① 发动机应预热 5~12min。
> - ② 点火系统正常工作。
> - ③ 燃油供给系统供油正常。
> - ④ 气缸压缩压力正常。

（2）发动机怠速过高 发动机怠速过高是指发动机在怠速状态下运转，因怠速转速较高，声音较大，无法调整到正常范围或调低怠速发动机就会熄火。

发动机怠速过高故障的原因及维修方法如下。

① 化油器节气门弹簧过软，不能使节气门完全回位。此时，应拉伸弹簧增加弹力，必要时予以更换。

② 油门拉线钢丝在外套中移动阻滞或卡死。修理方法是，将油门拉线浸没在汽油中 3~4min，然后多次抽拉油门拉线钢丝，直到灵活为止。晾干后，从油门拉线两端分别加注润滑油。

③ 怠速量孔过大，应予以更换。

④ 怠速调整螺钉调整不当，应重新调整。

⑤ 节气门关闭不严或节气门轴松旷变形，应予以修理或更换。

⑥ 进气歧管或化油器衬垫松动而漏气，应紧固好。

（3）发动机怠速不稳 发动机怠速不稳是指发动机怠速运转时，转速忽高忽低，机身抖动。

发动机怠速不稳故障的原因：空气滤清器堵塞；火花塞间隙过小；可燃混合气过浓或过稀；点火时间过早。

故障诊断与排除方法如下。

① 空气滤清器堵塞。清洗空气滤清器滤芯。

② 火花塞间隙过小。调整火花塞间隙。

③ 可燃混合气过浓或过稀。稍微关闭阻风门，若此时发动机工作情况变差，则表明可燃混合气过浓；若发动机工作情况恢复正常，则表明可燃混合气过稀，应检查燃油系统。

④ 发动机点火时间过早。做急速加大油门试验，若出现突爆声或有"咔、咔"的敲缸声，则表明点火时间过早，应根据磁电动机飞轮上的标记，调整点火正时。

4　发动机燃油超耗故障

发动机燃油超耗是指摩托车行驶过程中，百千米油耗超过标准，即百千米油耗超过标准15％以上。

发动机燃油超耗故障的原因及排除方法如下。

（1）摩托车行走系统阻力过大　摩托车耗油量较大时，应首先检查行走阻力是否过大，然后对发动机检查。

行走系统阻力过大的原因及排除方法如下。

① 轮胎气压不足。应检查轮胎、气嘴处是否漏气。若是，应修理，进行补充充气。

② 前、后车轮中的轴承是否损坏或装配过紧。若是，应更换轴承。

③ 前、后制动鼓与制动蹄块分离间隙太小，甚至有带制动情况。此时，应检查前、后制动装置的自由行程是否过小，操纵钢丝是否移动受阻，制动凸轮是否转动灵活。

④ 若前、后轮轴配合间隙调得过小，应加以调整。

⑤ 若制动蹄块回位弹簧过弱，应予以更换。

（2）燃油供给系统故障

故障原因：燃油箱、输油管路或化油器漏油；化油器怠速调整过高；化油器的油针位置过高；空气滤清器滤芯过脏造成堵塞；排气消声器堵塞等。

故障排除方法如下。

① 燃油供给系统漏油　检查燃油箱、油箱开关和化油器等处有无漏油。若有，在查出原因后予以排除，必要时更换损坏件。

② 化油器漏油或调整不当

a. 化油器漏油，一般属于浮子针卡住失灵造成的，应拆卸下来检查、修复或更换。

b. 化油器调整不当，发动机可燃混合气过稀、过浓或出现怠速过高，都造成耗油量增加。发动机的怠速应为 $(1500\pm150)\text{r/min}$，若过高则应调整化油器的怠速微调螺钉；如化油器的油针位置过高，可调整油位挡圈至油针的上部卡槽而降低油针位置；用压缩空气吹净空气滤清器滤芯或清洗滤芯，排气消声器堵塞则应排除积炭并进行清洗。

（3）积炭严重

① 故障原因　气缸头燃烧室、排气道及活塞顶部积炭，排气消声器积炭严重，多属于气缸、活塞环、油环磨损严重，气缸严重磨损，机油窜入燃烧；使用的汽油、润滑油型号不对。

② 故障排除方法　清除积炭后，检查活塞（环）与气缸间的间隙，更换磨损严重的活塞环或气缸。如润滑油有问题，要全部放掉并清洗干净后，使用规定型号的汽油、机油。

（4）其他故障

① 故障原因　摩托车发动机经常处在高转速低挡位下行驶；配气不正时，气门间隙过大或过小等。

② 排除方法　尽量控制车速在经济车速和合适挡位下行驶；重新调整曲轴与凸轮轴间的配气正时；按规定调整气门间隙；修理或更换磨损零件。

5　发动机排气管放炮及化油器回火放炮故障

排气管放炮是指发动机在工作中，排气消声器口冒出大量黑烟，或发出"叭叭"的响声。

化油器回火放炮是指发动机启动后，化油器有时会发出"啪啪"的回火声。

（1）**发动机排气管放炮**　排气管放炮的原因：火花塞断火；点火时间过迟；化油器调整不良；四行程发动机配气相位失调、气门间隙过小、气门封闭不严。

故障诊断与排除方法如下。

① 启动发动机稍加大油门检查，发动机若运转间断或转速忽高忽低，则表明火花塞断火。

② 检查配气时间、配气相位及气门是否漏气。若是，应进行修理。

③ 清洗、调整化油器，使混合气浓度趋于正常。

混合气过浓引起放炮故障的同时，发动机伴有不易启动、火花塞被汽油浇湿、转速不均匀、不易加速、动力不足和排冒黑烟等症状。

首先检查化油器浮子室油面高度，三角针是否卡住或与阀座不密合，浮子杠杆是否弯曲。

若浮子室油面高度正常，则应打开空气滤清器盖，检视阻风门是否能全开，空气滤清器滤网是否太脏，空气滤清器内机油平面是否超过规定高度。

上述检查正常时，可试调主量孔调节针（指可调式主量孔），将主量针旋入少许，使发动机以中、高速运转，如情况有所变好，表明原主量针旋出过多。

（2）化油器回火放炮　化油器回火放炮的原因：点火时间过早；可燃混合气过稀；燃油供给系统供油不良。

故障诊断与排除方法如下。

① 启动发动机时，若启动杆有反弹现象甚至发生反转击伤人的事故，同时化油器发出"啪啪"的回火声，这种现象表明点火时间过早。

② 启动发动机，化油器出现回火，但启动杆不反弹，关一下阻风门，化油器回火现象消失，则表明化油器回火是由于可燃混合气过稀引起的。

根据上述不同的原因进行维修，故障即可排除。

6　发动机冒黑烟故障

发动机冒黑烟是指由于可燃混合气不能充分燃烧，通过排气管排出而显现黑色烟雾。

故障原因：空气滤清器堵塞；浮子室内油平面调整过高、浮子进油等；化油器主量孔过大或松脱，主油针调整不当或过度磨损等；火花塞火弱或断火。由于火花塞火弱或断火，会使混合气不能充分燃烧而排出；常见的原因有点火系统接触不良、火花塞、火花塞帽、点火开关、熄火开关、点火器、点火线圈、触发线圈损坏等。

故障诊断与排除方法如下。

① 启动发动机并加大油门，若发动机转速忽高忽低，转速不稳，并伴随排气管冒黑烟，则表明火花塞断火。

② 若加速正常，则应检查空气滤清器是否堵塞。若空气滤清器堵塞，应清洗空气滤清器，必要时应更换。

③ 若空气滤清器未堵塞，则应检查化油器旁侧启动装置阻风门是否打开（柱塞式是否关闭）。若不正常，应修复；若正常，应分解化油器检查。

④ 检查浮子室油面是否过高，浮子是否破漏不能浮起，主量孔针阀是否开放过多等。

发动机熄火后，从化油器上口看主喷管，若有油流出或滴油，表明浮子室油面过高。此时可将浮子的舌片向上适当扳弯，或在针阀座下面增加适当垫片来调整。破裂、漏油的浮子应予以焊修或更换。焊修的浮子重量有所增加，装用时须重新调整，以保持正常油面高度。三角针密封不良可引起浮子室油面过高，解体检查三角针阀座是否沾有污物而将针阀垫起；三角针密封不严时，可在阀座上滴少许机油，用三角针配合研磨。整体式阀门密封不严时，应予换新。

主量孔针阀应按各摩托车型所用化油器的具体规范进行调整。一般是将针阀旋到底，再退出一圈半，然后启动发动机，检查供油量是否够用，如不足，再旋出少许，直至发动机怠速时均匀运转；开大油门时，发动机转速能随之迅速提高，并且排气消声器口不再冒黑烟即可。对于不可调试主量孔，应检查量孔螺塞是否拧紧或量孔刮伤，遇有此种情况，应予以拧紧或更换量孔螺塞。

⑤ 点火时刻太迟。点火正时应及时校正。

7 化油器混合气过浓/过稀故障

（1）混合气过浓 如果发动机不易启动；发动机加速时，从排气管排出大量的浓烟,并有"突突"的响声;发动机动力不足,运转不匀,耗油量大,则表明发动机混合气过浓。

故障原因与排除方法如下。

① 空气滤清器滤芯过脏,进入化油器的空气量太少,造成混合气中汽油所占的比例增大。应清洗空气滤清器,如果滤芯过脏,则应更换新件。

② 浮子室油门过高。检查浮子室针阀座与浮子三角针配合是否严密,如有漏油现象应予以更换。

检查浮子内是否渗入汽油,如是浮子破裂造成浮子重量增加而浮不起来,可拆下浮子,将渗入浮子内的汽油倒出后,将破漏处焊修补漏。

③ 阻风门不能完全打开。检查阻风门拉绳和阻风门转轴,如果因阻风门钢丝绳卡滞造成阻风门关闭,应及时修理或更换。如因转轴变形,则应更换转轴。

④ 主量孔孔径过大。测量主量孔的尺寸,如超过极限值,应予以更换。

(2) **混合气过稀故障** 如果发动机空转时,转速不易提高,化油器有回火现象;怠速不稳,容易熄火;发动机不易启动,行驶中感到功率不足,则表明发动机混合气过稀。

故障原因及排除方法如下。

① 油箱缺油或油箱盖上的空气孔堵塞,油箱开关堵塞。清除油箱盖和油箱开关的堵塞。

② 浮子室油面过低,浮子高度调整不当。调整浮子高度。拆下浮子,用旋具弄弯浮子舌,直到调整油面合适为止。

③ 化油器油孔堵塞,供油过少。清洗化油器,用压缩空气将各油孔、气孔的杂质吹出。

④ 化油器进气阀座、阀片或曲轴箱漏气。检查化油器进气阀座、阀片以及曲轴箱有无漏气现象,若有,则应及时修理。

8 **自动分离润滑方式的发动机润滑油超耗**

自动分离润滑是把润滑油和燃油分开,润滑油用独立的系统按发动机转速和负荷的需要输送到适当部位。发动机润滑油超耗是指发动机在正常情况下的机油损耗明显超出允许的消耗量。不同润滑方式的发动机,润滑油超耗的原因也有所不同。

自动分离润滑的发动机润滑油超耗的原因与排除方法如下。

① 油泵的控制凸轮磨损,使混合比变小,导致润滑油超耗,则应修理或更换凸轮。

② 润滑油泵拉线调整过紧,使润滑油在低速、中速或高速工作中泵油量增大,导致润滑油超耗,则应调整或更换润滑油泵拉线。

③ 曲轴油封磨损。二冲程发动机的曲轴箱和变速箱是互不相通的,若曲轴油封损坏,变速箱内的润滑油在压力作用下,进入燃烧室燃烧掉。

检查时应拆开变速箱左侧盖,用专用工具拆下磁电动机飞轮,检查曲轴油封下部是否有滴油痕迹。若有,则表明该侧曲轴油封损坏。若左侧曲轴油封正常,右侧曲轴油封也不一定正常。检查时应分解发动机。若损坏,则应更换左、右曲轴油封。

④ 发动机变速箱漏油。检查变速箱周围是否有渗油甚至滴油现象。若有,可能是衬垫损坏或是有铸造砂眼,可粘接或更换曲轴箱。

⑤ 启机杆、变速杆处油封损坏。检查启动杆和变速杆处是否渗油,若渗油,则应更换油封。

小提示

发动机润滑油消耗量的规定

● 摩托车润滑系统的方式有飞溅加压力润滑方式、自动分离润滑方式和混合油润滑方式三种。新国标对三种不同润滑方式的发动机润滑油的消耗做了不同规定,四冲程发动机的润滑油消耗率不大于 8g/(kW·h);采用混合油润滑的二冲程发动机,其燃油和润滑油的混合比应不低于 22∶1;采用分离润滑方式的二冲程发动机,暂不规定润滑油消耗率。

9 飞溅加压力式润滑方式的发动机润滑油超耗

飞溅加压力式润滑方式的发动机润滑油超耗的原因主要是发动机漏油和润滑油被燃烧掉。其故障的排除方法如下。

（1）发动机漏油

① 检查发动机油底壳四周是否有渗油甚至滴油现象。若有，可能是衬垫损坏。应分解发动机，更换发动机全部衬垫和全部油封。若发动机曲轴箱体某处渗油，可能是有铸造砂眼，可粘接修理或更换曲轴箱。

② 变速杆或启动杆、曲轴等处油封损坏。检查时，可检查变速杆或启动杆处是否有渗油痕迹。若有，应更换变速杆或启动杆油封。

（2）润滑油被燃烧掉 润滑油进入燃烧室内燃烧掉有三个途经，即上窜、下窜和中间窜。

① 上窜 所谓上窜是由于气门油封损坏后，凸轮轴室内的润滑油经磨损的气门油封，通过气门导管和气门杆进入燃烧室内燃烧掉。这时排气管冒浓蓝烟，火花塞呈黑色，应分解发动机气缸盖，更换气门油封。

② 下窜 所谓下窜是指活塞、活塞环与气缸严重磨损，活塞环失去刮油能力，润滑油窜入燃烧室被消耗掉。活塞、活塞环与气缸配合间隙过大，活塞环折断、端隙过大、开口方向未错开、侧隙过大，活塞销卡簧失去作用而拉伤气缸等，都会引起曲轴箱内的润滑油下窜。活塞移动时，涂在气缸壁上的润滑油不能被充分刮下而燃烧掉。

若曲轴箱排气孔被堵塞，曲轴箱内会产生一定的气压。当气压增加到一定值时，润滑油将从汽缸、活塞、活塞环的间隙处下窜到燃烧室内燃烧掉。

发动机出现过热时，润滑油温度升高、黏度下降，飞溅到气缸壁上的润滑油就更容易下窜到燃烧室内燃烧掉。

当润滑油面过高时，曲轴高速旋转，飞溅到气缸壁上的润滑油量增加，下窜到燃烧室内燃烧掉。

③ 中间窜 若气缸垫、气缸垫橡胶圈损坏或气缸盖与气缸垫

密封不严,在发动机进气过程中,机油泵输送到气缸盖处的机油被吸入燃烧内燃烧掉。若机壳配气链条室与气缸盖的配气链条室密封不严,配气链条室内的油雾也在发动机进气过程中被吸入燃烧室内燃烧掉。

> **小提示**
>
> 判别润滑油上窜、下窜和中间窜的方法
>
> ● ① 启动发动机,这时排气管浓烟滚滚,若曲轴箱排气孔处也冒蓝烟,则表明是下窜,应检修活塞、活塞环或气缸的配合间隙。
>
> ● ② 若曲轴箱排气孔处不冒烟,此时去掉气门室盖;若气门盖处冒蓝烟,则表明是上窜,应更换气门油封。
>
> ● ③ 若曲轴箱排气孔处不冒烟,气门室盖处也不冒烟,则表明是中间窜,应检查气缸垫和 O 形橡胶圈。

10 发动机过热故障

发动机过热是指发动机工作温度超过正常工作温度(正常温度是指气缸温度不超过 200℃,气缸盖温度为 100~120℃,曲轴箱机油温度不超过 95℃),关闭电源开关后,发动机仍然不停地运转,气缸体和气缸盖表面上的油污被烤热冒烟,若把水珠弹在发动机曲轴箱上会"吱吱"响,则表明发动机过热。

摩托车发动机过热的主要原因:摩托车长时间用低速挡行驶或在不良道路上行驶;燃油混合比不对;使用的汽油辛烷值太低或使用存放过久而已变质的汽油;可燃混合气过稀或过浓;点火提前角过小或过大;气缸和气缸盖上的散热片有泥灰、油污覆盖;离合器打滑等。

故障诊断与排除方法如下。

发动机是否过热可用手触摸鉴别。具体方法是,将手放在曲轴箱体上,若手指接触时感到温热或较烫,但可以放置一段时间,则表明发动机工作温度正常;若手指感到较烫,不能将手持续接触,只能短暂接触,则表明发动机较热;若热得用手无法接触,将水滴弹在曲轴箱与气缸接触部位，立即发出"吱吱"响，则表明发动机过热。当发现发动机过热时，应根据产生的不同原因，采取相应的方法进行排除。

① 若低挡行驶过久以及散热片有脏物覆盖等原因引起发动机过热，则只要及时停车冷却，消除脏物，便可将故障排除。

② 若燃油不符合要求，则应更换辛烷值较高的汽油，并按规定的比例进行配制。

③ 若发动机启动时比较困难，并且有启动踏杆反弹现象，加大节气门时发动机产生爆燃，则表明发动机过热的原因是点火时间过早、可燃混合气过稀或断电器触点间隙过大，应进行相应调整。

④ 若发动机启动时消声器"放炮"，加大节气门时发动机转速升高缓慢，声响沉闷，行驶时发动机功率不足，则表明发动机过热的原因是点火时间过迟、可燃混合气过浓或断电器触点间隙过小，应进行相应调整。

⑤ 将摩托车停在5°以上的斜坡上，然后加油起步，若发动机转速很高，但摩托车并不前进，则表明发动机过热是由离合器打滑引起的，应调整离合器，使其保持合适的间隙。

11 发动机自动熄火停车故障

发动机自动熄火停车的原因及排除方法如下。

① 燃油耗尽或供应不上。

a. 当摩托车自动熄火停车时，若自动熄火停车前，发动机转速突然自动升高（油门手把未动），则表明燃油耗尽，应停车检查油箱内是否有油。若缺油，则应添加燃油。

b. 当摩托车出现自动熄火停车时，停车前驾驶员会感到动力不足或车速缓慢下降，接着便熄火停车，则表明燃油供应不上，应检查燃油供给系统是否有异物堵塞。

② 点火线圈短路或断路，则应修理或更换点火线圈。

③ 磁电动机内线圈短路或断路，则应修理或更换磁电动机。

④ 火花塞被击穿，则应更换火花塞。

⑤ 电路突然断电。发动机运转过程中，在突然停车前发动机

无任何异常现象。电路突然断电是由于线路接头松动脱开，电路出现断路或短路等造成的。若导线插头脱开，应重新插牢导线插头。

⑥ 曲轴箱严重漏气，应修理曲轴箱漏气部位。

⑦ 发动机过热。

发动机运转过程中，若缺少润滑油，会导致发动机过热。这时活塞受热膨胀，发动机动力开始慢慢下降，最后熄火停车，有时伴随金属摩擦声。由此引起的自动停车，在停车后启动杆踏不下去。这时要冷却发动机，拧下火花塞，从火花塞孔向气缸注入少量润滑油，再慢慢踏下启动杆，若曲轴能转动，则表明自动熄火停车是由于发动机过热引起的。若曲轴不能转动，则表明自动熄火停车是由于"抱瓦拉缸"造成的，应更换发动机轴瓦和气缸。

12 发动机异响

发动机异响，主要是由于内部件磨损变松或调整不当或使用不当引起的，表明发动机已存在故障，必须及时进行维修，采用有效的防范维修措施。

常听到的异常响声原因及排除方法如下。

（1）活塞敲击声（铿铿）　发动机温度低时敲击声音大，随着温度升高敲击声音变小或停止。其原因可能是活塞的侧向敲击，配缸间隙稍大所致。

（2）活塞环声（咭里咭里）　其原因可能是活塞环的磨损造成，应检查活塞环有无损伤、开口间隙及侧隙是否正常等。

（3）连杆大端声（咯噔咯噔）　连杆的间隙大，所以振动也大，转速升高更严重。其原因可能是连杆大端轴承磨损及曲柄销磨损等。

（4）顶杆声（咔叽咔叽）　温度低时声音小，预热后顶杆声音变大；在行驶过程中突然发出大的顶杆声。其原因可能是阀和阀座接触不良。

（5）链条声（嘎啦嘎啦／咔叽咔叽）　在发动机启动时发出此声音，过一会儿消失。其原因可能是链条张紧器不良。

根据上述不同的原因进行维修，故障即可排除。

> **小提示**
>
> 正常声响与不正常声响
>
> ● ① 若声响在低速运转时显得过渡、轻微、单纯，在高速运转时显得轰鸣、平稳、均匀，在加速和减速时显得过渡、圆滑，则为正常声响。
>
> ● ② 若声响中伴随着沉闷的"镗镗"声、清脆的"当当"声、短促的"嗒嗒"声、细微的"唰唰"声、尖锐的"喋喋"声和强烈的"嘎嘎"声等，即表明发动机存在不正常的声响，至于是否允许存在，则可依据以下情况判断。

　　a. 声响倘若仅在急速时存在，转速提高后即自行消失，在整个使用过程中声响又无明显的变化，属于危害不大的异响，允许暂时存在，待适当时机再进行修理。

　　b. 声响若在突然加速或突然减速时出现，而且发动机在中、高速运转期间并不消失，同时又引起机体振动，这是属于不允许再继续存在的异响，应立即查明原因，予以排除。

　　c. 声响倘若是在运转中突然出现，且又较猛烈，不应继续运转或试听诊断，而应立即停机拆检。

六、典型车型发动机故障维修实例

1　铃木 GS125 摩托车行驶途中，排气管突然放炮，随后发动机自动熄火，多次启动不成功

　　故障现象：一辆铃木 GS125 摩托车，在行驶途中，排气管突然放炮，随后发动机自动熄火，多次启动不成功。

　　故障诊断与排除：接车后，试启动发动机，打开点火开关，多次启动不成功。但启动时，发现排气管有放炮声。

　　接着卸下火花塞，进行跳火试验，火花连续、强烈。

　　于是用手指堵住火花塞孔，踏动启动杆，手感冲击力很小，表明气缸压缩性很差。该车发动机为四冲程风冷上置凸轮轴式发动机。

根据上述故障分析，怀疑是排气门关闭不严引起的。经检查发现，进气门间隙为 0.09mm，符合 0.08～0.13mm 的要求，但是排气门间隙过大。检查排气门调节螺钉及锁紧螺母，无松动。卸下排气门检查，发现气门杆变形，因而导致排气门不能回位而引起关闭不严。

更换排气门，并将气门间隙调整为 0.08mm。进行试车，发动机启动顺利，发动机动力良好，故障排除。

2 力帆 125 型骑式摩托车发动机工作无力、加速不良

故障现象：一辆力帆 125 型骑式摩托车，发动机工作无力、加速不良。

故障诊断与排除：询问驾驶人得知，由于发动机工作无力、加速不良，对发动机进行过大修，但大修后，发动机仍工作无力、加速不良。在大修时更换过点火系统所有元、器件。

根据上述故障现象，首先检查火花塞电极的颜色，发现火花塞电极呈黑色，从而认定故障是"混合气过浓"造成的。

于是降低车用化油器的油针高度与浮子室油面高度进行试验，发动机的工作性能稍有好转。进一步检查化油器发现，车用化油器的主喷管磨损严重。

更换一个新化油器后试车，发动机工作正常，故障排除。

3 金城 JC125 摩托车行驶中发动机熄火后，再也无法启动

故障现象：一辆金城 JC125 摩托车，行驶途中发动机熄火后，再也无法启动。

故障诊断与排除：根据上述故障现象，进行检查发现，气缸内压缩压力较低。经分析认为，该故障的常见原因，一是气门杆被顶弯，造成严重漏气；二是气门调整螺母松动，导致间隙不对而漏气。

首先打开气门室盖，检查进排气门调整螺母，正常。

接着检查气门间隙，也正常。拆下气缸头，将燃烧室内注满汽油，随后即发现注入的汽油从进气门（即化油器接口处）流出，证明进气门漏气。

于是将进气门拆下取出，发现进气门上与气缸头接合处，粘有一粒小铁屑，从而推断是这粒小铁屑挤压在进气门与缸头接合处，使进气门关闭不严，造成发动机严重漏气而无法启动。

将铁屑取出后，重新安装后试车，发动机启动顺利，故障排除。

4 春兰 125-3 型摩托车发动机修理后，怠速工作不稳定，易自行熄火

故障现象：一辆春兰 125-3 型摩托车，由于发动机拉缸，更换气缸、活塞、活塞环、活塞销、活塞销挡卡簧等损伤的机件后，出现发动机怠速工作不平稳并且易自行熄火的现象。反复检查、更换点火系统与燃油供给系统各机件，均无效。

故障诊断与排除：首先启动发动机，启动容易，怠速与低速工作不平稳，并且怠速工作时易自行熄火，但发动机中、高速工作基本正常。经检查，两根高压线端的电火花强烈、连续；两个火花塞电极间跳火良好；两个火花塞裙部与电极表面的颜色均为棕色；点火时间正确无误；两缸的气门间隙都正常；两缸的气缸压力分别为 870kPa 与 890kPa（两缸的气缸压力差未超过其标准值的 5%）。

根据上述故障现象和检查的情况，怀疑发动机的活塞组件有问题。于是检查发动机用活塞组件（活塞组件包括活塞、活塞环、活塞销、活塞销挡圈卡簧）的情况，发现两个活塞销内径差近 3mm，即两个管状活塞销的壁厚差近 3mm，使两个活塞销的质量差过大。

更换两缸的活塞销，使两缸的活塞销的尺寸相同后试车，发动机工作正常，故障排除。

注意：在修理双缸以上发动机的过程中，对各缸活塞组件（即活塞、活塞环、活塞销、活塞销挡圈卡簧）的质量有严格的要求：各缸活塞组件的质量差不得大于其质量的 5%。比如，对于大型汽车发动机，有直径 85mm 以上的活塞组件质量差不超过 10g，直径 85mm 以下的活塞组件质量差不超过 6g 的规定；对于长江 750 型摩托车发动机，有两缸活塞组件的质量差不大于 5g 的规定。

5 雅马哈 MX400 摩托车发动机工作时有响声，并且温度过高时还易自行熄火

故障现象：一辆雅马哈 MX400 摩托车发动机工作时有响声，并且温度过高时还易自行熄火。

故障诊断与排除：接车后启动发动机，发动机启动容易、冷态工作良好，数分钟后即出现响声。检查到排气口处时，发现有尖锐的叫声。怀疑发动机燃烧室积炭过多。卸下气缸盖检查，发现燃烧室内积炭严重。

清除燃烧室内的积炭，将燃烧室、气门顶的积炭用汽油或煤油浸湿，用刮刀刮除，擦净炭屑。装复所拆各机件后试车，发动机工作时的敲击声消失，发动机工作正常，故障排除。

6 宗申 150 型摩托车不规律地出现行驶无力与行驶中发动机自动熄火并且启动困难

故障现象：一辆宗申 150 型摩托车，出现不规律的行驶无力与在行驶中发动机自行熄火并且启动困难的现象。

故障诊断与排除：接车启动发动机并进路试，发动机启动容易，怠速工作平稳，空载加速反应灵敏，工作有力；摩托车起步正常，行驶中加挡加速时的动力性能和加速性能无异常；在以 60km/h 以上的速度行驶中急加速至 80km/h 时，即出现可燃混合气稀的症状，发动机工作无力，此时回小油门后再加速时，即好转；但故障现象很快又重复出现；继续加大油门时发动机便熄火，并且启动困难。反复试验，情况基本不变，特别是在上坡加大油门行驶时，故障现象频繁出现。

在发动机自行熄火时立即关闭油箱开关，检查化油器浮子室内的燃油量，从化油器浮子室内放出的燃油很少。此时开启油箱开关，油箱开关的出油量正常。经分析认为故障为油箱出油不畅。

于是卸下燃油箱进行清洗，发现燃油箱内有两块指甲盖大的塑料膜片。拿出燃油箱的塑料膜片后试车，故障排除。

造成该车的故障就是这两块塑料膜片。由于塑料膜片在油箱内的燃油中漂浮游动，当发动机以大油门工作时，油箱开关的出油量较大，漂浮游动的塑料膜片被吸至油箱出油口，使燃油供给不畅甚至中断；回小油门时，吸力消失，塑料膜片漂浮游离油箱出油口，燃油供给恢复正常，再加大油门时故障现象便消失；当发动机以大油门工作，漂浮游动的塑料膜片再被吸至油箱出油口时，故障现象即重复出现。因此，发动机自行熄火后，由于化油器浮子室内的燃油不足，发动机不能启动；而当化油器浮子室内的燃油量足够时，发动机又可以启动。

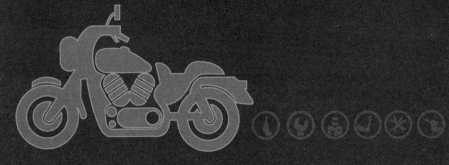

第三章
摩托车电控发动机的构造与维修

一、电控发动机的基本构造

新型摩托车开始采用电控燃油喷射系统,即根据安装在发动机上的多个传感器的信号,测量发动机状态,通过计算分析确定最佳的空燃比和理想的点火提前角,进行喷油和点火提前角等控制。

1 燃油喷射系统的组成与类型

(1) 电控发动机燃油喷射系统的组成　如图 3-1 所示,摩托车的

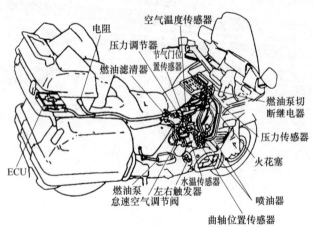

图 3-1　电控燃油喷射系统的组成

电控燃油喷射系统主要由燃油供给系统、进气系统和电子控制系统三大部分组成。主要有汽油箱、电动汽油泵、汽油滤清器、油压调节阀、燃油供给装置、喷油器及ECU（发动机控制单元）等燃油控制装置。

① 燃油供给系统由燃油箱、电动燃油泵、燃油滤清器、输油管、回油管、分配油管、油压调节器和电磁喷油阀等组成。为精确控制喷油量，在油路中设有油压力调节器，使管路的供油压力与进气歧管压力之差为一恒定值，一般为250～300kPa，当管路中油压超过规定值时，汽油压力调节器内的减压阀自动打开，部分汽油通过回油管流回燃油箱，进行自动调节，使油路中的油压降至规定值。

② 空气供给系统由空气滤清器、空气流量计、节气门、附加空气阀或怠速控制阀、空气稳压器和进气歧管等组成。其功能是对进入发动机的空气量进行计测和控制。

③ 控制系统由微电脑（ECU），各种传感器、执行器，以及连接各传感器、执行器和微电脑的电缆所组成。微电脑的主要控制内容是燃油喷射控制，包括喷油量和喷油时刻的控制。

此外，微电脑具有怠速自动控制、点火提前角控制、排放控制及故障自诊断等功能。

传感器是电控系统中的信号输入装置，其功用是采集控制系统所需的信息，并将其转换成电信号，通过线路输送给ECU。

执行器是电控系统中的执行机构，其功能是接受电控单元的指令，完成具体的控制动作。

发动机电控单元也称微电脑、控制单元（ECU），它是一种综合控制电子装置，其功用是储存该车型的特征参数和运算中所需的有关数据信息；给各传感器提供参考（基准）电压，接受传感器或其他装置输入的电信号，并对所接收的信号进行存储、计算和分析处理，根据计算和分析的结果向执行元件发出指令，或根据指令输出自身已储存的信息；有自我修正功能等。

电控燃油喷射系统的工作原理如图3-2所示，电控燃油喷射系统的功能与化油器供油系统一样，即计量发动机在各种工况下所需燃油和空气量，保证形成能正常燃烧的混合气质量。其对混合气空燃比的控制方式是：控制系统根据在空气系统中检测出的空气量以及各种相关参数，按理想空燃比的要求进行高速计算，确定发动机在每一时刻所需的燃油量，并给出燃油喷嘴的开启信号；由燃油泵泵出的高压燃油压开喷嘴阀门，喷入空气流，形成混合气，供给发动机。

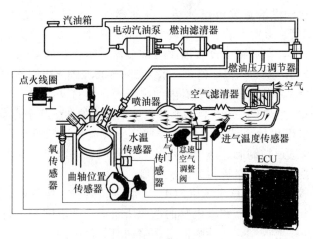

图 3-2　电控燃油喷射系统的工作原理

燃油喷射系统的工作方式可按空气量的检测方式和燃油的喷射方式分类。

（2）**发动机电控系统的类型**　发动机电控系统的类型有多种分类方法，可根据喷油器数量、有无反馈信号等内容进行分类。

① 按喷油器数量不同分类　按喷油器数量不同，分为单点喷射（SPI）系统和多点喷射（MPI）系统。

a. 单点喷射系统　单点喷射系统是在多缸发动机节气门上方装一个中央喷射装置，用一个喷油器集中喷射。当汽油喷入进气流后，形成的可燃混合气由进气歧管分配到各气缸中。但随着发动机电控系统技术的不断发展，加之发动机尾气排放限制越来越严格，单点喷射系统逐渐会被淘汰。

b. 多点喷射系统　多点喷射系统是在多缸发动机的每缸进气门处装有一个喷油器，由电子控制单元（ECU）控制喷油。目前多点喷射系统得到了广泛采用。

② 按有无反馈信号分类　电控燃油喷射系统按有无反馈信号

可分为开环控制系统和闭环控制系统，特点如下。

a. 开环控制系统（无氧传感器）　它将通过实验确定的发动机各工况的最佳供油参数预先存入电控单元，在发动机工作时，电控单元根据系统中各传感器的输入信号，判断自身所处的运行工况，并计算出最佳喷油量，通过对喷油器喷射时间的控制，来控制混合气的浓度，使发动机优化运行。

b. 闭环控制系统（有氧传感器）　在该系统中，发动机排气管上加装了氧传感器，根据排气中含氧量的变化，判断实际进入气缸的混合气空燃比，再通过电控单元与设定的目标空燃比值进行比较，并根据误差修正喷油器的喷油量，使空燃比保持在设定的目标值附近。

2 常用的传感器和执行器

（1）常用传感器　发动机电控系统使用很多传感器，常用传感器如下。

① 进气歧管绝对压力传感器（英文缩写为 MAPS）　在电控燃油喷射系统中，由进气歧管绝对压力传感器测量进气管内气体的绝对压力，并将其转换成电信号输入 ECU，作为燃油喷射和点火控制的主控制信号。有的进气歧管绝对压力传感器与进气温度传感器集成在一个壳体中。

② 节气门位置传感器（英语缩写为 TPS）　节气门位置传感器可以检测节气门的开度及开度变化，如全关（怠速）、全开及开闭的速率（单位时间内开闭的角度）信号，此信号输入 ECU，用于燃油喷射控制及其他辅助控制，实现加速加油、减速减油或减速断油控制。

节气门位置传感器一般安装在节气门体上（节气门体带喷油器、节气门位置传感器、油轨）。

③ 曲轴位置传感器（英文缩写为 CKPS，也称发动机转速传感器）　曲轴位置传感器用来检测曲轴转角位移，给 ECU 提供发动机转速信号和曲轴转角信号，作为喷油正时控制和点火正时控制的主控制信号。

④ 进气温度传感器（英文缩写为 IATS）　进气温度传感器是

给ECU提供进气温度信号，作为燃油喷射控制和点火控制的修正信号。进气温度传感器可独立装于进气的气路中，或与进气压力传感器组成为一体，可以安装在节气门体前或节气门体后。

⑤ 气缸温度传感器（英文缩写为ECTS） 气缸温度传感器是给ECU提供发动机气缸温度信号，作为燃油喷射控制和点火控制的修正信号。气缸温度传感器信号也是其他控制系统（如怠速控制）的控制信号。

气缸温度传感器安装在发动机缸体上。

⑥ 爆燃传感器（英文缩写为KS，也称爆燃传感器） 爆燃传感器用于检测汽油机是否爆燃及爆燃强度，将此信号输入ECU，作为点火正时控制的修正（反馈）信号。爆燃传感器通常安装在发动机气缸体中上部或火花塞上。

⑦ 氧传感器（英文缩写为O_2S） 氧传感器用于检测排气中的氧含量，向ECU输送空燃比的反馈信号，进行喷油量的闭环控制。

氧传感器通常安装在发动机排气管上。

（2）**常用执行器** 发动机电控系统使用很多执行器，常见执行器如下。

① 喷油器（英文缩写为INJ） 喷油器可根据ECU的喷油脉冲信号，精确计量燃油喷射量，将燃油以一定压力喷出并雾化。

在多点喷油系统中，喷油器通过密封垫圈安装在进气歧管或进气道附近的缸盖上，并用输油管将其固定，每缸有一个喷油器。

② 点火器（英文缩写为ICM） 点火器又称点火电子组件。点火器的主要功能是根据ECU脉冲信号，实现点火控制。

③ 怠速控制阀（英文缩写为ISCV，也称为怠速马达或步进电动机） 怠速控制阀的功能是控制发动机的怠速转速，即通过改变进气管旁通气道的进气量，维持发动机在目标转速下稳定运转。

④ 电动燃油泵（英文缩写为FP） 电动燃油泵用于建立油压，供给燃油喷射系统规定压力的燃油。

⑤ 炭罐电磁阀 国Ⅲ排放法规要求，对燃油蒸发污染进行控制，因此要求对来自油箱的燃油蒸气利用装在炭罐里的活性炭进行吸附并再利用。通过打开活性炭罐电磁阀控制燃油箱内的燃油蒸气

流的流量，将燃油蒸气引入进气歧管参与燃烧。

二、电控发动机的维护与维修

1 电控发动机燃油喷射系统的维护

新型摩托车电喷装置的进气系统中的空气流量传感器（或绝对压力传感器）和进气温度传感器等精密电控元件，只要确保在清洁的环境下工作，一般情况下均不会发生故障。因此，日常的维护十分重要，除经常维护进气系统清洁外，还必须经常检查进气管是否破裂、漏气，空气滤清器是否堵塞、损坏，经常清洗和按规定更换空气滤清器滤芯。在清洗车辆时，对精密电控元件要注意保护，尤其要注意防潮，以免电控部分腐蚀、短路，如被水浸湿，要立即吹干。

（1）**电喷摩托车供油系统的维护**　在日常维护中除经常保持油路系统的清洁外，还须经常检查各连接油管是否破裂、渗漏，燃油滤清器是否堵塞、损坏，必要时要及时换用新件。在清洗车辆时要注意防潮，以免电控元件腐蚀、短路，如被水浸湿，要及时吹干。

（2）**电动燃油泵的维护**　打开点火开关，电动燃油泵应立即工作1s，此时，用听诊器应能听到电动燃油泵的运转声，用手触摸软管，应感到有压力，并能听到回油的声音。1s以后如未启动发动机，电动燃油泵应立即停止工作，如故障仍未排除，可拔开电动燃油泵的导线连接器，将电动燃油泵直接与蓄电池相连（正负极勿接错），并使电动燃油泵尽量远离蓄电池，每次接通不超过10s（时间过长会烧坏电动燃油泵的电动机线圈）。如燃油泵不转动，则须更换燃油泵。也可按随车使用维护表明书的要求，检查电动燃油泵上两个接线端子间的电阻，即电动机线圈电阻，其值一般为 $0.2\sim 3.0\Omega(20℃时)$。如电阻值不符合要求，则须更换电动燃油泵；如符合要求，故障仍未排除时，则须送特约维修站用专用测试工具进行检测，包括检测系统的油压与泄漏情况等。

此外，要注意电动燃油泵上的单向阀也会引起电动燃油泵的故障，如单向阀粘住或泄漏，这样电动燃油泵虽然工作，但不泵油。

单向阀通常是与电动燃油泵总成做成一体的,所以,如果单向阀有故障,整个电动燃油泵必须更换。

(3) 电磁喷油器的维护　电磁喷油器是易污染而失效的高精度元件。在发动机工作时,可用听诊器检查电磁喷油器打开和关闭时发出的有规律的、轻轻的"啪嗒"声,如没有声音或声音不正常,则应检查导线接头,检查喷油器和来自电控单元(ECU)的信号,再拆开喷油器导线束接头,用电阻表测量电磁喷油器接线柱之间的电阻值。如电阻值不符合随车使用维护说明书的要求(一般20℃时其标准值为13.4~14.2Ω,也有电阻值为0.6~3Ω的低电阻喷油器),则应换用新的电磁喷油器;如电阻值符合规定值,且故障仍未排除时,则重新装上接线插头,送特约维修站用专用的清洗器清洗电磁喷油器后,再用专用测试工具检查电磁喷油器的喷油量与漏油情况是否符合要求。

2　维护电子控制系统时应注意的事项

一般电控单元(ECU)的额定工作电压为直流低压(如5V),但有的摩托车专用电控单元(ECU)为了提高抗干扰的能力,使用电压在10V左右。电控单元(ECU)对高温、高压都很敏感,当外界电压高于电控单元(ECU)的额定工作电压或外界温度高于额定温度的允许值时,都会损坏电控单元(ECU)。因此,在平时使用和维护中必须注意以下事项。

① 不论发动机是否运转,只要点火开关接通,绝不可断开任何12V电器工作装置。因为断开这类装置时,由于任何一个线圈的自感作用,都会产生很高的瞬时过电压,通过电源线加到电控单元(ECU)(虽然一般电喷摩托车的电控单元系统装有电源保护装置,但电压过高,持续时间过长,也会造成危害),可能造成保护装置的损坏,进而使系统受损。电喷系统中具有较大电感的负载有电动燃油泵、电磁喷油器、点火线圈和各种断电器等。

② 蓄电池的任何一根线都不能随便断开。因为蓄电池、负载与发电机(或磁电动机)并联,而蓄电池在电系统中相当于一个低阻抗、大电容的瞬变电压抑制器。在断开电压负载时所产生的容量

越大,吸收瞬变能量的作用就越大。即使电系统中有切断电感性负载,也不会产生过高的瞬时过电压。如果由于振动、腐蚀等原因造成蓄电池连接松动,电桩接头接触不良,或修车时用辅助蓄电池,当发动机启动后,又把辅助蓄电池拆掉,都是不允许的。

③ 装拆连接导线,须先断开点火开关,即切断电控单元(ECU)电源。

④ 电控单元(ECU)是比较复杂的系统,一旦出现故障,一般维修人员均不可修理,只有那些经过培训的专业人员和生产厂家才可修理,而且一般情况下只能更换模块。用户在使用过程中切不可随意拆卸,以免电控单元(ECU)受损。

⑤ 清洁车辆时,要注意保护电控单元(ECU),切不可用自来水冲洗,以免电控单元(ECU)受潮引起腐蚀、短路等,如被水浸湿,要立即吹干。

⑥ 扬声器不能装在靠近电控单元(ECU)的地方,因为扬声器的磁铁会损坏电控单元(ECU)中的电路和部件。

⑦ 在车身上使用电弧焊时,应断开电控单元(ECU)电源,电控单元(ECU)的连接导线,传感器、执行器等电控元件要用板料隔开,在靠近这些电控元件的地方进行车身修理时,应特别小心。

⑧ 保护电控单元(ECU)的外覆件破裂时,应尽快修理,以防电控单元(ECU)受潮。

⑨ 保护电控单元(ECU)的减振装置(如缓冲橡胶等)松动或受损时,应尽快修理或换用新件,以免电控单元(ECU)承受剧烈振动而损坏。

⑩ 除在测试程序中特别指明者外,不能用指针式欧姆表测试电控单元(ECU)传感器,而应使用高阻抗的数字测试表(10MΩ以上)。

⑪ 不要用测试灯去测试任何和电控单元(ECU)相连的电器装置。这是因为测试灯的电压高于电控单元(ECU)的额定工作电压,很可能损坏电控单元(ECU)。

⑫ 在对电控单元(ECU)进行检测或更换模块(即芯片)时,操作人员一定要将身体搭铁,防止人体静电对电控单元(ECU)的侵害。

⑬ 不能变更电控单元（ECU）的独立供电线路。

新型摩托车上的电气设备较多，而且不少是脉冲式供电，因此在接线和搭铁电阻上就有大量的干扰信号存在。为使电控单元（ECU）和附属装置能正常工作，一般情况下，它们的供电线路和搭铁接头通常是与蓄电池主要供电系统的接头分开的，称为无噪声隔离接头。其他辅助电气设备都不能接到这套独立的供电线路和搭铁接头上。有时在维修过程中，检测仪表也不能接上，否则，电控单元（ECU）就会受到其他电器的共线干扰，严重时会使电控单元（ECU）无法正常工作。

3 电喷系统维修注意事项

（1）**进气系统** 现代摩托车电喷系统的进气系统主要是由空气流量计（器）或绝对压力传感器和进气温度传感器等组成的，它们都是精密电控元件。在使用中，要确保在清洁的条件下工作，一般情况下是不会发生技术故障的。因此，摩托车的日常例行养护十分重要。

① 经常检查空气滤清器滤芯及周围是否有脏物、尘土或杂质，如有应清除，或用压缩空气从内向外吹除，必要时更换。

② 检查进气胶管接头处连接是否可靠，胶管是否破裂、漏气、老化等，视需要予以更换。

③ 检查各传感器是否有明显的损伤、损坏，若有应更换新件，不可进行修复。

④ 检查各传感器与 ECU 的连线是否牢固可靠，电线插接头是否插到位，有无腐蚀氧化现象，电线是否有磨破或线间短路、断路现象，发现异常一定要排除。

（2）**燃油供给系统**

① 在检查燃油供油系统之前，都应先关闭点火开关，拆下蓄电池的负极导线。

② 在拆卸之前，必须先释放燃油供油系统内的压力，其方法如下：

a. 先打开油箱盖以释放油箱内压力，然后拆下燃油泵插座上的导线插头，启动发动机，使其怠速运转，直到发动机自行熄火。

b. 如果发动机无法启动，可拆下喷油器上的线束插头后，将其中一个接线柱搭铁，另一个接线柱用跨接导线与蓄电池正极接触不超过 10s，以释放系统内的压力。

c. 在以上两种泄压方式都不可行的情况下，也可采取拆油管排除供油系统内油压力的方法，用此方法泄压时应先找一块干净的抹布包裹拆卸处以吸附汽油，避免燃油溅到其他零件上。

③ 电喷摩托车只允许使用 93# 及以上的无铅汽油。

④ 电动燃油泵、喷油器只要工作正常，不可轻易拆卸，但检查线束插头连接是否可靠时除外。

⑤ 从燃油箱中取下电动燃油泵时，不要给电动燃油泵通电，以免产生火花，引起火灾。

⑥ 电动燃油泵不允许在干态下或水里进行运转试验，否则会缩减其使用寿命，另外电动燃油泵的正负极导线不可接反。

⑦ 更换电动燃油泵支架总成时，只能更换没有打开包装的电动燃油泵支架总成，且即开即用，保护帽只有在电动燃油泵马上要安装时才取走。绝对不允许取走进油口滤网。进入电动燃油泵进油口或滤网的异物会导致电动燃油泵损坏。

⑧ 不要使用损坏的电动燃油泵和曾经跌落到地上的电动燃油泵。

⑨ 拆卸油管后要防止异物进入，因为可能导致污染或堵塞供油系统。供油系统的油管接头是特殊设计的，拆卸时应特别注意。O 形密封圈、衬垫、管道夹箍、垫圈等都是一次性配件，用过后都应换新件，以确保供油系统密封，不渗漏油。

⑩ 油管的拆卸和更换应在通风良好的地方进行。

（3）**控制系统**　现代摩托车系统中电子控制器 ECU 的额定工作电压一般为 5V（直流电压）。ECU 对高温、高压都很敏感，当外界电压高于 ECU 的额定工作电压或外界温度高于 ECU 的额定温度的允许值时，都会使 ECU 损坏。平时日常维护中必须注意以下事项。

① 电动燃油泵、点火线圈、各种继电器和喷油器等都是电喷系统中具有较大电感的负载。无论摩托车发动机是否在运转，只要点火开关在 ON 接通位置，绝不可断开任何 12V 电器工作装置。

因为断开这类电器工作装置，由于任一线圈的自感作用，都会产生很高的瞬时过电压，有可能达到6000V以上。如此高的瞬时过电压，通过电源导线加到ECU，必然造成电控系统损坏。虽然ECU都装有电源过载保护装置，但如此高的电压持续时间过久也会使保护装置损坏。

② ECU一般不易出故障，如出故障，只有接受过培训的专业人员才可以检测或修理，而且一般情况下只能更换模块。车主在使用过程中切不可随意拆卸，以免ECU受损。维护时只需检查导线是否有脱落或磨破，插接件是否到位即可。在对ECU进行检测或更换模块时，操作人员一定要将身体先接地，防止人体静电损坏ECU。

③ 不可用指针式万用表去测试ECU的传感器，而应使用高阻抗的数字万用表（10M以上）。这是因为如果用低阻抗的万用表对ECU进行测试，就相当于在ECU测点并联了一个较大的负载，可能因超负荷而损坏ECU。在拆装ECU连接导线时，必须先断开点火开关，切断ECU电源。同时注意，不能随意变更ECU的独立供电线路。

④ 在发动机运转时，不能随便断开蓄电池正、负极导线。安装蓄电池前，务必辨认清楚正、负极性，切不可接反。同时蓄电池的电极与电缆线连接要牢固可靠，搭铁点要紧固，否则将会使电子控制系统产生不稳定的不良影响。蓄电池装复后，如果出现发动机工况没有断开蓄电池之前理想，先暂不要随意更换零部件，因为这种情况可能是由于蓄电池被断开之后，将ECU中的学习修正记忆参数消除的缘故。待发动机运行一定时间，ECU自动建立起学习修正记忆后，发动机运转不理想现象将会自动消失。

⑤ 清洗摩托车时，要注意保护ECU，以免使ECU因潮湿而引起腐蚀、短路等。如被水浸湿，要立即吹干，使其保持良好状态。

⑥ 跨接启动其他车辆或用其他车辆跨接本车时，需先断开点火开关，才能拆装跨接线。

⑦ 电控单元必须防止受剧烈振动。

⑧ 摩托车安装喇叭时不能装在靠近ECU的位置，因为扬声器的

磁铁会损坏 ECU 中的部件。

(4) 点火系统　点火系统各部器件要有足够的绝缘强度和机械强度。要求耐高温、防潮湿、耐腐蚀、故障率低、使用寿命长、调整简便。因此在维护作业时要求如下。

① 检查各电线束是否连接可靠，插接是否到位，有无因油污腐蚀、绝缘不良的现象。磨破的导线应用绝缘胶带包扎好，布线按设计走向不可随意改动。

② 当断开或接上插接件时，一定要关闭点火开关，否则会损坏电喷零部件。

③ 火花塞间隙要认真按要求调整校正，防止过大或过小。对点火系统进行检查时，只有在必要的时候才进行跳火检测，并且时间要尽可能短，检测时不能打开节气门，否则会导致大量未燃烧的汽油进入排气管，损坏三元催化器。

④ 点火系统的元器件一般是不可修复的，发现故障或损坏应更换新件。

4　传感器和执行器的维修

(1) 发动机温度传感器的维修　拆下发动机温度传感器，放入正在加热的水杯中，并放入一个温度计观察水温的变化。将万用表置于 $R \times 10\Omega$ 挡位，一个表笔接在温度计传感器的外连接线柱上，另一个表笔搭在壳体上，随着杯中水温的升高，其电阻值开始下降，符合标准值时为正常。如果表针不动或是一直是某一数值时，表明该传感器已损坏，应更换。

(2) 进气温度传感器的维修　拆下进气温度传感器，将万用表置于 $R \times 10\Omega$ 挡位，两个表笔分别接在温度传感器两个连接线上，用红外线灯对进气温度传感器进行加热，如图 3-3 所示。随着传感器的温度升高，表针的电阻值由大变小为正常（电阻值一般最大为 $2k\Omega$），表明进气温度传感

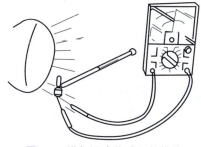

图 3-3　进气温度传感器的维修

器是好的，否则，应更换进气温度传感器。

（3）氧传感器的维修　氧传感器的检测有观察法和测量法两种。

① 观察法　拆下氧传感器，观察氧传感器头部的颜色情况。头部为淡灰色，表明氧传感器为正常。头部为白色，表明氧传感器已损坏，应更换。头部为黑色或棕色，表明氧传感器有积炭，清除后可继续使用。

② 测量法　将万用表置于 0～10V 挡位上，正笔接氧传感器的输出端线上，负表笔搭铁，如图 3-4 所示。启动发动机，以 2500r/min 左右的转速运转，电压表的指针在 0～1V（0.5V 左右）之间来回摆动为正常，否则应更换氧传感器。

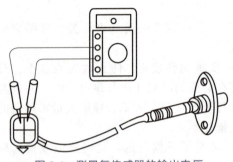

图 3-4　测量氧传感器的输出电压

（4）节气门位置传感器的维修　拆开节气门位置传感器的接插器，选择万用表 $R \times 10\Omega$ 挡位，一个表笔接在输出端线上，另一个表笔接在搭铁线上，如图 3-5 所示。节气门的电阻值能随节气门的开度增大而呈线性增大，随节气门的开度减小而呈线性减小为好的，否则应更换。

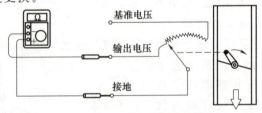

图 3-5　节气门位置传感器的检测

（5）曲轴位置传感器的维修　曲轴位置传感器是电磁式传感器，安装在曲轴箱左盖上，可感应出安装在磁电动机转子上的齿盘转动信号。齿盘上有一个宽度为其他齿两倍的齿和齿槽，以给出齿盘的相对位置。由此相对位置就可以得出曲轴的位置。因此曲轴位置传感器既能给出发动机的转速，又能给出曲轴在每时每刻的相对位置。曲轴位置传感器的信号决定了发动机的转速以及其他需要与发动机转速同步的所有控制，例如，发动机的喷油及点火。

拔下曲轴位置传感器的连接器，用万用表的两个表笔分别接在曲轴位置传感器的两个接线柱上，测量其电阻值，一般为100～150Ω，如图3-6所示，否则应更换曲轴位置传感器。

（6）**进气压力传感器的维修** 进气压力传感器用于测量进气管的压力，作为燃油喷射和点火控制的主控信号，间接测量空气流量，是摩托车发动机的主要信号。

拔下进气压力传感器的真空软管，接上手动真空泵，打开点火开关，检测信号端子与搭铁线之间的信号电压，如图3-7所示。随着真空度的增加，其信号电压也增加。将不同真空度下的输出电压下降量与标准值相比较，见表3-1，如不符，应更换进气压力传感器。

图3-6 曲轴位置传感器的检测

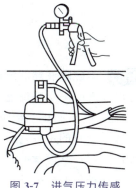

图3-7 进气压力传感器的检测

表3-1 进气压力传感器的信号电压与真空度的关系

真空度/kPa	电压值/V	真空度/kPa	电压值/V
13.3	0.3～0.5	53.3	1.5～1.7
26.7	0.7～0.9	66.7	1.9～2.1
40.0	1.1～1.3		

（7）**电动燃油泵的维修** 电动燃油泵有柱塞式和电磁式两种，它们的测试方法与启动机相同，也常用短路法、测电阻法等。

① 单件检查 取下电动燃油泵。先将电动燃油泵搭铁线与蓄电池负极接好,手持蓄电池正极火线与电动燃油泵的正极电源线接触。若电动燃油泵能正常工作,说明是好的。若不能工作,说明有故障,需更换电动燃油泵。

② 测电阻法 用万用表 $R \times 10\Omega$ 挡位测量电动燃油泵两接线柱之间的电阻值,如图 3-8 所示;符合该车给定电阻值为正常,否则,应修理或更电动换燃油泵。

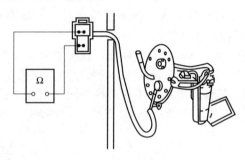

图 3-8 电动燃油泵的检测

(8) 电磁喷油器的维修 电磁喷油器可以在车辆运行时检查,也可以静态时测量喷油器线圈电阻值的大小。

① 就车测试 启动发动机使其怠速运转,用车辆听诊器试听各缸工作时的声音,应能听到电磁喷油器发出有节奏的"嗒嗒"的工作声音,其声音清脆而均匀时,说明电磁喷油器工作正常。若工作声音很小或听不到工作声音,说明该电磁喷油器工作不良,应修理或更换。也可以依次拔下电磁喷油器各缸的电线端子,使其停止喷油。当拔下电磁喷油器某一缸的端子时,发动机的转速有明显下降,表明该电磁喷油器工作正常。若发动机转速无变化,表明该电磁喷油器不工作或工作不良,则应更换电磁喷油器。

② 测电阻 拆下电磁喷油器导线端子,将万用表置于 $R \times 10\Omega$ 挡位。测量电磁喷油器的电阻值是否正常,高阻抗型线圈电阻值约为 10Ω,低阻抗型线圈电阻为 5Ω 左右。电阻的大小要视车型而定,符合该车所给定的电阻值时为好的,否则为坏的,应更换喷油器。

三、发动机电控系统故障的诊断与排除

1 发动机电控系统常见故障

摩托车发动机电控系统的故障总体上可分为两种类型：一种是电控元件的故障；另一种是控制电路的故障。

（1）**电控元件的故障** 电控元件的故障是指电控元件自身丧失其原有机能，包括电控元件的机械损坏、烧毁、电了元件的击穿、老化、性能减退等。在实际使用和维修中，常常因电路故障而造成电控元件故障。电控元件的故障一般是可修复的，但一些不可拆的电子设备出现故障后只能更换。

（2）**控制电路的故障** 控制电路的故障包括短路、断路、接线松脱、接触不良或绝缘不良等。

① 短路故障

a. 搭铁短路故障　搭铁短路是指电路未经过负载而提前搭铁的一种故障现象。发动机电控系统控制电路中大部分搭铁短路故障是由于导线或电路元件的绝缘层破裂，并且搭铁造成的。

另一种形式的搭铁短路故障是在用电设备和开关之前搭铁，会导致用电设备不工作并且开关无法控制电路，熔丝也会马上烧断。如果没有电路保护装置，还有可能会烧毁电源。若出现这种情况，即使更换了熔丝，接通电路后，仍然会再次烧断熔丝。

b. 与电源短路故障　在发动机电控系统电路故障中，还有一种短路形式是与电源短路，通常是一个电路的两个独立分支因导线绝缘层破损而相互连接，一般会导致电路不能正常工作或者反应异常甚至烧毁。

② 断路故障

a. 串联电路中的断路故障　如果一个串联电路中有断路故障，则会导致整个电路都不导通。检测电路中断路的方法是分别测量电路中各个部件两端的电压。如果某一个部件的一端有电压，而另一端没有电压，则这个部件中间肯定有断路存在。

b. 并联电路中的断路故障　在并联电路中出现断路故障比较复杂。如果在并联电路的主线路或搭铁电路中出现断路，则结果和

串联电路中出现断路是一样的,整个电路都会失效。如果在并联电路的某个支路中出现断路,则只有这个出现断路的支路受到影响,其他支路还可以正常导通。

(3) 高电阻(高阻抗) 高电阻现象在发动机电控系统控制电路中经常出现,高电阻会引起整个电路或某个器件断断续续地导通,或者电路中电流过低。例如灯泡闪烁或者亮度降低,就有可能是高电阻引起的。电路连接不好,松动或者接头不干净都有可能引起高电阻问题。

2 故障诊断的基本原则

发动机故障诊断的基本原则主要有以下几个方面。

(1) 先外后内 在发动机出现故障时,先对电子控制系统以外的可能故障部位予以检查。这样可避免本来是一个与电子控制系统无关的故障,却对系统的传感器、ECU、执行器及线路等进行复杂且又费时费力的检查,即真正的故障可能是较容易找到却未能找到。

(2) 先简后繁 能以简单方法检查的可能故障部位先予以检查。比如直观诊断最为简单,可以通过看、摸、听等直观检查方法将一些较为显露的故障迅速地找出来。

直观诊断未找出故障,需借助仪器仪表或其他专用工具来进行诊断时,也应对较容易检查的故障部位先予以检查。

(3) 先熟后生 由于电喷系统的构造和工作原理比较复杂,不同车型的电喷系统往往有较大的差异,在检查与排除电喷系统的故障时,必须了解各电喷系统的工作原理和构造特点,参阅需修车型的详细技术资料;再加上使用环境不同等影响因素,发动机的某一故障现象可能是以某些总成或部件的故障最为常见,应先对这些常见故障部位进行检查。若未找出故障,再对其他不常见的可能故障部位予以检查。

(4) 代码优先 由于电喷系统越来越复杂,当发生故障时要判断故障的部位就更困难。为方便维修,现代电喷摩托车一般都有故障自诊断功能。当电喷发动机运行时,故障自诊断系统监测到故障后,便以代码的方式将该故障储存到计算机的存储器内,同时通过警告灯向驾驶人报警。因此,维修时应优先借助于ECU的故障诊断接口(插座),

用人工跨接的方法或使用故障诊断仪，将 ECU 存储器中的故障码调出，并以灯光闪烁的方式或直接由诊断仪显示屏以数字形式显示出来，从而帮助维修人员快速、正确地判断故障的类型和范围。待故障码所指的故障消除后，如果发动机故障现象还未清除，或者开始就无故障码输出，则再对发动机可能的故障部位进行检查。

　　故障排除后，用人工方法或借助诊断仪，将存储在 ECU 存储器中的故障码清除掉，以便记录和存储新故障码。如果不清除旧的故障码，当发动机再次出现故障后，ECU 把新旧故障码一并输出，使得维修人员不知道哪些是发动机真正存在的故障码，哪些是以前已经排除的故障码，使新旧故障码混淆，给维修带来困难。

（5）**先思后行**　必须首先对发动机的故障现象进行故障分析，了解可能的故障原因有哪些，然后再进行故障检查。只有这样才可避免故障检查的盲目性，既不会对与故障现象无关的部位做无效的检查，又可避免对一些有关部位漏检而不能迅速排除故障。

（6）**先备后用**　电喷系统的一些部件性能好坏，以及电气线路正常与否，常以其电压或电阻等参数来判断。如果没有这些数据资料，系统的故障检查将会很困难，往往只能采取新件替换的方法，这些方法有时会造成维修费用猛增且费工费时。因此在维修时，应准备好维修车型的有关维修数据资料。除了从维修手册、专业书刊上收集整理这些维修数据资料外，另一个有效的途径是利用无故障车辆对其系统的有关参数进行测量，并记录下来，作为日后维修同类型车辆的检测比较参数。如果平时注意做好这项工作，会给电喷系统的故障检查带来方便。

小提示

● 电喷发动机的故障并非一定出在电喷系统。如果发现发动机有故障，而故障警告灯并未点亮（未显示故障码），大多数情况下，该故障可能与电喷系统无关，此时，就应该像发动机没有装电喷系统那样，按照基本诊断方法进行故障检查。否则，一个本来与电喷系统无关的故障，却检查电喷系统的传感器、执行器和电路等，花费了很多时间，而真正的故障反而没有找到。

3 电控系统故障诊断流程

电控发动机在使用过程中会出现故障,在故障诊断过程中,维修技术人员需要借助故障诊断仪、万用表、示波器等仪器或设备来找出故障根源,并通过相应手段维修以恢复发动机的使用性能。可以根据电控发动机的故障诊断流程,即车辆问诊、症状确认、直观检查、读故障码诊断、数据流读取、检测测量、调整维修和试车验证等,逐项进行分析。

(1) **车辆问诊** 问诊是对故障进行调查的开始,通过对驾驶人和有关人员的询问,可以了解故障发生、发展的全过程,并获得相关的信息,为进一步诊断打好基础。

(2) **症状确认** 问诊之后不能草草动手,还需要对症状进行确认。因为有的驾驶人为维修人员提供的信息不够准确,有的是因为驾驶人描述不够准确,有的是因为驾驶人本人对车况了解得不够详细,诸多因素使得问诊信息在一定程度上失真。这就需要维修人员通过路试或启动发动机对症状进行确认。

在确认症状的时候,需要设法再现或模拟故障发生的环境,让故障得以充分体现,并进行确认。当然,对于可能给车辆或人身安全带来危险的试车,是不能试验的。在确认症状的过程中,对于一些偶发性故障或没有规律的故障,还需要借助模拟器或其他途径,让症状体现出来,以利于诊断。

(3) **直观检查** 并非所有的故障检测都需要动用诊断仪、示波器,有的时候,通过直观的检查也可以快速找到故障原因或重要线索,因此维修中需要灵活运用多种手段,确保按照由简至繁的原则进行诊断,以提高维修效率。

(4) **读取故障码→清除故障码→发动机运转→再读取故障码** 连接故障诊断仪查询故障码,要对读出的永久性故障码或偶发性故障码进行记录,然后清除故障码,启动发动机,等冷却液温度达到80℃以上,发动机高速运转几秒钟,创造故障再现的条件,再次查询故障码并记录。

(5) **分析故障** 根据经验分析或使用维修手册查阅故障产生的原

因、影响及排除方法，不能忽视偶发性故障码。如果未存储故障码，要考虑控制单元不能监视的元件，如很多车型的点火线圈存在故障时，不会有故障码显示，应采用其他的方法判断其是否存在故障。

(6) 检测测量 根据故障现象、故障码中的相关数值确定测量的项目，可以使用万用表、二极管测试表、废气分析仪、燃油压力表、真空表、气缸压力表、示波器及信号发生器等进行检测，选择仪器的原则是能快速、准确地判断故障。

(7) 排除故障 根据以上的工作记录并参考维修手册或相关的资料，对故障进行分析，得出诊断的结论和修理方案，如清洗节气门、进气道、调整或更换元件，剥开线束查找故障点，以及清除搭铁线。

4 电控系统元件故障诊断

(1) 主要元件故障规律和故障特征 电控喷射系统的组成元件较多，但各种部件易出现的常见故障却是有规律的。发动机电控系统主要元件故障规律和故障特征如下。

① 发动机电控单元（ECU） 发动机电控单元工作一般比较可靠，故障率很低。但随着摩托车运行里程和使用年限的增长也会出现这样或那样的故障，会引起 ECU 的控制功能失效或控制系统工作不良，从而造成发动机启动困难、怠速不稳、动力性差、油耗增大及排放超标等故障。

② 传感器与执行器 传感器种类繁多、结构不尽相同，但大致为热敏电阻式、真空压力式、机械传动式等几种形式。传感器的零件损坏，如电阻老化迟钝、真空膜片破损、弹片弹性失效、回位弹簧失效等都将不能及时、准确地反映发动机工况，影响 ECU 准确及时地获得控制信息，使控制系统工作失常，导致发动机工作不良、性能下降。

③ 电磁阀 电磁阀故障是指用电磁线圈脉冲控制的阀门闭合故障。电磁喷油阀、怠速控制电磁阀、点火装置的电磁线圈等的工作好坏，将直接影响摩托车的喷油、点火、怠速、启动等工作的正常完成。

④ 电动燃油泵　电动燃油泵在无油工作或油质太差时工作，会造成电动燃油泵磨损或损坏。另外，电动燃油泵受空气流量传感器上的微动开关控制，若开关工作不良，动作迟缓，会造成电动燃油泵供油不足，影响摩托车启动和加速性能。

⑤ 油压调节器　油压调节器的作用是使燃油压力相对于进气管负压的压差经常保持恒定，从而使喷油量仅根据喷油电磁阀的通电时间确定。油压调节器的真空膜片损坏或真空软管漏气，都会造成压力调节器的回油量失调，使发动机的喷油量不准确，发动机工作不良。

⑥ 点火线圈　一般点火线圈常见故障如线圈绕组短路、断路或搭铁，会导致不产生高压电；另外点火线圈绝缘层材料老化，绝缘性能变差，点火线圈漏电，则使电火花弱，点火能量不够，以致引起怠速不稳、间断熄火和不能着火等。遇到这种故障必须检查点火线圈的电阻和绝缘性能是否符合要求，不符合就要更换。

⑦ 火花塞　火花塞承受高温、高压、冷热高频交变冲刷、燃油废气的侵蚀等，加上工作环境恶劣，随着运行里程的增加，其性能会逐渐变差，产生电极烧损、积炭、积油等问题。火花塞必须按不同车型所规定的使用寿命准时更换，同时禁止在电控发动机上装用化油器式发动机的火花塞，并且按资料规定调整好电极的跳火间隙。

⑧ 插接件　电控系统的插接件常因老化或多次拆卸导致接头松动或接触不良，造成许多控制信号传递不良，导致发动机不能正常工作，时好时坏。

接触不良可能是由插接器端子氧化锈蚀、污物进入端子或插接器插头与插座之间接触压力过小所致。

> **小提示**
>
> ● 凡是控制系统中工作时好时坏的故障，绝大多数是由接触不良引起的。因此在拆装电控系统的元件时，注意不可弄坏连线，并插牢插接件。由故障码指出某传感器信号不良时，注意检查传感器的连线和插接件是否连接良好。有时故障码的含义是传感器故障，而实际上是传感器的连线或插接件出了问题。

⑨ 连线　断路故障主要由导线折断、插接器接触不良、插接器端子被拔出等原因造成。检查线路断路故障时，应先脱开 ECU 和相应传感器的插接器，然后测量插接器相应端子间的电阻以确定是否断路或接触不良。一般导线中间折断的情况很少见，大多是在连接处断开，因此尤其应仔细检查传感器和插接器连接处的导线。

短路故障主要由电器配线与车身搭铁，或者由开关内部短路所致。检查电器配线与车身之间是否短路时，应检查有无导线卡在车身内，有无导线与车身车架摩擦使其绝缘层磨损漏电。检查导线是否有搭铁短路故障时，应拆开线路两端的插接器，然后测量插接器被测端子与车身搭铁之间的电阻值，电阻值大于 1MΩ 为合格。

⑩ 高低压线路　线路接头、插座连接牢固才能保证接触可靠，传递信息准确。由于发动机本身运转时的振动和摩托车在不平路面上运行时的振动，会引起高低压线路接触不良，因此必须经常检查。此外，高压线损伤、漏电都是产生常见故障的原因。

（2）电控系统主要元件故障与发动机故障表现之间的对应关系

电控系统主要元件故障与发动机故障表现之间的对应关系见表 3-2。

表 3-2　电控系统主要元件故障与发动机故障表现之间的对应关系

元件名称		故障现象
电控单元（ECU）		发动机无法启动；发动机工作不良、性能失常
点火线圈		无高压火花；高压火花强度不足；发动机无法启动
点火控制器		无高压火花；高压火花强度不足；发动机启动困难
空气流量传感器		发动机启动困难；怠速不稳；发动机动力不足，加速不良；发动机易爆燃；发动机油耗增大
进气歧管绝对压力传感器		发动机启动困难；怠速不稳；发动机动力不足，加速不良；发动机油耗增大
节气门位置传感器	可变电阻式	发动机启动困难；怠速不稳，易熄火；发动机工作不良，加速性差；发动机动力下降
	触点开关式	发动机启动困难；怠速不稳或无怠速，易熄火；发动机动力性差，爬坡无力；不能进行减速断油控制
进气温度传感器		怠速不稳，易熄火；启动困难；发动机性能不佳，混合气过浓，油耗增大
气缸温度传感器		启动困难，特别是冷启动；怠速不稳，易熄火；发动机性能不佳

续表

元件名称		故障现象
怠速控制阀		启动困难;怠速不稳,易熄火;怠速过高;发动机易失速
氧传感器		怠速不稳;油耗量大;排放高
活性炭罐电磁阀		发动机性能不佳;怠速不良;空燃比不正确
爆燃传感器		发动机易爆燃,特别是加速时爆燃明显;点火正时不准,发动机工作不良
点火信号发生器	磁感应式	发动机无法启动;发动机工作不良,运转无力;怠速不稳,间歇性熄火;发动机不易启动;点火高压较低
	霍尔式	
	光电式	
曲轴位置传感器		发动机无法启动或启动困难;加速不良,怠速不稳;间歇性熄火
电动燃油泵		发动机启动困难或无法启动;发动机工作不良,运转不稳,发动机运转中有"打嗝"现象;喷油器不喷油;发动机运转无力,加速性差
燃油滤清器		发动机启动困难或无法启动;发动机启动后熄火或运转中熄火;发动机运转无力,加速性差
燃油压力调节器		发动机启动困难或无法启动;发动机加速无力,高速性能差
喷油器		发动机工作不稳;发动机加速无力,动力性差

5 发动机电控系统常见故障的诊断与排除

电喷摩托车的常见故障主要有发动机不能启动或启动困难(发动机不转或转动缓慢,启动后转动正常)、发动机怠速不良或运转不稳、发动机经常熄火、发动机功率不足、排气管放炮、发动机喘气、加速不良等现象。

现以五羊 WY125-16D 型摩托车为例,说明电喷系统常见故障诊断与排除方法,见表 3-3。

表 3-3 五羊 WY125-16D 型摩托车电喷系统常见故障诊断与排除方法

故障现象	故障原因	排除方法
发动机难启动甚至不能启动	(1)紧急停车开关未打开或损坏 (2)油箱无油 (3)燃油开关未开 (4)喷油器不喷油(电压过低) (5)喷油器不喷油(有气泡) (6)喷油器损坏 (7)ECU 损坏	(1)调整或修理 (2)油箱加油 (3)打开燃油开关 (4)试用脚启动 (5)排除气泡 (6)更换喷油器 (7)更换 ECU

续表

故障现象	故障原因	排除方法
发动机难启动甚至不能启动,但喷油和高压线圈放电正常	(1)火花塞积炭及污垢 (2)火花塞电极间隙不当 (3)火花塞绝缘损坏,电极短路	(1)清理火花塞 (2)调整间隙到 0.9mm (3)更换火花塞
发动机难启动甚至不能启动,高压线圈放电不正常	(1)高压线圈接头松动或烧坏 (2)ECU 点火控制器损坏	(1)接好连接插头或更换高压线圈 (2)更换 ECU
怠速不良,启动后加速放炮或自动熄火	(1)怠速转速未调合适 (2)喷油器油路有气泡 (3)高压线圈接头松动 (4)燃油滤清器堵塞 (5)喷油器出现故障 (6)节气门位置传感器损坏 (7)节气门体损坏 (8)ECU 损坏	(1)重调怠速 (2)运转一段时间后再看,或排除气泡 (3)接好连接插头 (4)清理油箱和燃油滤清器 (5)更换喷油器 (6)更换节气门位置传感器 (7)更换节气门体 (8)更换 ECU
行驶乏力,加大油门时,车速缓慢	(1)节气门操纵系统损坏 (2)节气门位置传感器松动或损坏 (3)喷油器出现故障	(1)检查节气门操纵系统 (2)调整或更换节气门位置传感器 (3)更换喷油器
发动机不能启动或中途停车(当ECU、喷油器正常而压缩压力不够时)	(1)活塞环磨损或折断 (2)活塞环粘住 (3)进、排气门磨损漏气 (4)气缸盖漏气 (5)启动弹簧折断 (6)启动齿轮磨损	(1)更换活塞环 (2)清洁活塞和活塞环 (3)研磨或更换磨损件 (4)更换气缸垫 (5)更换弹簧 (6)更换齿轮
发动机运转不正常,有敲击声	(1)活塞、活塞环、气缸体磨损过大 (2)活塞销孔与活塞销磨损严重 (3)曲轴滚珠轴承磨损 (4)连杆滚针轴承磨损 (5)进、排气门间隙过大 (6)时规链条过松 (7)时规链条张紧条、导向条磨损 (8)凸轮轴、摇臂、摇臂轴磨损,凸轮轴套磨损 (9)进、排气门与气门座接触面过大 (10)发动机运转部位缺油	(1)更换活塞、活塞环和气缸体 (2)更换活塞和活塞销 (3)更换轴承 (4)更换曲轴 (5)调整间隙到 0.05mm (6)更换或调整 (7)更换 (8)更换 (9)研磨、修正 (10)加机油

续表

故障现象	故障原因	排除方法
火花塞正常,但发动机运转不正常	燃油内有水	清理燃油供给系统各有关部件
长期动力不足	(1)燃油供应不畅 (2)气缸、排气管积炭 (3)活塞、活塞环、气缸磨损严重	(1)畅通油路 (2)清除积炭 (3)更换气缸体,配换活塞与活塞环
暂时动力不足	(1)火花塞不良 (2)发动机过热	(1)更换 (2)使发动机冷却,避免长时间高速行驶

电喷摩托车故障码与故障排除方法表见表3-4。

表3-4 电喷摩托车故障码与故障排除方法

故障码	闪灯码	故障内容	故障排除方法
P0106	91	歧管真空压力泄漏	确认真空管路(歧管/进气软管、真空负压管、气门等)是否漏气
P0107	92	歧管真空压力传感器断路/搭铁	
P0108	93	歧管真空压力传感器短路	
P0112	94	进气温度传感器搭铁	(1)确认传感器电阻是否正常,25℃时阻值为2725~2865Ω (2)确认传感器线路是否搭铁(ECU接脚为P20) (3)确认传感器单体是否异常
P0113	95	进气温度传感器搭铁	(1)确认传感器电阻是否正常,25℃时阻值为2725~2865Ω (2)确认传感器线路是否短路/断路(ECU接脚为P20) (3)确认传感器单体是否异常
P0117	96	机油温度传感器搭铁	(1)确认传感器电阻是否正常,90℃时阻值为888.2~944.6Ω (2)确认传感器线路是否搭铁(ECU接脚为P22) (3)确认传感器单体是否异常

续表

故障码	闪灯码	故障内容	故障排除方法
P0118	97	机油温度传感器短路/断路	(1)确认传感器电阻是否正常,90℃时阻值为888.2～944.6Ω (2)确认传感器线路是否搭铁(ECU接脚为P22) (3)确认传感器单体是否异常
P0563	98	蓄电池电压过高	(1)确认蓄电池电压是否过高(16V以上) (2)确认蓄电池桩头接触是否正常 (3)确认蓄电池是否正常
P0122	12	节气门位置传感器断路	(1)确认传感器单体是否异常 (2)确认传感器线路是否断路/搭铁(ECU接脚为P21)
P0123	13	节气门位置传感器短路	(1)确认传感器单体是否异常 (2)确认传感器线路是否断路搭铁(ECU接脚为P21)
P0131	14	氧传感器搭铁	(1)确认传感器单体是否异常 (2)确认传感器线路是否断短路搭铁(ECU接脚为P23)
P0132	15	氧传感器短路	(1)确认传感器单体是否异常 (2)确认传感器线路是否短路搭铁(ECU接脚为P23)
P0134	16	氧传感器无反应	(1)确认传感器单体是否异常 (2)确认传感器线路是否断路(ECU接脚为P23)
P0231	17	燃油泵断路/搭铁	(1)确认燃油泵单体是否异常 (2)确认燃油泵线路是否断路(ECU接脚为P1)
P0232	18	燃油泵短路	(1)确认燃油泵单体是否异常 (2)确认燃油泵线路是否短路(ECU接脚为P1)
P0601	19	内存写入错误	Key on和Key off后,重新读取故障码,若无法消除故障码,则应更换ECU
P0261	21	喷油器断路/搭铁	(1)确认喷油器单体是否异常 (2)确认喷油器线路是否断路/搭铁(ECU接脚为P28)
P0262	23	喷油器短路	(1)确认喷油器单体是否异常 (2)确认喷油器线路是否短路(ECU接脚为P28)

续表

故障码	闪灯码	故障内容	故障排除方法
P1351	24	第一缸点火线圈搭铁	(1)确认点火线圈单体是否异常 (2)确认点火系统线路是否搭铁(ECU 接脚为 P27) (3)确认点火线圈电源供应是否正常
P0351	25	第一缸点火线圈短路	(1)确认点火线圈单体是否异常 (2)确认点火系统线路是否短路/搭铁(ECU 接脚为 P27) (3)确认点火线圈电源供应是否正常
P1650	26	故障指示灯断路/搭铁	(1)确认指示灯线路是否断路/搭铁(ECU 接脚 P14) (2)确认灯泡是否正常
P0650	27	故障指示灯短路	(1)确认指示灯线路是否短路(ECU 接脚 P14) (2)确认灯泡是否正常
P1654	28	转速表断路/搭铁	(1)确认转速表线路是否断路/搭铁(ECU 接脚 P15) (2)确认转速表是否正常
P0654	29	转速表短路	(1)确认转速表线路是否短路(ECU 接脚 P15) (2)确认转速表是否正常
P1117	31	水温表断路/搭铁	(1)确认水温表线路是否断路/搭铁(ECU 接脚 P12) (2)确认水温表是否正常
P1118	32	水温表短路	(1)确认水温表线路是否短路(ECU 接脚 P12) (2)确认水温表是否正常
P0508	36	怠速控制阀断路/搭铁	(1)确认控制阀线路是否断路/搭铁(ECU 接脚 P24) (2)确认控制阀单体是否正常
P0509	37	怠速控制阀短路	(1)确认控制阀线路是否断路/搭铁(ECU 接脚 P24) (2)确认控制阀单体是否正常
P0335	38	信号受干扰影响	(1)确认曲轴位置传感器线路是否异常 (2)更换传感器后故障码是否已消除,若无法消除,则更换 ECU

续表

故障码	闪灯码	故障内容	故障排除方法
P1335	49	曲轴位置传感器断路	(1)确认曲轴位置传感器线路是否断路 (2)更换传感器后故障码是否已消除 (3)确认传感器单体是否正常
P0135	51	氧传感器加热器短路	(1)确认传感器加热器电阻是否正常,阻值为 9.8Ω (2)确认传感器线路是否短路(ECU 接脚为 P10) (3)确认传感器单体是否异常
P1135	52	氧传感器加热器断路/搭铁	(1)确认传感器电阻是否正常,在一般室温(20℃)时阻值为 8.1~11.1Ω (2)确认传感器线路是否搭铁/断路(ECU 接脚为 P10) (3)确认传感器单体是否异常

四、典型车型电喷摩托车故障维修实例

1 川崎 Z1000 型电喷摩托车行驶中发动机自行熄火后不能启动

故障现象：一辆川崎 Z1000 型电喷摩托车在行驶中出现加不上速，动力与车速下降，发动机自行熄火后不能启动。

故障诊断与排除：试启动发动机，发动机不能启动。打开点火开关时没有燃油泵动作声。卸下车体护板、坐垫、燃油箱进行检查，发现燃油泵电源输入线脱离，导致燃油泵断路，停止工作。

该车发动机采用 EFI（空气流量型控制式）燃油喷射系统，燃油泵的作用是给燃油升压，为电磁喷射阀开放时喷油做准备。当燃油泵的电源线断路时，使直流电动机停止工作，不能提高油道中燃油的压力，在电磁喷射阀开放时不能喷射燃油，导致发动机不能启动。

装复脱落的燃油泵电源线后试车，发动机启动容易，故障排除。

2 春兰 CL125-6 型电喷摩托车发动机气门漏气修理后，发动机启动困难

故障现象：一辆春兰 CL125-6 电喷摩托车因气门漏气修理后，

发动机难启动。

故障诊断与排除：检查电喷系统的油、电路，未发现异常。于是检查发动机配气正时，左、右缸进排气门间隙。打开气缸盖罩，使用14mm套筒扳手转动曲轴，使凸轮轴左端键槽朝向左缸进气口，观察左箱盖正时孔刻线标志正好对准飞轮上"TL"左侧刻线，此时，正时链轮上的左侧刻线正好平行于气缸盖上平面，说明进气正时安装无误。再按飞轮上"TL、TR"标记刻线分别检查左、右缸进、排气间隙，均在0.04~0.05mm。拆下火花塞，试着用手指堵住气缸盖火花塞孔，按动启动按钮使曲轴转动，手指感觉气缸内的压力较大，说明气缸压缩压力正常。将火花塞套于高压帽的阻尼帽内，打开点火开关试火，火花塞无火花，说明发动机ECU控制电路有异常情况。于是打开点火开关，ECU指示灯亮起。启动发动机，进入运行状态后ECU指示灯熄灭。此时关闭紧急熄火开关，使发动机熄火。将摩托车坐垫下面的故障诊断接口的两个端子用专用导线短接5s。此时ECU指示灯亮3s灭3s后，开始显示出储存的故障信息。

ECU指示灯闪烁次数为长亮2次、短亮3次。按ECU工作指示灯闪烁的故障码及故障内容表中查找出其故障码为23号，表明传感器线路有故障。

经仔细检查，发现供电传感器线路和接插件存在接触不良现象，重新将接插件插接牢固复装后，按照电喷发动机节气门位置设定方法操作，调整怠速限位螺钉，使节气门完全关闭，再次打开点火开关，ECU指示灯亮起。

启动发动机，进入运行状态后ECU指示灯熄灭，关闭紧急熄火开关，使发动机熄火。然后将故障诊断接口的两个端子短接5s，当前的节气门开度传感器电压值就作为阀体参数存储到"EEPROM"里，同时ECU指示灯稳定闪烁；亮0.5s、灭0.5s……连续四次后，说明电控系统工作正常。此时关闭点火开关，然后再打开点火开关和紧急熄火开关，启动发动机，一次启动成功。

调整节气门调节螺钉，使发动机怠速转速稳定在（1400±100）r/min范围。稍作暖车后上路行驶，趁热机状态停车，再行启动成功，故障排除。

春兰 CL125-6 摩托车电控系统的故障码及故障原因见表 3-5。

表 3-5　春兰 CL125-6 摩托车电控系统的故障码及故障原因

故障码	指示灯闪烁次数		故障原因
	长	短	
11	1	1	大气压力传感器故障
12	1	2	节气门位置传感器短路
13	1	3	节气门传感器断路
14	1	4	发动机温度传感器电压高、短路
15	1	5	发动机温度太低(断路)
16	1	6	进气温度太低(断路)
17	1	7	进气温度太高(短路)
21	2	1	曲轴位置传感器故障
22	2	2	曲轴位置传感器线路故障
23	2	3	传感器线路故障
24	2	4	系统电压低(低于6V)
25	2	5	系统电压高
31	3	1	喷油器1线路故障
32	3	2	喷油器1线路断路
33	3	3	喷油器与电源短路
34	3	4	喷油器线路故障
35	3	5	喷油器2断路
36	3	6	喷油器2与电源短路
41	4	1	点火线圈1故障
42	4	2	点火线圈1断路
43	4	3	点火线圈1与电源短路
44	4	4	点火线圈2故障
45	4	5	点火线圈2断路
46	4	6	点火线圈2与电源短路
51	5	1	油泵输送线路故障

3　春兰 CL125-6 型电喷摩托车燃油严重超耗

故障现象：一辆春兰 CL125-6 型电喷摩托车耗油量突然增加。

故障诊断与排除：电喷摩托车的燃油供给系统中喷油器的喷油量，是由电控系统的 ECU 根据发动机的进气温度传感器、曲轴位置传感器、发动机温度传感器和节气门位置传感器输送的信号及摩托车的负荷信号综合确定并且随时修正的。这些信号中任何一个信号出现异常,都会改变喷油器的喷油量,从而使摩托车的耗油量增加。

进行试车,摩托车行驶的动力性能和加速性能与车速都未发现异常,发动机温度也正常。经分析认为,发动机温度传感器的故障可能性较大。当发动机温度传感器不能提供信号或不能提供正确信号时,ECU即保持其提供的发动机冷态加浓信号,造成耗油量增加。

调取故障码,打开点火开关,等ECU指示灯亮时,启动发动机,在发动机工作中ECU指示灯熄灭后,关闭紧急熄火开关使发动机熄火;将摩托车坐垫下面的故障诊断接口的两个端子跨接5s,此时ECU指示灯亮3s、灭3s后,开始显示储存的故障信息。ECU指示灯闪烁情况为长亮1次,短亮5次,所对应的故障码为"15",表明"发动机温度太低(断路)"。

按照发动机温度传感器电阻值的温度特性,当温度传感器在测定温度80℃时,标定电阻值为$(0.32\pm0.10)k\Omega$。卸下发动机温度传感器,放入水中加热,当水温升高至80℃时测量,其电阻值为23kΩ,表明该发动机温度传感器有故障。

由于该车用发动机温度传感器失灵,不能向ECU提供发动机温度升高的信号,ECU默认并保持发动机冷态启动时的加浓信号,使喷油器的喷油量过大,从而造成耗油量增加。

更换良好的发动机温度传感器后试车,耗油量降低,故障排除。

4 雅马哈GTS1000型电喷摩托车发动机加速迟缓、动力不足

故障现象:一辆雅马哈GTS1000型摩托车,更换排气管后,出现加速反应缓慢、动力不足。

故障诊断与排除:启动发动机进行加速试验,加大油门时发动机转速上升缓慢,排气管冒烟并有较浓的燃油味。表明可燃混合气过浓、燃烧不彻底。

雅马哈GTS1000型摩托车发动机采用EFI燃油喷射系统,电磁阀的喷油量由EFI控制。

根据该车的燃油供给特点和该车的故障现象，检查位于排气管内的氧传感器的性能，发现排气管内氧传感器的电源线没有连接，导致 EFI 没有控制电磁阀喷油量的依据，造成可燃混合气过浓。

连接排气管内的氧传感器的电源线后试车，发动机启动容易，工作平稳，排气管冒黑烟现象消失，车辆行驶的动力性能和加速性能良好，故障排除。

5 本田超级黑鸟 CBR1100XX 摩托车突然熄火后，再启动无法着车

故障现象：一辆本田超级黑鸟 CBR1100XX 摩托车，在行车途中突然熄火，再启动无法着车，同时，故障显示灯不停地闪亮。

故障诊断与排除：本田超级黑鸟使用的是电子燃油喷射系统，其电控系统采用了大量的传感器和执行机构，以便精确地检测发动机各部位的实时工况和执行机构所需的指令，作为本车上的故障自诊断系统会随时对所有的传感器、执行机构和连接线路进行检测，自动查找故障。因此，先找出 CBR1100XX 故障自诊断系统的二孔检查连接器，将连接导线和二孔相连后，打开点火开关（不需启动发动机），此时，故障指示灯开始闪烁，根据故障指示灯闪烁的频率来读取故障码，读取的故障码为 8。故障码表上标明 8 为曲轴转角触发器，说明曲轴转角触发器或与之连接的线路出现问题。

于是断开曲轴转角触发器接插头，用万用表测量其电阻，发现阻值为无穷大，说明接头转角触发器有断路现象。打开曲轴右端小边盖，拆下接头转角触发器，发现其上的连接线断了一根，从而造成电控系统无法知道曲轴转动的角度，从而出现无火。

将连接线焊好后，装复接头转角触发器，取下二孔连接器上的连接导线，打开点火开关，故障指示灯还是不熄灭，说明电控系统里还存有一个故障码。

将蓄电池负极断开约 20s 后，再装复。打开点火开关，故障指示灯熄灭。启动试车，故障排除。

第四章
摩托车传动系统构造与维修

一、摩托车传动系统的基本构造

1 摩托车传动系统的作用及组成

摩托车传动系统的作用是将发动机产生的动力通过变速器来增大转矩或降低转速,再将动力传递给驱动轮,驱动摩托车行驶,并保证摩托车平稳地起步及停车。

传动系统主要由启动装置、离合器、变速器、后传动装置(链条或传动带、传动轴)等部件组成,如图4-1所示。一般来说,离合器、变速器和启动装置是与发动机结合成一体的,组成了一个总成。

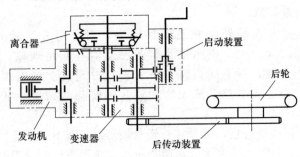

图 4-1 摩托车传动系统

2 离合器

离合器是发动机曲轴与变速器之间的动力传递机构,能够使发动机与变速器可靠地接合或彻底分离；保证摩托车平稳地起步、顺利地变速，使传动机构避免严重冲击；不因负荷突然增大而使发动机熄火等。此外当车辆突然遇到较大冲击时，离合器还能在主动摩擦片和被动摩擦片之间产生打滑，在一定程度上缓解外力对发动机的冲击，从而能对发动机产生一定的保护作用。

常见的离合器有手操纵机械式离合器（又分单片干式离合器和多片湿式离合器）和自动离心式离合器两种，如图4-2和图4-3所示。

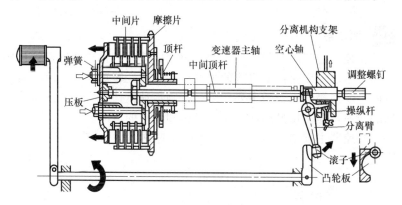

图 4-2 手操纵机械式离合器

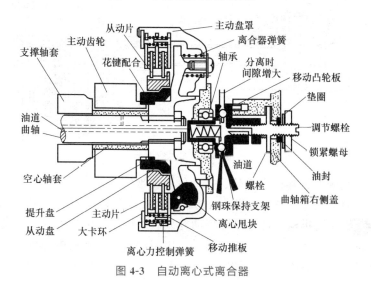

图 4-3 自动离心式离合器

> **小提示**
>
> ● 自动离心式离合器是根据发动机转速的高低,利用重物在旋转时产生的离心力自动控制分离和接合状态的。其特点是工作可靠,不需要专门的操纵机构,也不需要调整。离合器的工作性能与蹄块(甩块)的数目、重量、摩擦系数以及拉簧的拉力有直接关系。

3 变速器

变速器位于离合器之后,主要由变速传动机构和变速操纵机构两部分组成。变速传动机构的主要作用是改变转矩和转速的数值及方向;变速操纵机构的主要作用是控制传动机构,实现变速器传动比的变换,即实现换挡,以达到变速和变矩的目的。

变速器主要有无级变速和有级变速两种,如图4-4和图4-5所示。

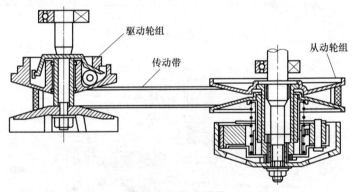

图4-4 无级变速器

无级变速器由主动轮、被动轮和皮带组成。

有级变速器主要由启动机构、变速机构和变挡机构等部分组成。

(1) 启动机构 通过脚踏启动杆或启动机带动启动机构,带动曲轴旋转,达到启动发动机的目的。电启动机构主要由电动机、减速器、超越离合器、蓄电池、继电器和启动按钮等组成。

图 4-5 有级变速器

> **小提示**
>
> ● 为使启动电动机产生足够大的转矩,目前带电启动装置的摩托车一般采用 12V、容量在 7A·h 以上蓄电池。

(2) **变速机构** 通过主、副轴不同齿轮啮合,形成不同挡位,实现变速和改变扭矩。

(3) **变挡机构** 通过外力使拨叉销在变速曲线槽内移动,拨动拨叉沿轴向移动,从而使不同挡位的齿轮对啮合,实现变挡和变速控制。

4 后传动装置

后传动装置是指从变速器输出轴到后轮之间的传动部分。其作用是将变速器传出来的动力,经降低转速、增大扭矩后,再传递给后轮,驱动摩托车前进。

后传动装置常用的传动方式有链条传动、皮带传动、轴传动和齿轮传动四种。微型摩托车多用皮带传动方式作后传动装置,主、从动带轮的大小决定次级减速比。一般摩托车均采用链条传动方式作后传动装置。在变速器的输出轴上有后传动主动链轮,后轮上有从动链轮,用相应的套筒滚子链传递动力。在较大功率发动机的摩托车(如长江 CJ750 型摩托车)上,其后传动方式采用万向节轴传动,并在后轮配有一副螺旋锥齿轮。

坐式摩托车的带传动无级变速器普遍采用减速齿轮装置为其后传动，这种减速齿轮传动装置又被称为后减速箱，是车辆的最终传动机构。

> **小提示**
>
> ● 摩托车上使用最多的是链传动，边三轮摩托车一般采用链条将变速器与后轿总成连接，再通过左、右两根半轴驱动后轮。

（1）**链条传动的组成** 链条式传动是利用链条把发动机的动力由变速器传送到驱动轮。链条式传动机构主要由链条、变速器副轴的

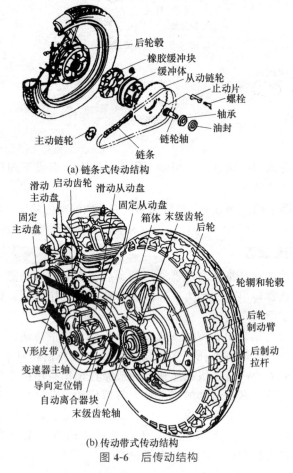

图 4-6 后传动结构

末端主动链轮和后轮轴上的从动链轮等组成,如图 4-6(a)所示。从动链轮用螺栓固定在缓冲体上,缓冲体通过橡胶缓冲块与后轮毂连接。这样,车辆在变速行驶时就不是金属件之间的硬性传递了,而是橡胶件的柔性传递,避免了机件的损坏并使乘坐舒适。

(2) **皮带传动的组成** 皮带传动主要用在轻便摩托车上,一般由 V 形皮带、驱动轮盘和从动轮盘等组成,如图 4-6(b)所示。这种传动方式因前后两个带轮的作用直径可以随着发动机的转速变化而变化,所以能自动改变摩托车的行驶速度,该传动方式结构简单,能获得无级变速,且转速平稳。

(3) **轴传动的组成** 轴传动是利用传动轴将发动机的动力传递到驱动轮上的。轴传动按传动方式的不同,又可分为直轴传动和万向节轴传动两种。

轴传动主要由传动轴、万向节等组成,如图 4-7 所示。万向节式轴传动安装在较大功率发动机的摩托车上,可以有效避免像链传动那种链伸长的现象,因此无需调整,没有油污,传动效率高。万向节式传动装置的传动轴,前、后两端都装有万向节,前端装的是柔性万向节,后端装的是十字轴万向节。

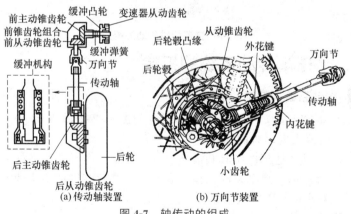

图 4-7 轴传动的组成

(4) **减速齿轮传动的组成** 坐式摩托车的带传动无级变速器普遍采用减速齿轮装置,这种减速齿轮传动系统又被称为后减速箱,是摩托车的最终传动机构。

后减速箱是一个密封的齿轮箱,里面有一定量的机油,箱内有三根轴以及两组传动比恒定的减速齿轮,它的驱动轴为安装无级变速器中的从动轮组和离合器所用,而它的输出轴则与摩托车的后轮直接相接。这种后减速箱与皮带传动无级变速器配套使用。减速齿轮传动的组成如图4-8所示。

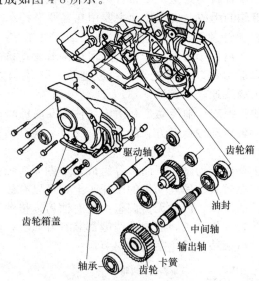

图4-8 减速齿轮传动的组成

二、摩托车传动系统的拆装

1 传动系统拆卸前的准备工作

① 拆卸前,要把发动机外部附着的泥土等杂物清除干净,以防止杂质落入发动机内部。

② 要准备适当的工具和清洁设备,以便干净有效地进行工作。

③ 拆卸前,启动发动机预热数分钟,然后停机泄出变速器油,把主开关拧到OFF位置。

④ 拆下蓄电池正、负两导线。

⑤ 在拆散发动机时,一定要按拆卸顺序把所有拆下的零件都清洗干净,并放置在盘内,以便装配时发生错误。

2 离合器的拆装

由于摩托车离合器的结构不同,其拆装方法也有所不同。

(1) **强制分离内推式离合器的拆装** 强制分离内推式离合器的拆装方法如图 4-9～图 4-12 所示。

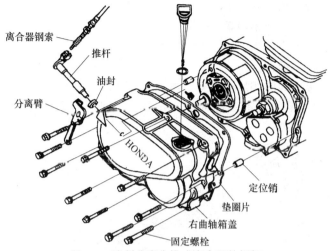

图 4-9 强制分离内推式离合器的拆卸

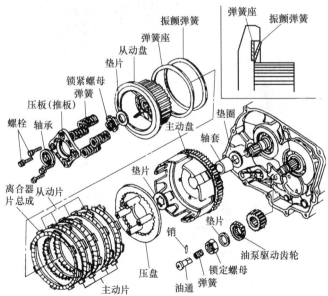

图 4-10 强制分离内推式离合器的拆卸方法（一）

① 拆卸离合器钢索。
② 拆卸离合器固定螺栓。
③ 拆卸离合器分离臂。
④ 拆下右曲轴箱盖。
⑤ 拆下定位销。
⑥ 拆下推杆。
⑦ 按拆卸的相反顺序安装离合器。

许多离合器上有装配标记，如图 4-13 所示。从动盘与离合器

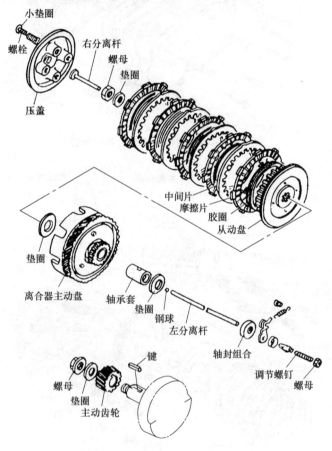

图 4-11　强制分离内推式离合器的拆卸方法（二）

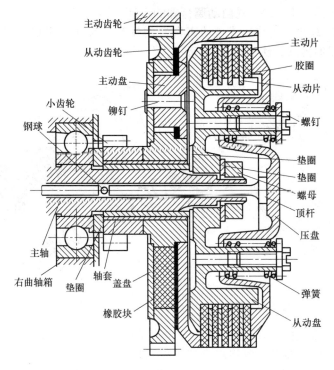

图 4-12 强制分离内推式离合器的装配

分离端盖（或压板）、从动盘与移动盘上都设置有装配标记，以保证装配弹簧后，主、从动片之间顺利压紧，使离合器处于结合状态。

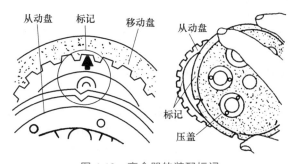

图 4-13 离合器的装配标记

（2）蹄块（飞块）式自动离合器的拆装

① 蹄块（飞块）式自动离合器的拆卸　蹄块（飞块）式自动离合器的拆卸方法如图4-14所示。其拆装方法如下。

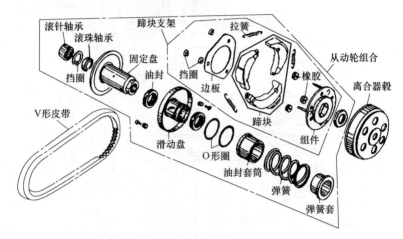

图4-14　蹄块（飞块）式自动离合器的拆卸方法

a. 拆下左曲轴箱盖，拆下主动盘、驱动皮带。

b. 用万能夹持器将离合器外轮盘固定住，拆下固定螺母，然后取下离合器外轮盘、离合器缓冲橡胶及离合器蹄块组合、拉簧。

c. 用离合器压缩器拆卸离合器从动盘弹簧（注意不要过分压缩，以免损伤弹簧）。拆卸时，用台虎钳将离合器弹簧压缩器固定后，拆下离合器专用螺母。

d. 松开离合器弹簧压缩器，卸下离合器从动皮带轮盘，取下弹簧套筒、从动盘弹簧、油封套筒。

e. 拆下油封、O形圈。拆下销轴套、销轴，从从动盘拆下从动皮带轮盘。

f. 必要时，从从动皮带轮盘上拆下滚针轴承，从从动盘拆下挡圈，拉出轴承。

g. 拆下E形挡圈，卸下离合器底板，取下离合器蹄块组合。

h. 从动轮离合器的装配按拆卸相反的顺序进行。

② 蹄块（飞块）式自动离合器的装配　如图4-15所示，3个离心式蹄块穿在主动盘销轴上，用手稍用力将蹄块向内推，使蹄块

夹入橡胶缓冲块上。用尖嘴钳分别挂上 3 个拉簧后，将垫圈和 E 形卡环装在销轴上。

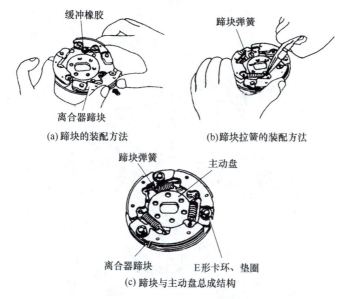

图 4-15 蹄块（飞块）式自动离合器的装配

（3）钢球式自动离合器的拆装

① 钢球式自动离合器的拆卸　国产卧式二冲程发动机的摩托车一般采用钢球式自动离合器。钢球式自动离合器的拆卸方法如图 4-16 所示。

② 钢球式自动离合器的装配　钢球式自动离合器的装配方法如图 4-17 所示。

a. 空心轴套以间隙配合装配在变速器主轴上，轴套与离合器主动盘为间隙滑动配合，主动盘在离合器分离时可以沿轴套空转，离合器在接合状态时，主动盘与轴套为同步旋转。

b. 单向棘轮座与变速器主轴为花键配合，并且由空心轴套将其控制在主轴上相对的一个高度位置。从动盘与变速器主轴也为花键配合，从动盘的底部与棘轮座接触。

c. 空心轴套、止推垫圈、棘轮座和从动盘，这四个零件与变

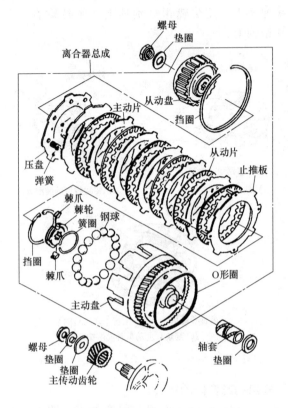

图 4-16 钢球式自动离合器的拆卸方法

速器主轴必须为一个同步旋转体,相互之间绝对不允许有任何松动和旷量,所以在变速器主轴的轴端利用锥形弹簧垫圈和螺母将其紧固压紧成一个同步旋转体。

d. 对自动离合器而言,在静态时(未接合状态)要求主、从动部分为分离状态。对浸油多片式离合器来讲,发动机转速低于某一转速时,离合器的主、从动片之间必须为分离状态,要求离合器装配后主、从动片之间的总间隙应为 1.6mm。

e. 在止推板上的 4 个弹簧销柱上分别穿入 4 个离心力控制弹簧,并且在所有主动片和凸台处设置有穿弹簧缺口,销钉起的作用是防止弹簧移动与主动片产生划碰和摩擦。装配后,主动片上的弹

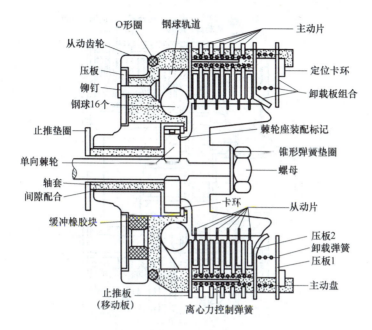

图 4-17 钢球式自动离合器的装配方法

簧缺口与弹簧之间保留有一定的间隙，以满足主动片移动时不能与弹簧接触。4 个弹簧内的销轴短而弹簧长，装配后止推板上弹簧的一端与卸载板接触，卸载板由大卡环固定在主动盘上。

离合器机构的装配如图 4-18 所示。

小提示

- 其他类型离合器的拆卸方法大同小异。

3 变速器的拆装

（1）**皮带式无级变速器的拆装** 皮带式无级变速器又称 CVT，广泛应用于踏板式摩托车之中。

① 前带轮主动轮的拆卸 如图 4-19 所示，在一些车型中，前带轮主动盘风扇叶片中有两个带有定位孔的叶片，用专用工具卡在定位孔内，用套筒拆掉曲轴端面螺母。

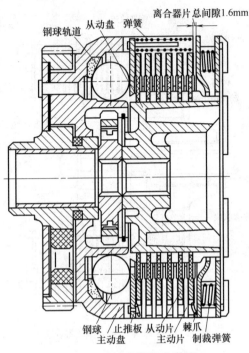

图 4-18 离合器机构的装配

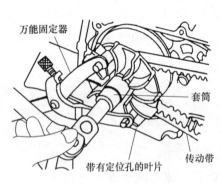

图 4-19 带有定位孔的前带
轮紧固螺母的拆卸

在部分发动机排量为 50~100mL 的车型中,前带轮的主动盘上没有风扇叶片,有的虽然有风扇叶片,但是没有专用工具定位孔,如图 4-20 所示。应先用专用工具卡住发动机右侧发电机转子,再用套筒工具拆掉前带轮端面螺母。也可以按图 4-20 所示,用手捏紧传动带,将套筒工具套在曲轴螺母上,并且用捏传动带的手稳住工具,用手锤敲击工具把,便可在冲击力的作用下拆掉螺母。螺母拆掉后,拿掉主动盘、空心轴套,便可将移动盘取出。

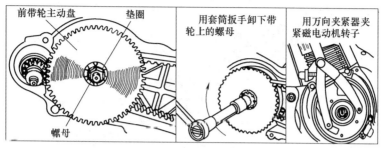

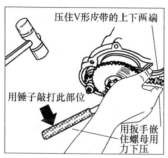

图 4-20 无定位孔的前带轮紧固螺母的拆卸

前带轮的拆卸方法如图 4-21 所示。

② 后带轮从动轮的拆卸 后带轮也称从动带轮,它与离合器组装为一体。后带轮由主动盘、移动盘、弹簧、扭矩凸轮销和螺旋槽组成。移动盘可以在传动带的压力下,克服弹簧的弹力沿主动盘轴颈做轴向运动(移动)的同时,又在凸轮销和螺旋槽的作用下进行一定量的旋转。

如图 4-22 所示,后带轮拆卸时用专用工具卡住离合器盘,用套筒拆掉螺母。也可以利用后制动手柄或脚踏板将后轮制动刹死,用套筒拆掉螺母,将离合器与后带轮总成取出。

用专用工具拆卸离合器的主动盘和后带轮,后带轮与离合器的拆卸方法如图 4-23 所示。

③ 无级变速器的拆卸 无级变速器包括前带轮、后带轮、皮带、离合器等部件,其拆卸方法如图 4-24 所示。

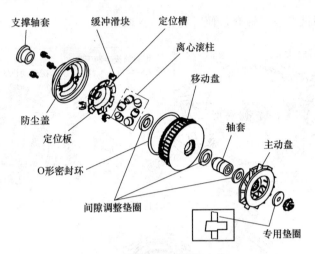

图 4-21 前带轮的拆卸方法

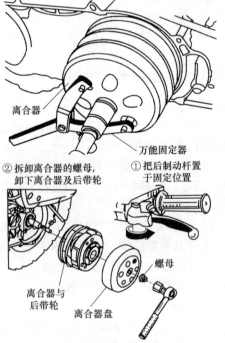

图 4-22 后带轮与离合器的拆卸方法(一)

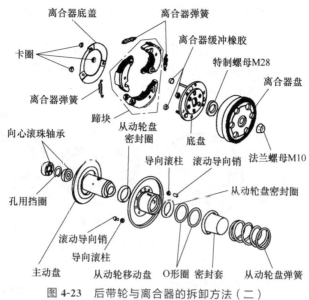

图 4-23 后带轮与离合器的拆卸方法（二）

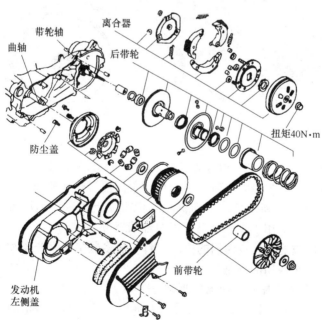

图 4-24 皮带轮无级变速器的拆卸方法

④ 前带轮的装配　如图 4-25 所示，在移动盘轨道内涂上少量黄油，将滚柱装入轨道内，装上定位板、O 形圈、防尘盖，紧固三个螺钉。如图 4-26 所示，用手指压住定位板，以防定位板移动后滚柱在移动盘内错乱或竖立起来。将移动盘穿入曲轴，并在轴套内径涂上少量黄油后，插入曲轴轴颈上。

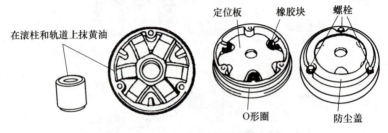

图 4-25　前带轮的装配

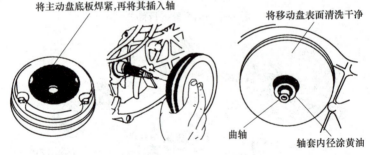

图 4-26　移动盘、轴套的装配

如图 4-27 所示，用双手将后带轮中的移动盘用力向外拉，将传动带装入后带轮，尽可能地让传动带向前带轮处松弛。

如图 4-28 所示，在主动盘花键槽内涂上少量黄油后装在曲轴花键上，用专用工具和套筒紧固曲轴端螺母。

（2）机械式有级变速器的拆装　目前大多数骑式摩托车和少部分踏板摩托车使用的均是这种变速器。

① 有级机械式变速器的拆卸

a. 二速（1 挡、2 挡）变速器的拆卸　二速变速器指的是变速器中设置两个挡位。二速变速器的拆卸方法如图 4-29 所示。

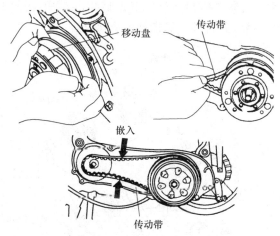

图 4-27 传动带的装配

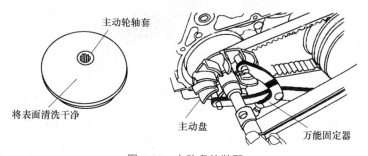

图 4-28 主动盘的装配

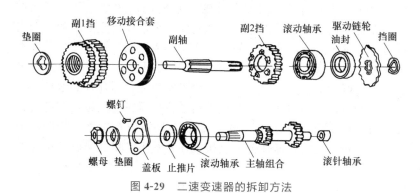

图 4-29 二速变速器的拆卸方法

b. 三速变速器的拆卸　三速变速器指的是变速器设置 3 个挡位，不包括空挡，其拆卸方法如图 4-30 所示。

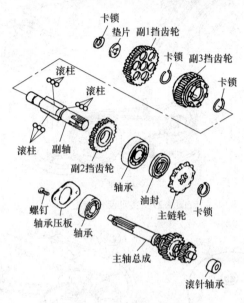

图 4-30　三速变速器的拆卸方法

c. 四速变速器的拆卸　四速变速器的拆卸方法如图 4-31 所示。

d. 五速变速器的拆卸　五速变速器与四速变速器的区别是变速器主轴上有 5 个齿轮，分别与副轴上的 5 个齿轮组成传动副；齿轮的排列不像四速变速器那样主轴上齿轮的齿数从左至右逐渐增多，而是主轴上的 1 挡齿轮与主轴制成一个整体，主轴上的 2 挡齿轮与主轴过盈配合，主轴上的 3 挡齿轮与主轴用花键连接，可以在主轴上轴向移动，4 挡、5 挡齿轮空套在主轴上，主轴的右部用来安装离合器。主轴为一个空心轴，便于安装离合器顶柱和滚柱。

变速器副轴上的 5 个齿轮中 4 挡和 5 挡齿轮与副轴用花键连接并与轴同步旋转。同时，4 挡和 5 挡齿轮还可以在副轴上移动，来完成 1 挡和 2 挡的变速任务。其余的 1 挡、2 挡和 3 挡齿轮均与副轴为间隙滑动配合。

五速变速器的拆卸方法如图 4-32 所示。

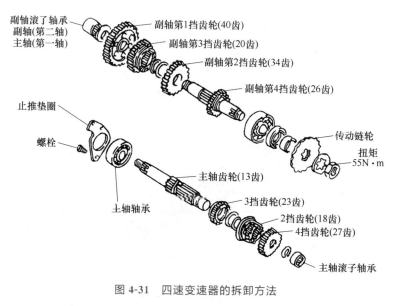

图 4-31 四速变速器的拆卸方法

② 变速器换挡操纵机构的拆卸 变速器和变速器操纵机构一般都装在发动机曲轴箱内。一般摩托车用脚动操纵时操纵踏板装在车体左侧,用左脚踩下变速器踏板时换低速挡,车速降低,抬起脚尖时换高速挡,车速升高。赛车不同,踩下踏板时为提速。

按变速脚踏板动作分为全落式循环变挡、全落式不循环变挡和半落式不循环变挡三种。

按变速拨叉和齿轮动作时的控制零件结构可分为凸轮毂式、规板式、球承式和移动拨叉式四种。

按凸轮毂(轴)操纵的方式分为变速轴直接操纵、推拉臂销轴式操纵、星轮摇架式操纵、齿牙棘轮式操纵等不同的操纵方式。

a. 拨叉滑动在凸轮轴上的换挡操纵机构的拆卸 拨叉滑动在凸轮轴上的换挡操纵机构的拆卸方法如图 4-33 和图 4-34 所示。

b. 拨叉在凸轮轴外的换挡操纵机构的拆卸 拨叉利用拨叉导杆装配在变速器内,而拨叉销轴穿在变速凸轮轴的拨叉槽内,目前绝大部分车辆使用的是这种操纵控制机构。拨叉在凸轮轴外的换挡操纵机构的拆卸方法如图 4-35 所示。

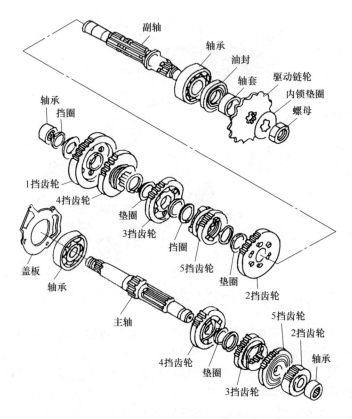

图 4-32 五速变速器的拆卸方法

c. 星轮轴轮摇架式换挡操纵机构的拆卸　变速凸轮轴的动作是依靠装在变速轴上的浮动式摇架拨动变速凸轮轴上的星轮来操纵凸轮轴转动的。星轮摇架式换挡操纵机构的拆卸方法如图 4-36 所示。

星轮摇架式变速操纵控制机构，在拆卸前应首先检查摇架两侧的操纵止口与星轮之间的间隙是否过大，一般要求不大于 1mm，否则说明摇架或星轮两者中必然有一个磨损严重。若这两者之间间隙过大，摇架动作时空载无效做功行程加大，影响齿轮接合爪与结合孔的接合深度，使变速操纵控制机构使用一段时间后，会出现脱挡现象。

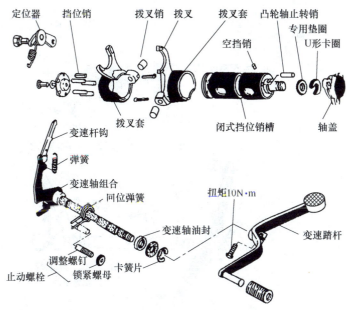

图 4-33 拨叉滑动在凸轮轴上的换挡操纵机构的拆卸方法（一）

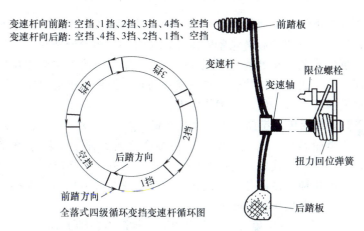

图 4-34 拨叉滑动在凸轮轴上的换挡操纵机构的拆卸方法（二）

4 链传动机构的拆装

（1）拆卸后传动链条　拆卸后传动链条和链轮时，其一般顺序是

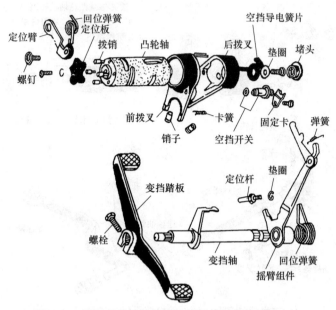

图 4-35 拨叉在凸轮轴外的换挡操纵机构的拆卸方法

先支起车架，卸下曲轴箱盖和罩，取下链条接头弹簧锁片，卸下链条，然后拧下前、后链轮紧固螺母，将前、后链轮分别卸下。

拆卸链条接头处的弹性锁片时，使手钳口一边卡住锁片开口的尾端，另一边卡住锁片非开口端链条销轴，握住钳子使弹性锁片的开口端脱开销轴，然后将锁片取下。

(2) **安装后传动链条**　安装摩托车链条时，一般将链条的断头从发动机链轮转出，送到后链轮上去接合比较方便。在装链条接头时，应注意使连接锁片处于车的外侧，开口方向要指向转动的相反方向，以免锁片被链条的高速转动所产生的离心力甩出，如图4-37所示。装链条接头的方法如下。

① 将连接锁片套入运动方向的第一根链节销轴上。

② 再将开口拨向第二根销轴上，用尖嘴钳将锁片推入第二根销轴端的环槽中卡牢。

由于各车型后传动链条及链轮的安装布置情况不同，故其拆装步骤也不完全一样。

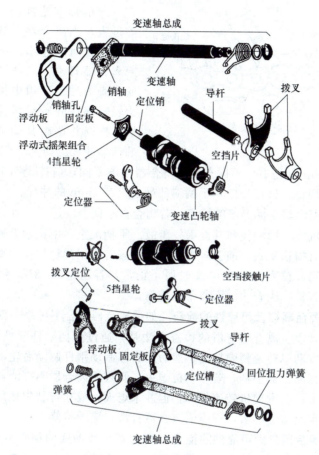

图 4-36 星轮摇架式换挡操纵机构的拆卸方法

三、传动系统的维护与调整

1 离合器的维护

离合器维护的内容主要有离合器片间隙的检查、离合器手柄力度的检查、离合器接合可靠性的检查、离合器分离可靠性的检查和离合器拉索的检查五个方面。

（1）**离合器片间隙的检查** 离合器摩擦片与从动片之间的间隙应

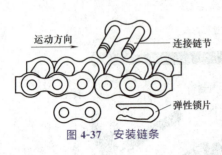

图 4-37 安装链条

在一定的标准范围内。若间隙过大,则离合器会分离不彻底;若间隙过小,则会引起离合器打滑。离合器间隙的检查方法是,用中指和食指轻轻握住并转动离合器手柄,检查并调整其间隙。手柄端部冲程应为 15~20mm,根部为 3mm 左右。不同车型的离合器间隙不同,应按说明书的要求进行调整。根据经验,手柄端部最小应有 1mm 的冲程。

(2)离合器手柄力度的检查 若离合器手柄力度过大,则会使手柄操作沉重,影响操作甚至引发事故。手柄沉重多由拉索上缺少润滑脂或有损伤所致,前者较为常见。检查时可用弹簧秤拉动离合器手柄,当其拉力为 50~60N 时属于正常,若超过 68.8N,则可认定手柄沉重,应查明原因并予以排除。

(3)离合器接合可靠性的检查 如果离合器接合不可靠,就会出现打滑现象。离合器打滑的检查方法是,通过变挡踏杆变换挡位,同时将发动机转速稍微提高,然后用脚踩制动踏杆制动后轮,这时徐徐松开离合器手柄,若发动机熄火,则表明离合器不打滑,技术状况正常;若发动机转速下降,但并未熄火,或在行驶中猛加大节气门时车速却上不去,则表明离合器打滑,应予检修。

(4)离合器分离可靠性的检查 离合器分离彻底的检查方法是,将车架支撑支起,拧放离合器手柄,进行换挡试验。若将离合器手柄握紧并且换挡时有齿轮撞击声,则表明离合器分离不彻底。

(5)离合器拉索的检查 若发现离合器拉索塑料包皮出现龟裂,可用塑料胶带缠紧,以防水浸。离合器拉索损伤与摩托车本身的技术状况有关,故应做好摩托车的整车维护。

2 变速器的维护

变速器维护的内容主要是检查和润滑等。

(1)检查

① 检查外部所有的螺钉、螺母,若有松动,则应进行紧固。

② 检查变速器是否漏油，若有渗漏，则应查明原因，并予以排除。

③ 检查齿轮、花键、拨叉等是否磨损，其相互配合间隙是否符合规定。

（2）润滑

① 润滑油的选用　变速器内的润滑油要求黏度适宜，油性好，低温时容易流动，高温时能保持油膜。所以必须严格按摩托车使用说明书中的规定，根据当地的平均气温，正确使用型号合适的润滑油。

② 润滑油量的检查　初驶 1000km 及行驶 6000km 时要更换润滑油。应定期检查润滑油液位。检查方法是，启动发动机，使发动机在怠速情况下转动数分钟，然后使发动机熄火；用车架将摩托车支撑在平地上，首先检查各油封处及变速器各接合面有无漏油现象，并做好清洁工作；旋出润滑油量尺，将润滑油量尺上的油擦干净，然后将润滑油量尺插入箱体，测量润滑油量（测量时不要将润滑油量尺旋入），若润滑油量低于润滑油量尺下刻度线，则应注入润滑油，使其达到润滑油量尺的上刻度线。

3　离心式无级变速机构的齿形带的维护

① 经常保持齿形带表面清洁，及时清除齿形带上的脏物，切勿与汽油或润滑油接触。

② 如果齿形带的合成纤维绳破断，或已严重磨损，则应更换齿形带。

③ 齿形带的松紧度要调整适当。过紧，齿形带拉力过大；过松，发动机皮带易打滑，磨损加快，车速上不去。

④ 齿形带松紧程度的检查方法是，装上齿形带，用手转动离合器几圈，待齿形带拉紧为止，同时观察齿形带在后皮带轮上的嵌入深度。若齿形带上面距后皮带轮外缘 2mm，则表明齿形带松紧程度合适；如果齿形带松紧不当，应及时调整后叉的位置或更换齿形带。

4　摩托车齿轮传动箱的维护

一般每行驶 3000～4000km，齿轮传动箱应进行一次清洗和更换润滑油的维护。

将摩托车停在平坦的地面上，支起主停车架，启动发动机，让后轮空转 2~3min。然后拧下油面检查螺栓和放油螺栓,放出润滑油。待润滑油放净后装上放油螺栓及其密封垫圈,并拧紧。

从油面检查螺栓孔注入推荐的润滑油,直至润滑油从油面检查螺栓孔流出为止,装上并拧紧油面检查螺栓。

5 离合器间隙的调整

(1) 两轮摩托车离合器间隙的调整　　当摩擦片磨损较为严重,仅靠调整离合器手柄行程不能解决摩擦片打滑或脱离不彻底的问题时,则需要调整右曲轴箱盖里面的调整螺钉。如图 4-38 所示,离合器间隙的调整方法如下。

① 将离合器盖卸下。

② 松开锁紧螺母,转动调整螺钉。逆时针转动调整螺钉时离合器间隙减小,顺时针转动调整螺钉时摩擦盘间隙增大,可根据车辆实际状况进行调整。

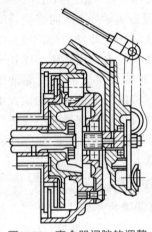

图 4-38　离合器间隙的调整

③ 调整完毕后,拧紧锁紧螺母,装上离合器盖,用车架支撑使后轮离地,启动发动机,检查离合器分离是否彻底,是否保持了离合器手柄的自由行程,若仍未达到要求,则应重复上述调整。

小提示

● 有的摩托车在离合器分离机构处还有调整螺钉,对于这种摩托车,若调整钢丝绳两端的调整螺栓不起作用时,应先将离合器两端的调整螺栓顺时针适当拧紧数圈;然后调整分离机构处的调整螺钉,使离合器顶杆和压盘间具有合适的间隙;最后再调整好钢丝绳两端的调整螺栓,并将锁紧螺母拧紧。

(2) 三轮摩托车离合器的调整

① 将离合器钢索调整螺母及其锁紧螺母松开,使钢索处于松弛状态,如图 4-39 所示。

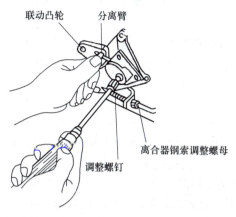

图 4-39　三轮摩托车离合器的调整

② 将调整螺钉自外向内旋转，使分离臂与联动凸轮的凹面刚好接触，用手刚好能使分离臂上的滚子转动。

③ 此时，再将钢索固定螺钉松开，将离合器钢索调整螺母向内旋转，使外皮长度处于最短位置上，然后用手将内线轻轻拉紧，再旋转钢索固定螺钉。

④ 此外，还需对钢索外皮做进一步调整，逐渐向外旋转离合器钢索调整螺母，直到离合器握把最外点的自由行程达到 10～15mm。

⑤ 最后，旋紧离合器钢索调整螺母上的锁紧螺母。

6　变速器的调整

（1）变速器的定期调整

① 用塞尺测量各轴的轴向间隙。当轴向间隙超过 0.20mm 时，应通过增加垫圈厚度来进行调整，并按标准调整转动轴上各个衬套与轴的配合间隙。

② 用游标卡尺测量两轴上各齿轮与挡油盘之间的间隙。当该间隙超过 0.3mm 时，应适当增加垫圈的厚度。

③ 当变速器在空挡时，各挡位的齿轮都能相应地啮合。此时，各齿轮的轴向最外端面的间隙一般不应小于 1mm，以保证齿轮不发生错啮合。

④ 如果接合爪与接合孔在接合时不能紧密地接合，也就是接合

深度不够,那么应调整垫圈的厚度,将齿轮位置移动,以使接合爪与接合孔完全接合。

(2) **脚变速机构的调整** 现以长江CJ750型摩托车为例,说明摩托车发动机脚变速机构的调整方法。换挡是通过踩动脚变速踏板或操纵手变速杆来实现的。

若在行驶中发现用脚变速踏板换挡时挂不上挡(不到位或过挡位),可用手变速杆挂挡。若仍挂不上,则说明内部的接合套拨柱、扇形板磨损,应及时修理或更换。若用手变速杆能挂上挡,说明脚变速机构调整不当,应按以下方法重新调整。

① 从低挡换高挡时不到位,可拧出下调整螺钉少许。
② 从低挡换高挡时过挡位,可拧进下调整螺钉少许。
③ 从高挡换低挡时不到位,可拧出上调整螺钉少许。
④ 从高挡换低挡时过挡位,可拧进上调整螺钉少许。

(3) **凸轮轴式换挡操纵机构的调整**

① 检查推拉臂两边的钩子与换挡凸轮轴上滚针的距离是否相等,如图4-40所示。检查时变速器应处在2挡、3挡、4挡中某一位置。

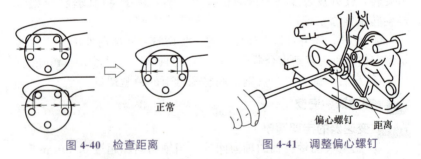

图4-40 检查距离　　　图4-41 调整偏心螺钉

② 若两边距离不等,应调整推拉臂下方的偏心螺钉(图4-41),使两边距离相等。

若调整不好,应检查回位弹簧的两个脚是否紧紧夹在偏心螺钉上,同时这两个脚还应与推拉板的槽平行,可修整回位弹簧使其符合要求,或更换合格的弹簧。

7 链条的检查与调整

(1) **摩托车链条的检查** 检查的方法主要有检查外观、检查磨损、检查张紧度和检查链轮等。

① 检查外观　仔细检查链条有无裂纹、松旷及磨损情况。若链条中的销轴松动、滚子损坏，则应及时进行更换。

② 检查磨损　链条间隙的检查方法是用手抓住齿轮上的链条向外拉，被拉高的部分就是链条的间隙。若链条可拉到链轮齿高的1/2（图4-42），则表示链条磨损严重，应及时进行更换。

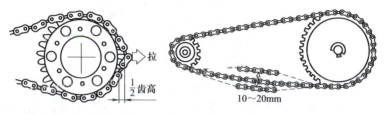

图4-42　检查链条磨损　　　图4-43　链条张紧度

③ 检查张紧度　检查链条的张紧度时，用手指顶起或压下下部链条的中央，其上、下所能摆动的距离就是链条的张紧度，如图4-43所示。

④ 检查链轮　如果链轮轮齿已有严重磨损，那么也会加速驱动链条的磨损。因此，在对驱动链条进行检查的同时，也应对链轮的磨损情况进行检查。若链轮磨损过度（图4-44），则应及时进行更换。

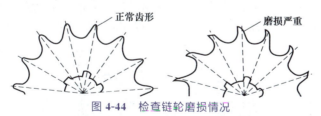

图4-44　检查链轮磨损情况

（2）摩托车链条的调整　摩托车链条调整的方法主要是链条松紧度的调整和链轮偏扭度的调整。由于摩托车型号不同，其链条的张紧度也有所不同。对于一般摩托车而言，其链条张紧度一般为10～20mm，应参照该型号摩托车使用手册上的数据进行调整，方法如下。

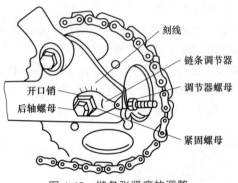

图 4-45　链条张紧度的调整

① 撑起摩托车车架支撑，使后轮离开地面。

② 将后车轮轴上的开口销拆下，拧松后轴螺母和紧固螺母，如图 4-45 所示。

③ 将后制动拉杆调节螺母拧松。

④ 旋拧调节器螺母（顺时针转动调节器螺母，链条被拉紧；逆时针转动调节器螺母，链条被放松），边拧边检查链条张紧度，并使链条调节器上的标记与两边同一位置的刻线成一条直线。

⑤ 将紧固螺母和后轮轴螺母拧紧。如图 4-46 所示，用新的开口销将后轮轴螺母锁住。调整完毕后，用手指抬起链条，边加负荷边按规定力矩拧紧后轮轴螺母，以减小链条调整器的移动，避免拧紧后轮轴螺母时链条松紧变小。最后转动后轮时应转动轻松无阻力，无杂音，检查调整后制动踏板的自由行程至 20～30mm。

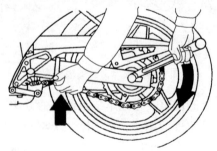

图 4-46　拧紧后轮轴螺母

⑥ 重新检查链条的张紧度。

小提示

● ① 在调整链条松紧度的过程中，应同步调整后轮两侧的链条松紧度调节器螺母，以使前后两个链轮处在同一平面。

● ② 调整好后，还应检查左右调节器与刻度对应位置是否一致。若不一致，应通过调整使其一致。否则，会由于前后链轮不在同一平面，而使链轮偏扭，造成链轮磨偏，还会增加行驶阻力和影响行驶的直线性。

● ③ 在调整后车轮的位置时，制动踏杆的自由行程将发生变化，故还要调整好制动踏杆的自由行程，并拧紧锁紧螺母。

● ④ 若后车轮轴已移动到最后极限位置，但链条仍然过松，则说明链条磨损严重，应更换链条或将链条截短，否则将加速链条的磨损。

(3) 三轮摩托车链条的调整

① 三轮摩托车中链的调整　三轮摩托车链的调整（以 BM021A 型三轮摩托车为例），必须先调整中链，然后才能调整后链。调整中链时，需先将中间轴紧固螺母松开（图 4-47），然后再松开调链杆上的锁紧螺母，这时即可转动调链杆上的调节螺母，致使中间轴与推力杆一起向后移动，直到使中链垂度达到 15～20mm 时为止。最后旋紧中间轴紧固螺母，中链即调整完毕。若中间轴已无法再向后移，而链垂度仍超过规定数值要求时，可将链去掉两节。重新接链时，应注意链活动节的安装方向，其开口端应与链运动方向相反。

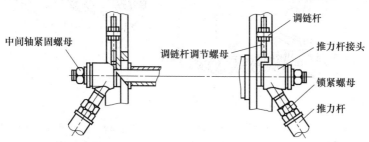

图 4-47　三轮摩托车中、后链的调整

② 三轮摩托车后链的调整　调整时松开两个推力杆上的锁紧螺母，转动两个推力杆，使其向左转，此时后桥及后钢板弹簧即向后移动，使后链张紧。要同时转动两推力杆以保证后桥与车的纵轴线垂直后移。后链的垂度应为 20～30mm。最后旋紧锁紧螺母。

链调整好后，因后桥前、后装置发生了变化，需要重新调整制动系统。

四、传动系统主要部件的维修

1　离合器主要部件的维修

（1）手操纵湿式多片离合器的维修

① 检查离合器外罩和内毂的齿、槽有无裂纹、磨损或损坏，如图 4-48（a）所示。如有，用锉刀修理或更换，如图 4-48（b）所示。

② 检查离合器外罩槽与主动毂（摩擦片）、内毂花键与从动片（离合器片）的配合间隙，如间隙过大，则应更换，如图 4-49 所示。

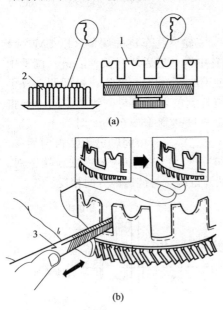

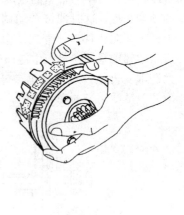

图 4-48　离合器内毂和外罩的维修
1—离合器外壳；2—离合器从动毂（内毂）；
3—锉刀

图 4-49　检查离合器主动毂周向间隙

③ 离合器主动片的维修 如图4-50所示,测量主动片在4个位置的厚度。如果超出规定值范围,应成套更换主动片。若所测得的厚度有50%以上都小于极限值(当标准值为3.0mm时,极限值为2.6mm;当标准值为3.7mm时,极限值为3.3mm)时,应成套更换新的主动片。另外,当发现摩擦面烧毁(呈焦黑状)时,也必须成套更换。测量主动片的爪宽,如果超出规定值,则应更换。

④ 离合器从动片的维修 如图4-50所示,使用平板和塞尺检查从动片的平面度。如果超出规定值范围,应成套更换从动片。

若测得的变形量超过使用极限值(0.2mm)时,可用铜榔头矫正,轻轻敲击凸起部分;无法矫正时,应成套更换。

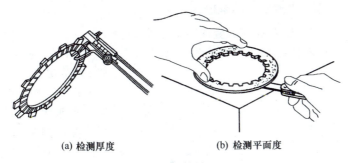

(a) 检测厚度　　　　　　(b) 检测平面度

图4-50　检测离合器主、从动片

⑤ 离合器弹簧的维修 检查离合器弹簧有无裂痕或折断现象,若有,应成套更换离合器弹簧。用游标卡尺检查离合器弹簧的自由长度,如果超出规定值范围,应成套更换弹簧。若一时配件缺货,可在原有的弹簧下加适当厚度的垫片作为应急。

(2) 自动离心蹄块式离合器的维修

① 离合器摩擦盘的维修 用游标卡尺测量离合器摩擦盘与蹄块摩擦片接触部位的内径,若测量值大于使用极限,则应更换离合器摩擦盘。

② 离合器蹄块的维修 用游标卡尺测量离合器蹄块上的摩擦片厚度,若测量值小于使用极限值,则应成套更换蹄块。

③ 离心弹簧的维修 将离心块拉簧拉长至工作长度,检测弹力。拉簧间弹力差若超过规定值,应更换。更换的拉簧,必须是同

一颜色标记。

(3) 自动湿式多片式离合器的维修

① 检查离合器盘表面有无划痕、裂缝或不均匀磨损,如有,应更换。用游标卡尺测量离合器盘内径,如果超出规定值范围,应更换。

② 检查从动片上有无碎屑、裂纹、不均匀磨损,并检查从动片槽深度,若有裂纹、磨损或槽深度过小,应成套更换从动片。

③ 检查离合器弹簧有无拉长或断裂现象,并用游标卡尺测量弹簧的自由长度。如有损坏或自由长度不符合规定值,应成套更换弹簧。

2 变速器主要部件的维修

(1) 齿轮常啮合式有级变速器主要部件的维修

① 齿轮的维修 检查齿轮齿部的磨损或损坏情况,视情况进行修理或更换,如图4-51所示。检查齿轮孔、槽孔、变速槽孔磨损或损坏情况;测定与轴磨损的齿轮内径(带花键的齿轮或者与滚针轴承滑动的齿轮内径不可测量),若大于其使用极限尺寸则更换。

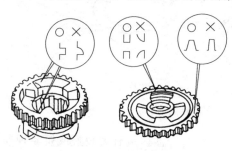

图 4-51 检查齿轮

② 衬套的维修 检查衬套的磨损或损坏情况;测定衬套的内径,若大于使用尺寸则更换;测定齿轮滑动接触的衬套的外径,若小于其使用极限尺寸则更换;计算衬套与齿轮之间的间隙,大于使用尺寸的则更换。

③ 轴的检查 检查主轴、副轴表面的磨损或损坏情况;测定轴与齿轮及衬套滑动基础部分的外径;计算齿轮与轴、衬套与轴之间的间隙。如果上述项目不符合要求,则应更换零件。

④ 换挡凸轮的维修 检查凸轮型槽的磨损情况;检查带轴承的换挡凸轮、轴承旋转是否正常。

⑤ 拨叉的维修　如图 4-52 所示，看拨叉是否变形；测定拨叉的内径，看是否超过使用极限；测量拨叉工作部位的厚度，看是否小于使用极限尺寸。

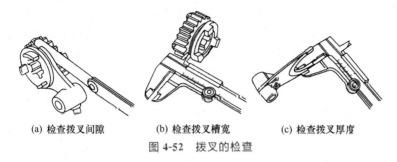

(a) 检查拨叉间隙　　(b) 检查拨叉槽宽　　(c) 检查拨叉厚度

图 4-52　拨叉的检查

⑥ 拨叉轴的维修　检查轴是否弯曲、变形；检查轴工作部位的外径是否小于使用极限尺寸。

（2）**皮带式无级变速器主要部件的维修**

① 传动皮带的维修　检查传动皮带是否龟裂、齿形是否脱落、衬布是否剥离、皮带工作面是否异常磨损或小于使用极限宽度（可以测量皮带的宽度），若有，则应更换皮带。

② 主动皮带轮的维修

a. 检查主动轮、移动摩擦轮的工作锥面（即与传动皮带接触面）的磨损情况，若锥面磨损已形成明显的凹槽，其凹槽深度为 0.4mm 以上时，则说明主动轮或移动摩擦轮工作锥面过度磨损，则应予以更换。

b. 检查主动轮与曲柄轴颈相连的花键齿是否有滑口，若有，则应更换主动轮。

c. 检查移动摩擦轮内侧滚道有无过度磨损或被挤压出现凹坑，若有，则应更换移动摩擦轮。

d. 用内径百分表测量移动摩擦轮轴套孔内径，若测量值大于使用极限值，则说明移动摩擦孔过度磨损，应更换移动摩擦轮。

e. 用游标卡尺测量移动摩擦轮轴套的外径，若测量值小于使用极限值，则说明轴套外表面过度磨损，应更换轴套。

f. 检查离心滚柱有无偏向磨损或损坏，若有，则应成套更换离心滚柱。

g. 用游标卡尺测量离心滚柱外径，若测量值小于使用极限，则说明离心滚柱过度磨损，应成套更换离心滚柱。

③ 从动皮带轮的维修

a. 检查从动轮、移动从动轮的工作锥面（即与传动皮带接触面）的磨损情况，若锥面磨损已形成明显的凹槽，其凹槽深度大于 0.40mm 时，则说明从动轮或移动从动轮工作锥面过度磨损，应予以更换。

b. 用游标卡尺测量从动轮轴套外径，若测量值小于使用极限值，则说明从动轮轴套外径表面过度磨损，应更换从动轮。

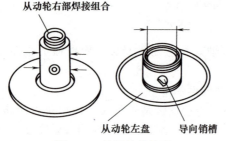

图 4-53 从动轮的检查

c. 如图 4-53 所示，用内径百分表测量移动从动轮轴套孔内径，若测量值大于使用极限值，则说明移动从动轮轴套孔过度磨损，应更换移动从动轮。检查移动从动轮上的导向销槽磨损情况，若导向销槽已磨损成台阶状，导致移动从动轮与从动轮相对轴向移动不灵活，则应更换移动从动轮。

d. 检查移动从动轮上的导向销及导向滚子有无过度磨损或损伤，若有，会导致从动轮与移动从动轮的相对运动不灵活，则应更换导向销及导向滚子。

e. 如图 4-54 所示，检查从动轮上的轴承有无过度磨损或损坏，其转动是否灵活，有无异常噪声。若轴承过度磨损或损坏，或转动不灵活，或转动有异常噪声，则应更换轴承。

f. 检查从动轮大弹簧的弹力以及用游标卡尺测量其自由长度，若弹簧的弹力不足或其自由长度小于使用极限值或折断，则应更换大弹簧。

3 启动装置主要部件的维修

(1) 脚踏反冲启动机构的维修

① 检查启动大、小齿轮有无磨损或损坏，如有，应成对更换启动齿轮。

② 如图 4-55 所示，用弹簧秤测量止转弹簧的摩擦力。如果超出规定值范围，应更换。

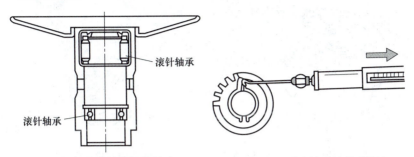

图 4-54 从动轮轴承的检查　　图 4-55 测量止转弹簧的摩擦力

(2) 电启动机构的维修

① 滚柱式超越离合器的维修　拆下超越离合器，如图 4-56 所示，朝逆时针方向转动超越离合器齿轮，应能灵活转动；朝顺时针方向转动超越离合器齿轮，应被牢牢锁住。否则，说明超越离合器有故障，应维修。

检查超越离合器齿轮上的离合器内座圈与滚柱接触面有无过度磨损或损伤，若有，应更换超越离合器齿轮；检查超越离合器外座圈楔形槽的滚道上有无损伤或磨损成凹槽，若有，应更换超越离合器外座圈；检查滚柱有无磨损或损伤，若有，应更换滚柱弹簧。

② 凸轮滚子式超越离合器的维修　拆下超越离合器，如图 4-56 所示，朝逆时针方向转动启动离合齿轮，应能灵活转动；朝顺时针方向转动超越离合器齿轮，应被牢牢锁住。否则，说明超越离合器有故障。

检查超越离合器齿轮上离合器内座圈与凸轮滚子接触面有无磨损或损坏，若有，应更换超越离合器和离合器齿轮；检查超越离合器外座圈与凸轮滚子接触滚道有无损伤或磨损成凹槽，若有，应更换离合器外座圈；检查凸轮滚子组各凸轮滚子有无磨损或损伤，若有，应更换凸轮滚子组。

③ 惯性齿轮式超越离合器的维修　拆下超越离合器，检查超越离合器上小齿轮沿轴向的伸缩，如图 4-57 所示。若不灵活，应更换超越离合器。

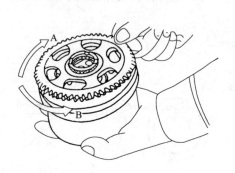

图 4-56 检查超越离合器的运转情况

图 4-57 检查超越离合器工作情况

4 后传动装置主要部件的维修

（1）**传动链条的维修** 检查链条允许伸长极限，可将链条包紧在链轮上，将中间部分的链条拉起，若间隙超过 1/2 齿高，如图 4-58 所示，说明链条过度磨损，则应更换传动链条；检查传动链条有无粘卡现象，如图 4-59 所示，若有，则应清洗润滑或更换传动链条。

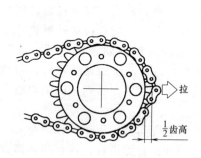

图 4-58 检查传动链条磨损情况

图 4-59 检查链条粘卡情况

链条超过允许伸长极限后，允许拆去两个链节继续使用，当垂度再次无法调整时，该链条必须报废。

（2）**链轮的维修** 摩托车的链轮磨损到齿顶高小于 6.5mm 时（或大于 1/2 齿），说明链轮过度磨损，则应更换新链轮，否则，会加速链条磨损，并出现链条传动噪声。更换链轮时，要同时更换链条，否则，旧链条会加速链轮的磨损。因旧链条的节距被拉长，与新链轮的接触不是在齿根部，而是上升到齿顶圆上。

链节的更换

● 当发现一节或几节链节的滚子或链板出现碎裂而不能修理时，可将碎裂的滚子或链板进行更换。更换的方法：先按截短链条的方法将碎裂的链节截去，然后按销轴松动的修理方法将新链节铆接上去即可。

五、传动系统故障诊断与排除

1 手动干式离合器打滑故障

启动发动机，挂上低速挡，用脚踩制动踏板，然后缓松离合器握把，并加大油门。若发动机未承受负荷，或放松离合器握把可轻易推动车辆前进，则表明离合器打滑。其检修方法如下。

首先检查离合器握把有无自由行程，若没有，应进行调整。若自由行程正常，应检查离合器操纵钢丝绳是否在外套中卡住。若完好，应检查摩擦片是否过薄、铆钉头是否外露。干式离合器应注意检查摩擦片上（如长江 750 型）是否被油或水沾污。若被沾污，不要急于拆离合器，应根据实际情况分析处理。如沾的油液和水分不多，可利用离合器打滑时产生的摩擦热量将油液或水分蒸发掉。若工作一段时间后仍不能消除，表明沾污的油液较多，应拆开离合器，用汽油将离合器摩擦片洗涤干净，并找出摩擦片被沾污的根源，排除漏油、渗油故障。此外，离合器摩擦片严重磨损或损坏，也会造成离合器打滑。

若上述检查均无异常，应检查离合器压簧是否因受热而退火变软或弹力减弱。若发生这种故障，应更换成套弹簧，以保证相同的弹力，若仅因为离合器压簧弹力不足而引起打滑，可在弹簧末端安装厚度为 1～2mm 的垫圈来增加压力。

2 手操纵湿式多片离合器打滑故障

摩托车起步时,手已松开离合器握把,而摩托车仍不能正常起步;行车中,发动机的转速随油门加大而升高,但车速却不能相应加快;摩托车重载时,起步困难;爬坡时,加大油门车辆无力,且离合器容易产生焦煳味;换挡加速时,车速变化不大,加速性能差。若出现上述现象,则表明离合器打滑。

手操纵湿式多片离合器打滑的原因有以下几点。
① 离合器握把自由行程调整不当。
② 离合器弹簧力减弱或折断。
③ 离合器操纵钢索的钢丝与外套配合过紧,钢丝绳不能灵活复位。
④ 离合器分离顶杆弯曲变形而阻滞,无法正常回位。
⑤ 离合器双齿轮固定罩组合的槽子磨成锯齿形,阻碍摩擦片贴合。
⑥ 离合器主、从动摩擦片过度磨损。
⑦ 离合器压盘紧固螺钉松动。
⑧ 润滑油油量过少、太稀或黏度太大。

故障诊断与排除方法如下。
① 检查离合器的自由行程。离合器的自由行程应为10～20mm。若不在此范围,可调整离合器把手处离合器自由行程调整螺管,若需要做较大调整,可调发动机气缸体与曲轴箱结合处的调整螺钉。
② 检查离合器操纵钢索。钢丝在外套内应能灵活拉动,否则表明钢丝在外套内卡滞。其故障是钢丝绳断股或钢丝与外套间的异物所致。钢丝若断股,应更换;若钢丝与外套间有异物,应将离合线浸在汽油或柴油中缓缓拉动,直到钢丝在外套间灵活移动为止,最后将离合线两端加适量润滑油。
③ 检查机油量和黏度,润滑油平面应处于油标上、下限之间。
④ 检查分离顶杆是否弯曲,若弯曲应校正或更换。
⑤ 拆开变速箱右盖,检查离合器压盘的螺钉是否松动,若松动,应紧固。

⑥ 分解离合器，首先检查主、从动摩擦片厚度，应不低于磨损极限值，否则，应更换。同时检查离合器双齿轮固定罩组合的槽子是否磨损成锯齿形，若是，应用锉刀将齿槽锉平，但要保证各槽口宽度一致。修整完毕后用汽油清洗，再用油石打磨平滑。将手操纵握把握到底，主、从动摩擦片没有完全分离，离合器处于半接合半分离状态。

3 自动蹄块干式离合器打滑

自动蹄块干式离合器打滑的故障原因：发动机怠速过高；离心蹄块或离合器摩擦片表面有油污或水；离心蹄块表面的摩擦片严重磨损而脱落；离合器离心蹄块销轴锈蚀；离心蹄块摆动不灵活，弹簧弹力不均衡，长度不一致；离合器内轴油封磨损，润滑油渗漏。

故障诊断与排除方法如下。

① 调整发动机怠速。

② 分解离合器，取出离心蹄块，用干净棉布蘸点儿汽油或酒精将油污擦洗掉。

③ 查看油封是否渗油，若是，应更换。

④ 检查离合器离心蹄块销轴是否生锈，若是，应用细砂纸清除锈迹，并在销轴上涂一薄层润滑油。

⑤ 检查离心蹄块表面的摩擦片是否脱落，若是，应更换。

⑥ 检查离心蹄块弹簧弹力是否均衡，弹簧长度是否一致，若是，应调整弹簧弹力，必要时更换弹簧。

⑦ 在离心蹄块摩擦片上涂一薄层红铅油，复装离合器总成并启动片刻，然后检查离心蹄块的贴合情况。若贴合面积小于70%，应磨削摩擦片，使贴合面积大于70%。

4 自动多片式离合器打滑故障

自动多片式离合器打滑的原因：滚柱（球）导轨斜面、滚柱（球）、限位片、止推盘磨损；离合器压紧弹簧弹力不足或弹簧折断；离合器双齿轮固定罩组合的槽子磨成锯齿形；润滑油过少或润滑油的黏度太低。

故障诊断与排除方法如下。

① 拆下右曲轴箱侧盖，取出离合器并分解，进行进一步检查。

② 检查油平面高度和润滑油黏度,若不正常,应更换润滑油。

③ 检查离合器摩擦片表面是否有烧蚀、脱落或过度磨损,若是,应更换。

④ 检查从动片、导轨斜面、滚柱(球)等处是否磨损变形,若超过使用极限,应更换。

⑤ 检查离合器双齿轮固定罩组合的槽子是否磨成锯齿形,若是,应锉削齿槽,但要保证槽口上下尺寸一致,各槽口宽度一致。完毕后清洗,并用油石打磨平滑为止。

⑥ 检查离合器弹簧是否弹力不足或弹簧是否折断,若是,应予以更换。

5 手操纵湿式多片离合器分离不彻底故障

若将手操纵握把握到底,主、从动摩擦片没有完全分离,离合器处于半接合半分离状态;发动机怠速时,离合器握把虽已握到底,但挂挡困难,变速齿轮发出撞击声;摩托车起步时,还没有松开离合器握把就向前行驶;摩托车制动时,容易导致发动机熄火停车,当出现上述现象时,则表明离合器分离不彻底。

离合器分离不彻底故障的原因:离合器握把自由行程过大,分离顶杆间隙过大;离合器钢索的钢丝和外套配合过紧;曲轴箱内机油黏度过大;离合器分离顶杆所调间隙过大;离合器操纵机构过度磨损,如离合器凸轮轴、分离杆等过度磨损;离合器双齿轮固定罩组合的槽子磨成锯齿形;离合器摩擦片损坏或破裂;离合器弹簧弹力不足,摩擦片受力不均匀等。

故障诊断与排除方法如下。

① 检查离合器握把自由行程。调节离合器握把自由行程至规定值,一般在10~20mm。

② 调整离合器分离调整螺钉。先松开锁紧螺母,再用螺丝刀沿顺时针方向将分离螺钉向里拧,直到有轻微阻力(即顶住分离杆)。然后沿逆时针方向向外拧1/4圈,最好控制分离调整螺钉不让其转动,固定好锁紧螺母即可。同时也要检查离合器凸轮轴上的凸轮、分离杆、钢珠(或轴承)的磨损情况。

③ 检查拉动离合器操纵钢索的钢丝是否有移动卡滞现象,若

有，应浸油、清洗并在外套中浸入润滑油。

④ 检查变速箱内润滑油黏度是否过大，若是，应更换新润滑油。

⑤ 拆开离合器，检查离合器弹簧弹力是否均匀，主、从动摩擦片是否过度磨损或变形，主、从动摩擦片间是否有碎片或异物，离合器双齿轮固定罩组合槽子是否磨损成锯齿形。

6 自动蹄块式离合器分离不彻底故障

摩托车发动机怠速时，挂挡困难，并发生齿轮撞击声；摩托车挂挡起步时，未加油却向前行驶；摩托车制动时，容易导致发动机熄火停车，则表明离合器分离不彻底。

离合器分离不彻底故障的原因：发动机怠速过高；离合器弹簧脱钩、折断或弹力过小。

故障诊断与排除方法如下。

① 调整发动机怠速，使其转速保持在 (1400±140)r/min。

② 检查弹簧是否脱钩、折断或弹力过小。若脱钩，挂上即可；若弹簧折断或弹力减弱，应全部更换弹簧。

7 自动多片湿式离合器分离不彻底故障

自动多片湿式离合器分离不彻底故障的原因：发动机怠速过高；回位弹簧折断或弹力减弱；滚柱（球）导轨、滚柱（球）过度磨损；离合器自由间隙调整螺钉调整不当；离合器总轴轴向间隙过小；离合器从动摩擦片变形过大；离合器双齿轮固定罩组合的槽子磨成锯齿形；曲轴箱内润滑油过多，润滑油黏度过大。

故障诊断与排除方法如下。

① 调整好怠速。

② 检查离合器间隙调整螺钉的位置是否正常，若不正常，应进行调整。其方法是，先松开曲轴箱右侧盖上离合器调整螺钉锁紧螺母，用螺丝刀按顺时针方向转动，当感觉有轻微阻力时再按逆时针方向转动调整螺钉 1/8～1/2 圈，直到拧紧锁紧螺母。然后试车，直到离合器分离而不打滑即可。

③ 检查曲轴箱内的润滑油是否过多，若是，应放掉一些，使油量在标尺的上、下刻度之间。若润滑油黏度太大或油质太脏，应予以更换。

④ 检查离合器回位弹簧，若折断或弹力减弱，则应更换。

⑤ 检查离合器总轴向间隙，若过大或过小，应更换有关零部件，使其轴向间隙符合规定。

⑥ 检查主、从动摩擦片是否变形，若是，则应更换。

8 变速器换挡困难故障

变速器换挡困难是指摩托车行驶中，变换挡位或起步变挡时，可听到"咔咔"的齿轮撞击声，且齿轮难以啮合。

变速器换挡困难故障的原因如下。

① 操作不当，离合器和油门配合不好、离合器分离不彻底。

② 自动离心式离合器发动机怠速过高。

③ 换挡凸轮上滑槽磨损。

④ 变速拨叉轴、拨叉变形或过度磨损。

⑤ 换挡凸轮挡板调整不当等。

故障诊断与排除方法如下。

① 检查自动离心式离合器发动机怠速是否过高，若是，应进行调整。

换挡困难如果不是因为离合器分离不彻底、怠速过高、操作不当而造成的，应进一步检查变速器内部结构。

② 换挡困难如果不是因为离合器分离不彻底、怠速过高、操作不当而造成的，应进一步检查变速器内部结构。

a. 换挡凸轮上滑槽损坏或换挡拨叉损坏，都会使齿轮换挡拨叉动作失调，这时应更换换挡凸轮或换挡拨叉。

b. 若是换挡凸轮和换挡拨叉结合部位出现伤痕或毛刺，而使换挡拨叉不能在换挡凸轮上顺利工作，应使用细砂布仔细研磨换挡拨叉和换挡凸轮结合部件。

c. 若是齿轮卡死、咬死，应卸下齿轮检查，如损坏，则应更换。

d. 若是变挡轴弯曲变形导致故障发生，则应更换。

9 变速器有异常响声故障

变速器有异常响声是指变速器运转时出现"哗啦哗啦"的响声，或"咯咯"的齿轮撞击声。

变速器有异常响声的主要原因：变速器润滑油位过低或黏度下

降；换挡拨叉变形或磨损；主、副轴花键齿或齿轮内花键槽磨损；齿轮齿面金属剥落、磕伤或个别齿折断后啮合欠佳；主、副轴轴承间隙过大，轴承架损坏，轴承内、外环与轴配合间隙松旷，钢珠或滚针磨损松旷、碎裂或折断，滚道烧蚀、破裂或剥落；变速器内落进异物而引起磕碰声。

故障诊断与排除方法如下。

① 检查变速器内润滑油量和油质黏度，若油量不足，应及时补充；若黏度不足，应更换润滑油。

② 分解发动机，检查拨叉、换挡轨板和换挡曲轴，并检查主、副轴花键齿以及齿轮内花键、齿轮、轴承等。若某部件异常，应予以更换。

10 启动杆踏不下去故障

摩托车进行脚踏启动时，启动杆踏不下，发动机无法启动。

摩托车启动杆踏不下去的故障原因如下。

① 活塞与气缸粘接或卡死。

② 连杆大、小头滚针（套）或曲轴轴承因润滑不良或过热烧蚀。

③ 拨叉、换挡曲轴等部件损坏后卡死齿轮，无法转动。

④ 各齿轮轴的轴向位移过大，造成各变速齿轮偏离原来位置而引起错齿。

⑤ 主、副轴轴承因润滑不良而烧蚀。

⑥ 齿轮齿打掉或异物落在齿轮中间而卡住。

故障诊断与排除方法如下。

① 握紧离合器握把并挂上挡，轻推摩托车，若轻推顺利，则表明曲轴连杆机构有卡滞现象，应分解发动机，检查活塞与气缸是否粘接或卡死，连杆的大、小头滚针（套）或曲轴轴承否烧蚀。

② 若推不动摩托车，则表明变速器被卡死，应检查拨叉及换挡曲轴，并同时检查主、副轴轴承及齿轮等部件是否损坏，若是，则应更换损坏件。

11 电启动装置打滑故障

电启动装置打滑是指打开点火开关，按下电启动按钮，启动机不能带动发动机转动而空转。

电启动装置打滑故障的原因有以下几点。

① 曲轴与飞轮固定的半圆键或键槽损坏（滚柱式离合器和凸轮滚子式离合器）。

② 滚柱（凸轮滚子）过度磨损（滚柱式离合器和凸轮滚子式离合器）。

③ 离合器内座圈与外座圈磨损（滚柱式离合器）。

④ 离合器外座圈楔形槽的滚道过度磨损（滚柱式离合器）。

⑤ 离合器滚柱弹簧变形或折断（滚柱式离合器）。

⑥ 离合器惰性轮与曲轴连接花键齿磨损过重（移动齿轮式离合器）。

⑦ 离合器启动齿轮沿轴向伸缩不灵活（移动齿轮式离合器）。

故障诊断与排除方法如下。

① 滚柱式离合器摩托车电启动装置打滑。转动磁电动机飞轮，若发动机曲轴不能随飞轮的转动而转动，则表明曲轴与飞轮固定的半圆键或槽损坏，应进行修复或更换。若发动机曲轴随飞轮转动而转动，则表明超越离合器有故障，应分解超越离合器，检查内座圈、外座圈、离心滚柱、弹簧、楔形槽等是否损坏，若是，则应更换。

② 凸轮滚子式离合器摩托车电启动装置打滑。转动磁电动机飞轮，若发动机曲轴不能随飞轮的转动而转动，则表明曲轴与飞轮固定的半圆键或键槽损坏，应进行修复或更换。若发动机曲轴随飞轮转动而转动，则表明启动离合器有故障，应分解离合器，检查凸轮滚子、内座圈、外座圈、滚子滚道等是否损坏，若是，则应更换。

③ 移动齿轮式离合器摩托车电启动装置打滑。拆下曲轴箱盖，转动启动惰性轮，若能带动曲轴转动，应检查启动齿轮沿轴向伸缩是否灵活。若不能带动曲轴转动，应检查启动惰性轮、曲轴的花键齿是否打滑，若是，则应更换。

12 摩托车链条、链轮磨损过快

摩托车链条、链轮磨损过快是指摩托车骑行时间（或里程）不长，就出现了链条节距拉长或链轮齿形变尖的现象。除了材料和工艺上的原因之外，还可能有以下几种原因。

（1）**链条太紧** 正常的驱动链条松紧度为 10～20mm。太松了容易掉链子；太紧了则容易磨损，且容易将链条拉长，节距变大，严重时还会使链板断裂、滚柱破碎。

（2）**前后链轮不在一个平面内工作** 这是由于安装、调整不当或车架、后叉变形造成的。这种情况也容易掉链子，而且会加快链条和链轮侧面的磨损。

（3）**链条太脏或缺乏润滑** 应当定期清洗链条、链轮，并加注润油。

13 传动链条易脱落和异响

（1）**造成链条易脱落的主要原因** 链条过松或链条、链轮严重磨损。若仅是链条过松，一般只要按要求重新调整好松紧度即可解决；若是因磨损过度所致，则应更换链条或链轮。

（2）**链条的异响** 若是来自链盒顶部，则表明链条过松，须调整链条的松紧度；如果异响是由链条与链盒的侧面撞击而发出，则是链盒没装正，或前后链轮不在同一平面所引起的，这时应将链盒或链轮重新调整；若链条本身的运动噪声过大，则多半是因为链条磨损过度或润滑不良（干摩擦）所致，此时应清洗、润滑或更换。

六、典型车型传动系统故障维修实例

1 力帆 LF125-24 型摩托车行驶无力

故障现象：一辆力帆 LF125-24 型摩托车，因离合器摩擦片磨损、烧蚀而严重打滑，使摩托车行驶无力。

故障诊断与排除：询问驾驶人得知，该车更换离合器摩擦片与钢片后，摩托车仍行驶无力，连 7°～8° 的坡都上不去。反复检查：发动机启动容易、怠速工作平稳、空载加速反应灵敏；火花塞电极间跳火良好、点火正时；火花塞裙部与电极部分的颜色（棕褐色）表明可燃混合气比例适当；配气正时、气门间隙正确；制动回位良好；润滑油油质良好、油量适当；离合器握把自由行程符合规定要求。故障无法排除。

接车后，启动发动机并进行路试，故障属实。根据摩托车行驶中加大油门加速时发动机转速上升明显但车速不能提高的现象认定，离合器打滑。

接着分解离合器检查。离合器弹簧的弹力很强；按如图4-60所示的方法，用游标卡尺测量离合器摩擦片，其厚度在2.94～3.06mm之间，符合标准要求；按如图4-61所示的方法，置离合器钢片于平板（玻璃）上，用厚薄规测量离合器钢片的翘曲度，其翘曲度均在0.16～0.23mm之间，超过使用极限值（0.05～0.10mm）过多。

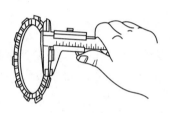

图4-60 用游标卡尺测量摩擦片的厚度

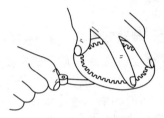

图4-61 用平板与厚薄规测量离合器片的翘曲度

由于离合器钢片翘曲严重，使离合器主、从动片之间的结合力下降，当离合器承载较大的负荷时即出现打滑现象。

更换离合器钢片，加注润滑油后试车，摩托车行驶的动力性能和加速性能恢复正常，时速可达85km/h。故障排除。

注意

在维修摩托车的过程中，无论更换什么零件，即使是新件，安装之前，也必须认真、仔细地检查，测量其几何尺寸，一定要保证所更换的机件符合技术标准的要求。

2 铃木TR125摩托车行驶良好，更换变速器润滑油后，突然出现变速器挂不上挡

故障现象：一辆铃木TR125摩托车行驶良好，更换变速器润滑油后，突然出现变速器挂不上挡的现象。

故障诊断与排除：接车后，推动摩托车，踏动变速踏板，变速踏板虽然动作，但行程很小，变速器的移动齿轮不能移动。启动发

动机，再踏动变速踏板试验，变速器仍挂不上挡。根据上述故障现象，卸下变速器放油螺塞检查发现，变速器放油螺塞上的铝质密封垫圈不知去向，从而确定故障是由于没有铝质密封垫圈造成的。

该车变速器的放油螺塞兼有变速凸轮柱定位的作用。该螺塞的头部带有一个被弹簧顶压的钢珠，受到外力作用时，钢珠压缩弹簧向下移动；而解除外力作用时，钢珠又在弹簧作用下向上移动。该螺塞拧紧后，头部的钢珠刚好处在变速凸轮柱定位板的两销钉之间，起到定位作用，但又不影响变换挡位时凸轮柱的转动。由于漏装该螺塞上的铝质密封垫圈，使该螺塞拧紧后多拧进了一个铝质密封垫圈厚度的尺寸，导致螺塞头部的钢珠越位，阻挡变速凸轮柱定位板上销钉越过，造成挡位不能变换。

在变速器放油螺塞上加装一个厚度适当的密封垫圈，并拧紧后试车，变速器挡位变换恢复正常，故障排除。

3 本田 H100S 摩托车行驶中，挂挡、退挡困难

故障现象：一辆本田 H100S 摩托车，其离合器无论怎样调整，总是分离不彻底；启动后挂挡起步时，有齿轮撞击声，车往前冲并随之熄火；启动后预热 1~2min，上述现象有所好转，但正常行驶中，挂挡、退挡仍很困难。

故障诊断与排除：根据上述故障现象分析认为，故障可能是由于变速箱中机油黏度太大引起的。由于机油黏度大，使离合器摩擦片与中间片不能全部分开，动力不能完全切断，挂挡起步时变速齿轮不能顺利啮合，就会产生撞击声，启动后预热 1~2min，润滑油变稀，离合器就容易分开了，但对挂挡、退挡操作仍然有影响。

该车变速箱原车规定使用本田四冲程润滑油或美国 SE、SF 润滑油，若买不到，可用国产二冲程专用润滑油，10 号和 15 号车用润滑油，或稠化 14 号润滑油代用。

更换合适的润滑油后试车，故障排除。

4 长江 CJ750 型摩托车在一、二挡行驶正常，但挂入三、四挡行驶时，变速器内异常响声

故障现象：一辆长江 CJ750 型摩托车，在一、二挡行驶正常，但挂入三、四挡行驶时，变速器内均发出一种较大的金属撞击声，

随之车辆就发冲。

故障诊断与排除：接车启动发动机并路试，故障属实。接着拆下变速器进行分解发现，变速器第二轴上的三、四挡齿轮外齿与接合套内齿磨损严重，啮合很松旷。这是因为摩托车三、四挡使用较多，啮合时松旷超过技术标准，传力中必然产生冲击而发出异常响声。

更换三、四挡齿轮与接合套后试车，变速器内的异常响声消失，车辆也不发冲，行驶平稳，故障排除。

5 长江 CJ750 型摩托车，在行驶中后传动装置异响

故障现象：一辆长江 CJ750 型摩托车，在行驶中出现后传动装置异响，后轮转动也比前轮沉重。

故障诊断与排除：根据上述故障现象分析认为，后传动装置异响的原因可能是后传动装置缺少润滑油或润滑油变质，导致轴承干摩擦或轴承散架，发出不正常的响声。

首先拆下后轮，分解固定后传动装置的 6 个螺钉，将后传动装置分解，取出轴承、滚针，清洗时发现其滚针已烧蚀脱皮且磨损严重。

更换新滚针和轴承，加注润滑油，组装好后启动发动机进行路试，后传动装置异响消失，后轮转动灵活了，故障排除。

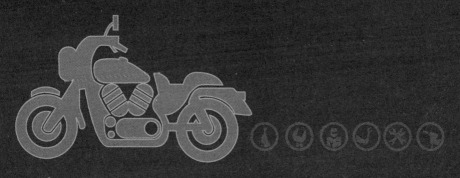

第五章
摩托车行车系统构造与维修

一、摩托车行车系统的基本构造

摩托车的行车系统主要由车体（车架）、转向机构、前叉总成、后悬架总成和车轮（前轮和后轮总成）等部件组成。它的作用是用来支撑整部车及装载的重量，保证操纵的稳定性和乘坐的舒适性。

1 车架总成

车架是摩托车的支撑骨架，它将发动机、传动系统和操纵系统等连接在一起，起骨架作用，并承受全部零部件的重量和行驶时各种外力的作用，因此车架要有足够的强度。它主要包括车架、转向杆、前挡泥板、支撑架、搁脚杆、坐垫、后挡泥板等，如图 5-1 所示。

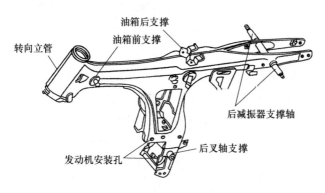

图 5-1　车架总成

2 转向机构

用于控制前轮左、右偏转,改变行驶方向。

3 前叉总成

用于引导摩托车行进方向,将前轮和车架弹性地连接在一起,并将车辆的部分载荷传给前轮,缓减、吸收因路面凹凸不平传递给前轮的冲击和振动。它主要有上下连板、前减振器组合、套筒组合等部件,如图 5-2 所示。

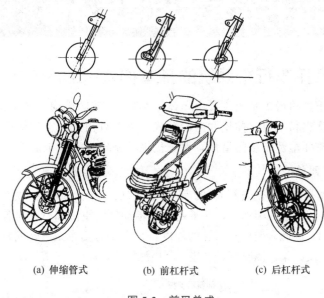

(a) 伸缩管式　　(b) 前杠杆式　　(c) 后杠杆式

图 5-2　前叉总成

4 后悬架装置

摩托车后悬架装置主要用于将后轮安装在车架上,使后轮的驱动力传递给车体,使摩托车获得向前行驶的驱动力。当车轮在不平坦的道路上行驶而发生颠簸时,能使后轮连同后悬架支架和后传动装置一起向上移动,起到缓冲作用,减轻振动。后悬架总成包括上下链壳组合、后摇臂焊接组合、后减振器组合等部件,如图 5-3 所示。

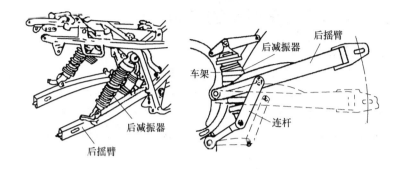

图 5-3 后悬架总成

小提示

● ① 骑式摩托车采用双摇臂式后悬架装置，主要由后摇臂（后轮叉）和后减振器等组成，根据后减振器的安装部位的不同，后悬架装置有双减振（双摇臂）式和单减振（双摇臂）式之分。

● ② 踏板式摩托车多采用单减振（单摇臂）式后悬架装置，主要由发动机悬架、发动机变速传动箱体、后减振器等组成。

● ③ 踏板式摩托车还采用一种双减振（双摇臂）式后悬架装置，它是在发动机的右曲轴箱盖侧增加一个辅助摇臂，并在其后端安装后减振器。125mL 及其以上排量的踏板式摩托车多采用这种后悬架装置。

5 车轮

车轮包括前车轮总成（前轮）和后车轮总成（后轮）两部分。前轮是导向轮，与操纵转向部分配合确定行驶方向；后轮是驱动轮，它接受发动机传递来的动力，驱动车辆前进。

车轮总成主要由车轮和轮胎两部分组成，它们共同完成支撑摩托车全部重量和在路面上的行驶任务。车轮是介于轮胎和车轴之间承受负荷的旋转组件，主要由轮辋、轮辐和轮毂等组成。

二、摩托车行车系统的拆装

1 前悬架的拆装

摩托车前悬架由前轮叉和前减振器两部分组成。

前悬架有伸缩管式（套筒式）和底部杠杆式两种。伸缩管式前悬架装置主要由上下连板、转向柱、减振器及油封等组成。底部杠杆式前悬架装置主要由前叉组件、左杠杆组合、右杠杆组合、减振器及螺栓等组成。

前减振器可分为弹簧式、液力式和油气组合式三种类型。

（1）**前叉的拆卸** 前叉的拆卸方法如图 5-4 所示。

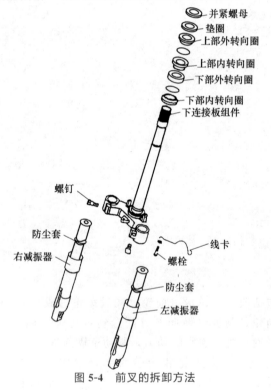

图 5-4 前叉的拆卸方法

（2）**前减振器的拆装**

① 前减振器的拆卸方法如图 5-5 所示。

a. 拆下前轮，然后拧下前挡泥板与前叉底筒的连接螺栓，取下前挡泥板。

b. 拧下转向柱连接板上面与前叉管连接的螺栓。

c. 拆下下连接板侧面两个夹紧前叉管的螺栓。

d. 拉出左、右减振器（不包括上、下罩等零件）。

e. 分别拧下左、右减振筒组件上靠近底筒端部的放油螺塞，将筒内液压油排放干净。

f. 依次从前叉管上取下套盖、弹簧，下导向套和弹簧座。

g. 如图 5-6 所示，用卡环钳拆下内挡圈，然后拉出前叉管，再依次拆下油封、导向套、环形挡圈和活塞。

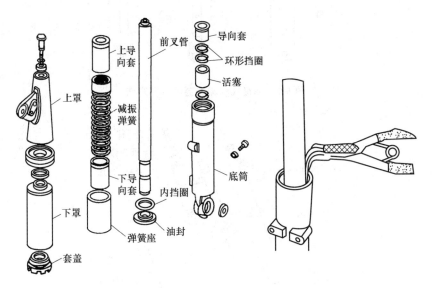

图 5-5　前减振器的拆卸方法　　　图 5-6　拆卸内挡圈

弹簧式前减振器的拆卸方法如图 5-7 所示。液压式前减振器的拆卸方法如图 5-8 所示。油气组合式前减振器的拆卸方法，如图5-9所示。

② 前减振器的装配

a. 将待装配的所有零件清洗干净，并放好。

b. 将前叉活塞安装在前叉管上并装好环形挡圈，然后依次将导向套、油封及内挡圈套在前叉管上。

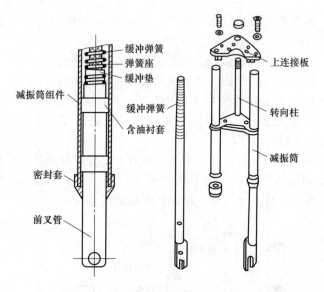

图 5-7 弹簧式前减振器的拆卸方法

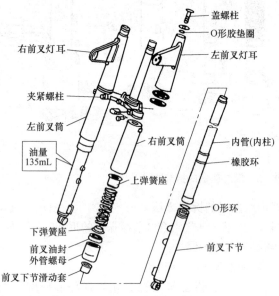

图 5-8 液压式前减振器的拆卸方法

第五章 摩托车行车系统构造与维修

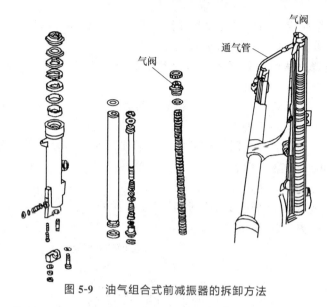

图 5-9　油气组合式前减振器的拆卸方法

c. 将前叉管插入底筒中，并将导向套和油封装入底筒内用内挡圈定位。

d. 在前叉管上依次套上弹簧座、下导向套、减振弹簧、上导向套和套盖。

e. 装上并拧紧底筒上的放油螺塞，然后在前叉管顶部螺孔内注入规定量液压油。注意前叉管不可倒置，且左右减振筒内的液压油油量应相等。

f. 将减振筒穿入下连接板孔内直到推不动为止，然后稍稍拧紧下连接侧面的夹紧螺栓，使减振筒不致下滑。

g. 两减振筒装上后，在底筒下部搁一个支撑物，用力压缩减振弹簧使前叉头部进入上连接板孔内，然后装上并拧紧上连接板螺栓，拧紧力矩为 25～35N·m。接着再拧紧下连接板侧面的夹紧螺栓，拧紧力矩为 25～35N·m。

h. 依次装上前挡泥板、前轮、里程表软轴及前制动操纵钢索。装好后握住转向把，用力往下按几次，看减振器是否上下运动自如。

2　后悬架的拆装

摩托车后悬架由后轮叉和后减振器两部分组成。

（1）后轮叉　后轮叉主要用于连接车架、后轮和后减振器。后轮叉有双臂式、单臂式和整体式三种。

双臂式结构是在后轮叉（又称后摇臂）上支撑着两个后减振器，平衡良好。

整体式摇臂后悬架，发动机和摇臂是一体的，国内外小型坐式摩托车大都采用这种方式。

后减振器有空气阻尼式、液力式、油气式及气簧式四种类型。

（2）后减振器的拆装

① 后减振器的拆卸方法

a. 支起摩托车主支架，拆下后减振器的上、下螺栓，取下减振器，如图5-10所示。

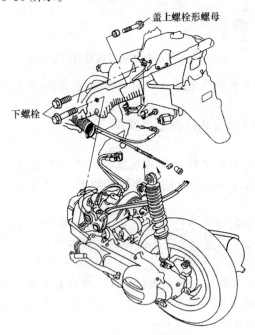

图 5-10　后减振器的拆卸

b. 如图5-11所示，将减振压缩器（专用工具）套在减振筒上，把缓冲弹簧压缩到恰好能将锁紧螺母拆出为止。

c. 扭松锁紧螺母，拆除下接头组件，然后将减振器拆卸，如图

5-12所示。注意阻尼器组件为一个整体,不能拆开。

② 后减振器的装配方法

a. 把减振压缩器套在减振筒上,将缓冲弹簧压缩到阻尼器组件杆部螺纹完全露出为止。然后在杆部螺纹涂上黏结剂。注意不可过分压缩缓冲弹簧,以免使弹簧疲劳不能复位。

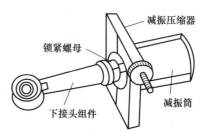

图 5-11 套装减振压缩器

b. 在阻尼器组件的杆部螺纹上套上锁紧螺母,再拧紧上、下接头组件,使上、下接头孔的中心距离符合规定。然后按规定力矩拧紧锁紧螺母。注意,左、右两边减振筒的上、下接头孔中心之差不得大于规定值。

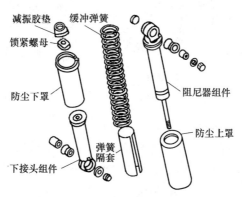

图 5-12 减振器的拆卸方法

c. 拆除减振压缩器,将左、右减振筒装到车架上,然后装上并按规定力矩拧紧上、下螺栓的盖形螺母。注意,上、下接头两面都应装平垫圈。

d. 减振器装好后,使后轮着地,将坐垫往下用力按几次,看减振器是否上、下活动自如。

3 车轮的拆装

车轮的拆装主要是前轮和后轮的拆装,其拆装方法如下。

(1) 前轮的拆装

① 前轮的拆卸　用枕木垫在发动机下,使前轮离地,然后拆下软轴线,再拆前轮轴螺母,最后取下前轮轴和前轮。前轮的拆卸方法如图 5-13 所示。

② 前轮的装配。按拆下时相反的顺序装回前轮。将前轮轴从右边装入轴孔,需注意限位块与速度针上的凹槽定位,然后拧紧前轮轴螺母。装配完成后,制动几次并检查轮胎的旋转是否灵活。前轮的装配方法,如图 5-14 所示。

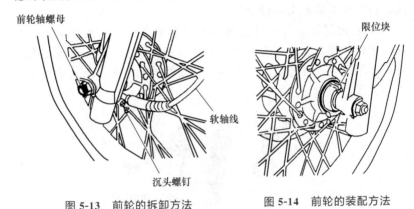

图 5-13　前轮的拆卸方法　　　　图 5-14　前轮的装配方法

(2) 后轮的拆装

① 后轮的拆卸　用支架支起摩托车;拧下后轮制动调节螺母,将制动调节螺杆从制动臂上取出;从制动毂上拆下后制动限位板,

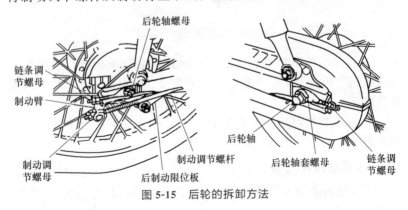

图 5-15　后轮的拆卸方法

拆下螺栓、限位螺母、垫圈、O形圈等；松开链条调节螺母；拆下后轮轴套螺母、后轮轴螺母，取出后轮轴；从平叉上拆下后轮。后轮的拆卸方法如图5-15所示。

② 后轮的装配　装配顺序与拆下的顺序刚好相反；用规定的力矩拧紧螺母；调整制动和链条；制动几次并检查轮胎是否灵活。

三、行车系统的维护与调整

1 摩托车减振器的维护

摩托车减振器维护的内容主要是清洁、检查和防锈。

（1）清洁　做好减振器经常性的清洁及除尘工作，能减少减振油的污染和油封的磨损，延长减振器的使用寿命。

① 前减振器的清洁　前减振器的重点清洁部位是内叉管。每次用车前和用车后都应擦干净内叉管上的灰尘及油污。若摩托车行驶环境中灰尘较多，则可买一套合适的防尘套装在内叉管上。已有防尘套的减振器应定期拆下，清洁内叉管。

② 后减振器的清洁　后减振器的重点清洁部位是活塞杆。可用刷子蘸汽油或煤油清洗，再用干布将活塞杆和弹簧擦净。如果摩托车要长时间停放，那么应在内叉管、活塞杆上涂防锈油。

（2）检查

① 检查外管有无撞凹等损伤现象，检查内管有无划伤、磨损现象。

② 检查紧固螺栓是否松动，左右内叉管的固定高度是否一致。

③ 检查油封是否有磨损或破损现象，确定是否需要更换。

④ 若发生撞击事故，则应立即检查减振器的内外叉管、活塞杆等有无变形。

（3）防锈　用去锈油仔细地进行擦拭。除掉铁锈后，应涂抹上防锈油。

2 后减振器的维护

摩托车的后减振器结构较复杂，需要使用专用工具才能拆卸。拆卸时，将后减振器夹在台钳上，先卸下弹簧，再用专用工具打开上盖，放掉减振筒中的油液，然后用汽油清洗干净。清洗时应细心，以免损坏油封，为了清洗干净，应反复压缩减振器杆。通常后减振器要求注满液压油，加油时多次伸缩减振器杆，排净减振器筒中的空气，才能注满液压油，最后按与拆卸相反的顺序组装后减振器。

3 摩托车车轮的维护

摩托车车轮维护的内容主要是轮胎的维护、辐条的维护和轮毂的维护。

(1) 轮胎的维护

① 检查

a. 检查胎面　在行车中途停车或驾车行驶后，都要仔细检查有无异物（如铁钉、金属屑、玻璃碴及碎石块等）附着在轮胎表面，如果发现，应用尖嘴钳或其他工具加以彻底清除。

清除后还要利用一字形小螺丝刀插入被硬物扎过的洞穴内搅动，如有嚓嚓声，则表明异物没有清除干净，应将残留物挖出来。

b. 检查胎温　夏季驾驶摩托车时应特别注意轮胎温度，否则轮胎容易爆破。夏季应保持中速行驶，连续行驶2h后，要停车检查一次轮胎温度，以免轮胎温度过高。可用手摸的方法检查轮胎温度，如果手背靠在胎面上还不烫手，表明轮胎温度还未超过60℃，可以继续行驶。如果胎面很烫手，表明轮胎过热，必须停车使轮胎自然冷却。对于热轮胎，不允许用冷水浇泼，以免造成轮胎损坏。过热轮胎的气压偏高，不允许放气减压。

c. 检查气门嘴　若发现气门嘴倾斜，则应将其调正。调正方法是，将气压调至2/3标准气压，用锤子或硬木棒敲击轮胎，用力方向为使气门嘴调正的方向。将气门嘴调正以后，再将轮胎气压补充到标准压力。

② 检查气压　轮胎气压不足，很容易损坏内、外胎。摩托车驾驶人应备有打气筒，每次出车前须用手压试轮胎看其气压是否足够，也可用木棒轻轻敲击轮胎视其弹性而定，最准确的方法是用压力表测量。若轮胎气压不足，应及时充气。

用压力表测量方法是，在轮胎冷却后进行气压检测，把气压表紧贴在气门芯上，左右倾斜，找出不漏气的位置，检查气压大小。测定结束后迅速拔出，防止漏气。同时目测检查气压，如图5-16所示。

图5-16 目测检查气压

（2）**辐条的维护** 辐条松弛，会造成轮辋变形、轮毂破裂、受力辐条拉断。为此，必须经常检查辐条的松紧程度，松弛的辐条均要拧紧。拧紧辐条是通过旋转辐条螺母来完成的。若有辐条被拉断，则应尽快更换，以免造成轮圈"失圆"。

（3）**轮毂的维护** 要定期对轮毂进行检查，如果发现轮毂有明显的晃动和杂音，则要对轮毂中的滚珠轴承进行检查。若轴承的轴向、径向有较大间隙或听到有杂音，则必须换用新的轴承。

4 轻便摩托车前、后轮的维护

① 应经常调整车轮的自由行程。

② 检查轮胎气压，保证气压正常。

③ 清除外胎花纹沟槽中的铁屑、石块等异物，避免坚硬物损坏内、外胎。

④ 轮胎花纹过度磨损会影响摩托车的动力性和安全性。检查外胎磨损情况，超过磨损极限时应予以更换。一般前、后轮胎胎纹深度小于2mm时，应更换轮胎。

⑤ 应避免轮胎与酸、碱、油等化学物质接触，注意不使摩托车超负荷和超速行驶，并尽可能避免紧急制动。

⑥ 检查前、后轮辐条是否松动、折断。若辐条折断，应及时更换；若辐条松动，应调整紧固。

⑦ 检查内胎气门嘴是否偏歪。若偏歪，应及时放气调正，然后充气，达到规定的气压要求。

⑧ 检查前、后轴承有无松旷现象，若轴承磨损严重，应换用新件。

⑨ 检查前、后轮辋径向跳动和端面跳动是否符合标准，若不

符合标准,应予以校正。

5 车把角度的调整

① 拧松紧固车把的 4 个紧固螺栓,如图 5-17 所示。注意:只要拧松 90°~180°即可,拧得过松反而难以调整。

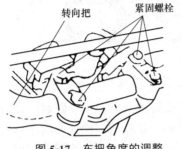

图 5-17 车把角度的调整

② 将紧固螺栓拧松到用手能扳动的程度后,跨上摩托车,左、右转动试一试,找出最合适的驾驶角度。

③ 调整后,将松开的螺栓拧紧。拧紧时,先拧紧前方一侧,然后再拧紧后面。因为转向把需承受很大的负荷,故螺栓要拧得很紧,以防自然松动。

6 方向支柱轴承间隙的调整

方向支柱轴承间隙是通过轴承螺母的松紧来调整的。顺时针拧轴承螺母,间隙减小;逆时针拧轴承螺母,间隙增大。当前车轮抬起时,车把放在中间位置,它能利用前车轮的自重倒向一边,但又不能太灵活,即表示间隙调整合适。在没有装前轮的情况下,用手推动减振柱套管时,减振柱应能绕方向支柱灵活转动。若推到哪里,就停在哪里,则说明轴承间隙太小,应稍松一下轴承螺母。间隙调整好后,应将减振柱螺母拧紧,以防轴承螺母松动。

7 边三轮摩托车边斗的调整

一般边三轮摩托车主车架上都装有两根可调斜拉杆与边斗相连,通过调整前、后两根斜拉杆的长度,使主车架外倾 2°左右,以抵消行驶中的向右偏跑倾向。当行驶中双手感觉用力均匀时,则说明无跑偏现象。若双手用力不一,则为外倾角调整不合适,应重新调整两根斜拉杆的长度。当行驶中感觉左手费力,即左跑偏时,则应将斜拉杆调短;当行驶中感觉右手费力,即右跑偏时,则应将斜拉杆调长。

边斗轮前束量大小的调整可通过调整边斗后横梁上的调节管来实现。将调节管向外移出,前束量增大,反之则减小,一般调成

10~12mm 的前束量为佳。

8 减振器软硬程度的调整

减振器的软硬程度可通过改变弹簧的预紧力进行调整。其方法是用钩形扳手将弹簧调整座转动一个或几个缺口，把弹簧缩短一些。调整时，要使左右两边的弹簧调整座所处高度一致，否则，将破坏车辆平衡。

9 车轮轮辋的调整

摩托车车轮轮辋的径向和轴向跳动超过极限时，应进行调整，使其达到标准值。通过放松或拉紧辐条来进行调整，必须先进行径向圆跳动的调整，然后再进行轴向摆动的调整。其调整方法如下。

① 将装上车轮的轮轴固定，使其在调整检查时不产生变动。把装有百分表的支架靠近轮辋端面和内圈靠端面处，缓缓转动车轮，若百分表上显示的数值超过 2.5mm，就应进行调整。用粉笔在跳动最大处标记，作为调整部位，逐步调整。

② 径向圆跳动的调整。轮圈径向圆跳动量可用百分表进行检查，如图 5-18 所示。经测试，若径向圆跳动量超过 2.5mm，则应进行调整。其调整方法是将装有轮轴的轮圈用支架支起，并将车轴固定，拿一根粉笔靠近轮圈外圆，转动轮圈，轮圈上跳动量较大的地方就会有粉笔画痕，将有粉笔画痕地方的辐条螺母旋松，将其两边的辐条螺母也依次旋松，并且越向两边旋松程度越小，同时将相对一方（直径方向上）的辐条螺母旋紧，旋紧程度也依次减小，这样反复调整，直至径向跳动量不超过标准为止。

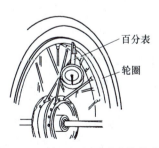
图 5-18 轮圈径向圆跳动的检查

图 5-19 轮圈轴向摆动的检查

③ 轴向摆动的调整。轮圈轴向摆动量也可用百分表进行检查，如图 5-19 所示。经测试，若轴向摆动量超过 3mm，则应进行调整。其调整方法：拿一根粉笔靠近轮圈的侧面边缘，转动轮圈，轮圈上轴向摆动量较大的地方就会有粉笔画痕，将有粉笔画痕地方的辐条螺母旋松，然后将相对一方的辐条螺母旋紧，旋松、旋紧的程度及方法同径向圆跳动量的调整。

④ 轴向跳动调整好后，原来调好的径向跳动会发生变化。因此需精调径向跳动到接近标准值。然后将全部辐条螺母逐渐、均匀地拧紧，以保持辐条及辐条螺母受力均匀。

四、行车系统主要部件的维修

1 前叉的维修

检查前叉杆是否弯曲。如图 5-20 所示，在前叉杆两端垫 V 形铁，用百分表测量其平面度；然后再将前叉杆翻转 180°，测量平面度。两次测量值之差的 1/2，即为弯曲。弯曲度允许极限值，一般为 0.2mm。当车辆因碰撞或使用不当而使前叉弯曲时，应取出前叉杆并放在 V 形铁上，用压力机矫正。矫正后的前叉杆，其径向跳动应小于 0.05mm，即前叉杆与前叉下套筒在全部行程区内应活动自如，不得出现松紧不一的现象。如果弯曲严重或矫正后使前叉杆原弯曲部位失圆，则应更换新的前叉杆。

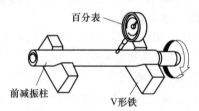

图 5-20 减振柱弯曲度的检查

2 前叉减振器的维修

检查内叉管外表面是否有严重划伤或磨损的痕迹，并检查内叉管是否有弯曲的现象。检查各紧固螺栓是否松动，螺栓松动会造成前叉扭歪；检查外叉管是否有撞凹、损伤现象，如有撞伤应更换；测量减振弹簧的自由长度，若小于规定的极限值，则应更换新件；握紧前制动手柄，用力向下压方向把，检查前叉是否顺利下沉并回升，如有阻滞，则需检查减振器油量、气压、螺旋弹簧、内管有否异常。用螺丝刀等工具卸开防尘罩，检查是否漏油，如果减振器油外溢并积有灰尘，则更换油封；检查左右内管高度是否相等，如不相等，需旋松上、下连板上的紧固螺栓进行调整。

3 后减振器的维修

　　检查后减振器是否漏油、有无损伤，确定是否需要更换；测量减振弹簧的自由长度，看其是否超出使用极限；用双手抓住后摇架的尾部左、右晃动，检查衬套与后摇架轴之间的间隙大小，若超过2mm的极限值，则应更换衬套。用较软的锤子将衬套敲出，检查摇架和衬套有无裂纹、损伤或其他故障。在敲出或安装衬套时，注意不要将衬套敲坏。若衬套磨损严重，则应更换衬套。

　　后减振器常见故障是减振性能差、漏油或弹簧卡住套筒等，应进行修复。进口摩托车后减振筒完全密封，无法拆卸，以整套更换为主。国产摩托车减振筒可以拆卸，大部分为疲劳损伤、密封橡胶圈老化、损坏以及漏油等，可按具体情况修理。

4 轮毂的维修

　　① 检查轮毂本体的外表面，若发现有较重的损伤或裂纹等现象，应予以更换。

　　② 检查轮毂内轴承，若其转动有异响或阻滞，应更换轴承；若其外圈与内圈之间的轴向和径向间隙过大，应更换轴承。

　　③ 检查轮毂轴承座孔，由于轴承座孔经长期使用磨损，或反复多次拆装轴承造成轮毂轴承座孔与轴承配合产生松动，引起车轮左、右甩动，即使更换新轴承也无法消除。对此应更换轮毂，或对轮毂镗削后加套，或在轴承外圆上镀锡加厚，也可用环氧树脂来胶补。

五、行车系统故障诊断与排除

1 摩托车行驶易跑偏故障

　　摩托车行驶易跑偏是指摩托车在行驶过程中必须用力握住车把，稍一松手，车辆就斜向左边或右边。

　　摩托车行驶易跑偏故障的原因主有以下几个方面。

　　① 前、后轮安装不在一条直线上。

② 车把转动不灵活，使车辆失去自我平衡的能力。
③ 前、后两侧减振器减振力不平衡。
④ 车圈变形，圆周不在一个平面内。
⑤ 车架弯曲变形。

故障诊断与排除方法如下。

① 观看前、后车轮是否在一个平面内。若不在一个平面内，应松动后车轮轮轴紧固螺母，用长木条校直后轮位置后调整左边或右边调整螺钉，使前、后车轮在一个平面内。

② 检查后轮辐条的松紧度是否不均，若是，应重排辐条；若轮圈变形，应校正或予以更换。

③ 检查车把转动是否灵活，方向柱紧固螺母是否过紧，转向（滚动）轴承是否磨损过甚，若是，应修理，必要时予以更换。

④ 检查减振器弹簧是否折断，若是，应更换；若液压油不足或两侧油量不等，应补充液压油，使两侧油量相等。

⑤ 检查车架是否弯曲变形，若是，应进行校正；若不能修复，则应换用新零件。

2 方向把转向不灵活故障

在转向过程中双手握方向把感到很费力或时松时紧且转向不灵活。

方向把转向不灵活故障的原因如下。

① 前轮胎充气不足。
② 方向柱调整螺母过紧。
③ 方向柱轴承（滚珠）严重磨损。
④ 方向柱变形较大。

故障诊断与排除方法如下。

① 检查前轮胎气压。若气压不足，则应给前轮充气。

② 检查方向柱调整螺母是否过紧，若是，应将螺母调松，重新调整方向柱。

③ 检查方向柱轴承是否磨损。将轴承拆下并转动。若转动灵活，未有异常响声，则表明轴承正常。若转动不灵活或转动有"哗啦哗啦"异响，则表明轴承已损坏，应予以更换。同时检查滚珠、

紧圈、松圈是否磨损过重，若是，应予以更换。

④ 检查方向柱，若方向柱有较大变形，则应更换方向柱。

3 行驶中方向把晃动或抖动故障

摩托车在平直的道路上行驶时，方向把左、右晃动或抖动，稳定性也较差。

行驶中方向把晃动或抖动故障的原因：前轮胎气压过高；前叉立管上的推力轴承间隙过大或钢珠数量不够；前减振器油量不足或减振活塞等零件磨损严重；前减振弹簧折断或减振器弯曲变形，失去减振性能；车轮径向跳动过大；前叉内管弯曲变形。

故障诊断与排除方法如下。

① 检查前轮胎气压是否过高，若是，则应放气。

② 将前轮频繁接触路面，倾听方向柱轴承处是否发出声响。若有较大的声响，则表明方向柱轴承处间隙过大。

首先检查方向柱锁紧螺钉是否过松，若过松，应紧固。然后检查方向柱轴承（钢珠与座圈）是否松动，若不松动，则用柴油或汽油清洗方向柱、轴承（钢珠与座圈）；若松动，则应予以更换。

③ 若频繁将前轮触地而无声响，则表明前减振器有故障，应检查减振器弹簧是否折断或弹力减弱，阻尼器上的活塞杆是否弯曲或折断，阻尼器是否漏油等，若有异常，应修理或更换。

④ 检查车轮径向跳动。检查车轮轮辋是否失圆或扭曲变形，若是，应校正或予以更换。

⑤ 检查前叉内管是否弯曲变形，若有，则应予以更换。

4 行驶时后轮甩动故障

摩托车在平直路面上行驶时，感觉左、右甩动，不平衡。

摩托车后轮甩动的原因：后轮胎气压过低；后轴螺母松动，没有拧紧；后轮辐条松弛，轮辋扭曲变形；后两侧减振器弹簧弹力不一致或某侧弹簧折断，减振器油量不足；后轮轴承严重磨损；后轮叉与车架连接轴严重磨损。

故障诊断与排除方法如下。

① 检查后轮轮胎气压是否过低，若过低，应充气。

②检查后轮螺母是否松动,若是,应紧固。

③检查后轮辐条的松紧度,若松紧不同,应重新调整;若轮辋失圆或扭曲,应进行校正,必要时予以更换。

④左、右拨动后摇架和车轮,若无摆动现象,则表明后减振器有故障,应逐步检查减振弹簧、阻尼器、活塞、接头、橡胶缓冲套等。视需要,更换后减振器弹簧或添加后减振器液压油。

⑤支起主支架,左、右扳动后轮,若能左、右摆动,再转动后轮,若听到有"哗啦哗啦"的声响,则表明车轮轴承损坏,应予以更换。

⑥用手抓着后摇架的尾部并左、右摇动,若后摇架摆动较大,应检查摇架轴和摇架衬套,若磨损过重,应予以更换。

5 减振器漏油故障

(1) 前减振器顶部漏油 故障诊断与排除方法如下。

①漏装油封,重新装上油封。

②内杆没拉到位,将内杆拉到位。

(2) 前减振器中部油封漏油 故障诊断与排除方法如下。

①油封损坏,更换油封。

②内杆表面粗糙度不够,更换符合要求的内杆。

③内外管同轴度不够,更换符合要求的内外管。

6 减振器弹簧过软或过硬

(1) 前减振器过软 将摩托车的车梯放下,前减振器明显下沉,弹不起来,表明前减振器过软。

故障诊断与排除方法如下。

①前减振弹簧折断或变形,更换前减振弹簧。

②前减振器内润滑油过少,添加前减振器内润滑油。

(2) 前减振器过硬

①若摩托车的前减振器压不下去,或在行驶中发抖,则表明前减振器过硬。

②若前减振器内加油过多,则应放出多余的油,并使油量合适,故障即可排除。

六、行车系统故障维修实例

1 长江 CJ750 型摩托车行驶中一切正常，当打转向把时，就发出一种难听的"吱吱"异常响声

故障现象：一辆长江 CJ750 型摩托车行驶中一切正常，当打转向把时，就发出一种难听的"吱吱"异常响声。

故障诊断与排除：根据上述故障现象，经分析认为故障的原因有下列几种。

① 转向轴承滚珠润滑不良，形成干摩擦而发出的响声。
② 转向把固定滚珠的螺母太松或太紧。
③ 前叉与相关机件发生干扰摩擦而产生的"吱吱"响声。

经仔细检查，发现发响部位在转向把前叉轴承上。于是将摩托车的转向把卸下，拆下转向固定轴承，检查上、下轴承，没有发现异常故障现象。把滚珠轴承清洗擦干净后，涂上适量的润滑脂，重新装配好轴承，启动发动机试车，异常响声消除，故障排除。

2 钱江·铃木 QJ125 型摩托车行驶时转向把抖动

故障现象：一辆钱江·铃木 QJ125 型摩托车，在行驶中转向把抖动严重并有吱吱的刺耳声现象。

故障诊断与排除：接车后启动发动机并进行路试，在行驶中转向把抖动严重并有刺耳的"吱吱"声。停车，支起大支架，使前轮离地，转动前轮进行检查，前轮转动的惯性很差。卸下前轮时发现前轮轮辋轴承里的黄油已经干枯并且油泥很多，轴承的滚珠表面有锈迹。

于是清除轴承里的油泥并将轴承清洗干净，在轴承里涂抹黄油，装复后试车，摩托车行驶时的"吱吱"声消失，转向抖动的现象也消失，故障排除。

3 嘉陵 JH125 型摩托车转向不易控制，车速提不起来

故障现象：一辆嘉陵 JH125 型摩托车，在行驶过程中，转向把左右晃动，转向不易控制，车速提不起来。

故障诊断与排除：接车后进行路试，故障确实。

首先支起摩托车主停车支架。用轮胎气压表测量两个轮胎的气压，显示两个轮胎的气压符合标准值。

接着让一人帮助扶住车体,然后使前轮离开地面,再用手左右晃动前轮,发现前轮有明显的摆动量。

于是检查前轮轴的紧固螺母,没有松动现象,怀疑可能是前轮轮毂轴承损坏。拆下前轮,发现前轮轮毂轴承果真损坏。

更换前轮轮毂的轴承,并将所拆零件装复后试车,故障排除。

注意:由于该摩托车前轮轮毂轴承损坏后,轴承出现较大间隙,车辆行驶时造成前轮左右晃动,引起转向把也左右晃动,使驾驶人难以控制车辆方向。

4 新富先达 FXD125 型摩托车行驶不平稳,后轮摆动

故障现象:一辆新富先达 FXD125 型摩托车(压铸轮),行驶不平稳,后轮摆动。

故障诊断与排除:根据上述故障现象,经分析认为故障的原因主要有轮胎充气不足、缓冲套磨损、轴承磨损、后轮轴紧固螺母松动、轮圈扭曲等。

首先将车架起,用手转动后轮,转动灵活,无松旷。从车轮后边进行检查,后轮转动时轮胎有扭曲现象。检查轮圈轴向及径向跳动量均正常,怀疑轮胎有故障。

询问驾驶人得知,近日后轮胎被扎破,修补时在里、外胎之间垫了一圈橡胶。正是因为加垫了橡胶,造成旋转的轮胎不平衡,使车辆行驶不平稳。

更换一套内、外胎后试车,车辆行驶正常,故障排除。

5 铃木 A100 型摩托车后减振器有异响

故障现象:一辆铃木 A100 型摩托车,当行驶在不平道路上时,后减振器发出明显的撞击声。

故障诊断与排除:根据上述故障现象,分析认为是由后减振器失效造成的。

该摩托车后减振器由弹簧和液压减振装置组成,当车辆在不平道路上行驶时,如果减振筒内缺少油液,减振器的伸缩行程会明显变长,伸长时减振筒就会因拉到尽头而碰出响声。由于该车后减振器的组件为不可拆连接,只能更换减振器总成。

更换减振器总成后试车,故障排除。

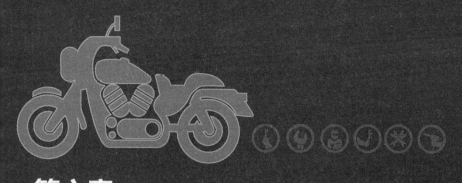

第六章
摩托车操纵机构、制动系统的构造与维修

一、摩托车操纵机构、制动系统的基本构造

1 摩托车操纵机构

摩托车操纵机构如图 6-1 所示,它主要包括转向把、操纵钢索、转向柱组合、制动器及各种操纵开关和握把等部分。它的作用是控制发动机的启动和熄火,摩托车行驶方向和速度,以及制动、照明、信号等的装置,以确保摩托车的行驶安全。

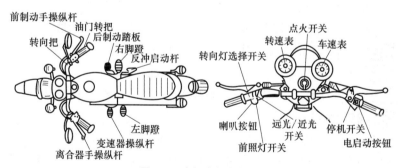

图 6-1 摩托车操纵机构

(1) 转向把 转向把通过螺栓与前悬架系统构成一体,用于操纵前轮,控制摩托车按一定方向行驶。摩托车的转向把操纵装置主要有左握把上的离合器手柄、灯组合开关盒等,以及右握把上的前轮

制动手柄、油门转把（或右握把、油门旋把、油门控制握把）、减压阀手柄（一般摩托车不设置）、电启动按钮等。除此之外，有些大、中型摩托车（如长江750型）还有右握把的点火提前手柄、左握把的阻风门手柄等。

（2）**操纵钢索**　操纵钢索又称操纵拉索，主要由钢丝绳、拉丝头、金属弹簧及塑料软管等零部件组成。摩托车操纵钢索有油门钢丝绳、润滑油泵钢丝绳、离合器钢丝绳和制动钢丝绳。

① **离合器握把**　用于控制离合器的接合与分离状态。

② **前制动拉索**　制动手柄位于制动把手座上，用于控制前制动器，起辅助制动作用。

③ **油门握把**　油门握把位于转向把右方，通过油门拉索与化油器柱塞相连，转动油门握把，即可使化油器内柱塞升降，以改变进入气缸的可燃混合气量，改变发动机的转速，从而控制摩托车的行驶速度。

④ **润滑油泵钢丝绳（采用分离润滑的车上用）**　用于控制润滑油泵柱塞行程来控制润滑油泵的供油量，与油门钢丝绳联动。

（3）**点火调节杆**　用于调节发动机工作时所需的点火角度（自动离心提前点火装置的车辆上无此部件）。

（4）**前照灯开关及变光开关**　前照灯开关及变光开关位于右握把上，用于开闭前照灯，并控制前照灯变换近光和远光。

（5）**转向灯开关**　用于控制转向闪烁器，保证及时提供转向信号。

（6）**制动灯开关**　它的作用是将制动信号及时通知后面车辆。

（7）**喇叭按钮**　用于控制喇叭音响信号的通断。

（8）**点火开关**　用于控制发动机点火线路接通或低压电路断开。

2 制动系统

摩托车制动系统分前、后两种，前制动又叫手制动，后制动又叫脚制动。一般前制动器由右手操作，后制动器由左手或右脚操作。

（1）**制动系统的类型**　制动系统按照操纵驱动方式分类，可分为用钢丝绳或拉杆的机械式和使用制动液的液压式两类；按照摩擦部分结构分类，可分为鼓式（也称蹄式）和盘式（也称钳式）两种。通常摩

第六章 摩托车操纵机构、制动系统的构造与维修

托车多采用鼓式制动器,而功率较大的摩托车多采用盘式制动器。

鼓式制动器也称块式制动器,是靠制动块在制动轮上压紧来实现制动的,其制动系统主要由制动握把、制动钢索、制动凸轮、制动臂、制动鼓、制动盖、弹簧、制动块等零部件组成。

盘式制动器又称碟式制动器,主要有机械式和液压式两种,目前普遍采用的是液压盘式制动器。它由液压控制,主要零部件有制动盘、分泵、制动钳、油管等。

> **小提示**
>
> ● 目前,在高速摩托车和大型摩托车上采用的都是液压盘式制动器。有些国外的大型豪华摩托车上还采用了双盘式液压制动器,它是在液压系统中并联了两套制动钳和制动盘。中、小排量摩托车前轮采用液压盘式制动装置,中排量以上的摩托车前后轮均采用液压盘式制动装置,而且前轮为双盘式制动器。

(2) 制动系统的结构

① 机械盘式制动装置 如图 6-2 所示,支架固定在摩托车上,

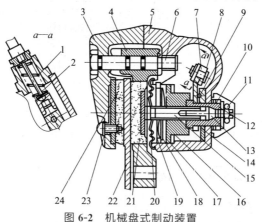

图 6-2 机械盘式制动装置

1—回位簧;2—制动拉筋;3—左钳体;4—支架;5—右钳体;6—支撑轴;7—制动臂;
8—拉筋连接器;9—钢球;10—滑套回位器;11—锁紧螺母;12—滑套;13—调整螺杆;
14—轴承座;15—传力螺杆;16—端面凸轮;17—波形簧;18—垫圈;19—内卡圈;
20—密封罩;21—右制动块;22—制动盘;23—螺杆;24—左制动块

制动钳可在支撑轴上左、右滑动，一个制动块安装在左钳体上，另一个制动块安装在传动螺杆上，间隙由调整螺杆调整，间隙调整合格后由锁紧螺母锁紧。这种机械盘式制动装置一般用在国产小型赛车上。

② 液压盘式制动装置　液压盘式制动装置主要由制动盘、制动钳、制动油管、制动油泵、前制动握把和后制动踏板等组成，如图 6-3 所示。

制动盘安装在轮毂上，和车轮一起转动。制动钳呈夹钳形，安装在减振柱或后摇架上，为固定件，其油缸内活塞外端面或夹钳内侧面都装有制动片。

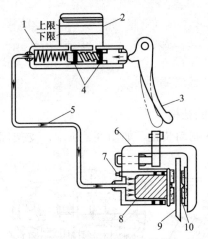

图 6-3　液压盘式制动装置
1—制动主油缸；2—储油缸；3—制动握把；4—密封圈；5—制动油管；
6—制动钳；7—放气阀；8—活塞；9—制动盘；10—制动摩擦片

二、摩托车操纵机构、制动系统的拆装

1 转向机构的拆装

① 拧下前轮轴螺母，抽出前轴，卸下前轮。

② 拆下左、右前减振器，松开上连接板上两个前减振器锁紧螺栓和下连接板上两个前减振器锁紧螺栓，即可卸下减振器。

③ 拆下钢丝绳和仪表传动软轴，拆掉前灯。

第六章 摩托车操纵机构、制动系统的构造与维修

④ 拆下转向柱固定螺栓,并将上连接板和转向柱一起拆下。

⑤ 拆下调整螺母和防尘罩,检查转向柱上端的推力轴承。注意,这时应托住下连接板,否则下连接板和转向柱及滚珠会掉下来。

⑥ 拆下转向柱上端轴承的紧圈,将转向柱从车头管内抽出,检查转向柱下端的轴承。

⑦ 检查轴承磨损情况,如轴承和碗座有磨损时,应换新件。

⑧ 组装时往轴承中涂抹润滑脂,并按与拆卸相反的顺序装复。

⑨ 组装后还应检查轴承的调整状况,应保持转向柱能灵活转动又无旷动。

2 前制动握把的拆卸

前制动握把的拆卸方法如图 6-4 所示。旋下前制动握把固定螺母及螺栓,取下前制动握把和衬套。

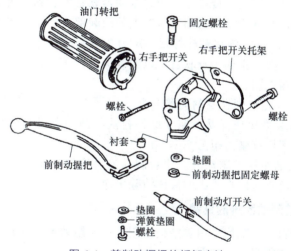

图 6-4 前制动握把的拆卸方法

3 盘式前制动器卡钳的拆装

(1) 盘式前制动器卡钳的拆卸

① 拆卸连接螺栓及铜垫圈。

② 断开制动器软管。将开口端喉管放进容器内,然后小心地把油液泵出。

③ 拆卸定位栓、制动器卡钳组件、制动器摩擦衬块、摩擦衬块弹簧及卡钳托架。

④ 拆卸活塞、活塞密封体。

⑤ 向软管接头开口处吹进压缩空气，从卡钳体推出卡钳活塞。切勿试图撬动活塞，应该用一块抹布盖住活塞，以免活塞从气缸弹出时造成伤害。

⑥ 拆卸活塞密封件。

（2）盘式前制动器卡钳的安装　装配前所有内部零件仅限于使用新的制动液进行清洗。安装时，内部零件应该用制动液加以润滑。一旦卡钳进行解体，就应更换活塞密封件。安装方法如下。

① 安装活塞密封件、活塞。

② 安装卡钳托架、制动器卡钳（暂时安装）、定位螺栓、铜垫圈、制动器软管及连接螺栓。当将制动器软管安装到卡钳上时，应小心，勿让此软管碰到制动器卡钳上的凸起部。卡钳托架螺栓拧紧力矩为35N·m，连接螺栓拧紧力矩为30N·m。

注意：必须正确布置软管，以便确保摩托车运行安全。一定要使用新的铜垫圈。

③ 拆卸定位螺栓及制动器卡钳。

④ 安装摩擦块弹簧、制动摩擦衬块、制动卡钳组件及定位螺栓。定位螺栓拧紧力矩为23N·m。

⑤ 为油箱加注制动液。注意制动液会腐蚀油漆表面或者塑料零件，一定要立即将溅出的液体清除干净。

4 后轮制动系统的拆装

后轮制动系统均采用脚踏板控制。后轮制动系统有鼓式制动器和盘式制动器两种，如图6-5所示。

后轮鼓式制动器一般采用机械杠杆式操纵，主要由制动踏板、制动拉杆、后制动器等组成。

后轮盘式制动器一般采用液压式操纵，主要由后制动踏板、后制动储油缸、后制动主缸、后制动钳、后制动盘等组成。

（1）后轮鼓式制动器的拆装

① 后轮鼓式制动器的拆卸　先拆下排气消声器，然后拆卸后

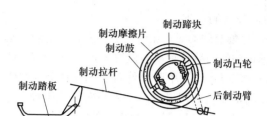

(a) 鼓式制动器

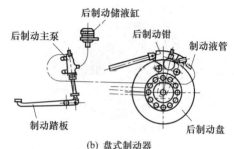

(b) 盘式制动器

图 6-5 后轮制动器

轮轴螺母,卸下后轮。在变速传动箱体右侧,用手指扳开制动蹄,取下制动蹄块及蹄块弹簧。在变速传动箱体左侧,拆下后制动拉杆尾端的调整螺母,将制动拉杆从制动臂上取出。拆下制动臂上的夹紧螺栓,即可从凸轮轴外端上取下制动臂、磨损指示牌等。后轮鼓式制动器零件拆卸方法如图 6-6 所示。

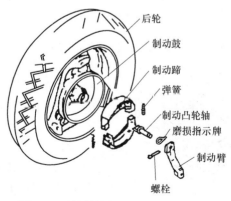

图 6-6 后轮鼓式制动器零件拆卸方法

② 安装后鼓式制动器

a. 安装凸轮轴及制动臂　在凸轮上涂上少量的润滑脂，把凸轮轴上有"·"标记侧朝向后轮轴从右侧穿入制动器底板；将磨损指示牌装入花键轴，注意指示牌孔中凸起处对准花键轴上的凹槽；将制动臂的开口槽与凸轮轴端上的凹槽对准装入凸轮轴花键轴上，如图 6-7 所示。再穿入夹紧螺栓，拧上螺母，将螺母拧紧到规定力矩（8N·m）。

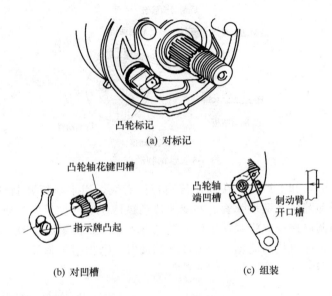

图 6-7　安装凸轮轴及制动臂

b. 安装制动蹄　在制动器底板销上涂上少量的润滑脂。将弹簧装于制动蹄上，用双手掰开两制动蹄，先将制动蹄嵌入销上，然后将制动蹄装到凸轮上，如图 6-8 所示。扳动制动臂，检查制动蹄是否张开、收拢灵活自如。擦去凸轮及销上多余的润滑脂，不可弄脏摩擦片。

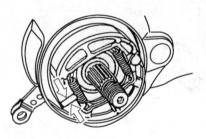

图 6-8　安装制动蹄

③ 安装制动鼓　用干净布擦净制动鼓内表面，千万不可沾有油污。将后轮装于后轮轴花键轴上，装上垫圈和后轮轴螺母，将后轮轴螺母拧紧到规定的力矩。再将排气消声器装上，拧紧安装螺栓到规定力矩。

④ 安装制动拉杆　将制动拉杆穿入制动臂销中，装上调整螺母，按前述的方法和要求，检查调整后制动手柄的自由行程，并将其调整到规定值（15～23mm）。

（2）后轮盘式制动器的拆装　其方法与前轮盘式制动器的方法大致相同。

5 制动主缸的拆装

（1）制动主缸的拆卸　拆下前后把手盖；将制动灯开关的线路拆下；泄放制动油；从制动主缸处拆下制动拉索；拆下制动软管；拆下主缸固定座及主缸；拆下橡胶垫块；拆下扣环；拆下活塞及弹簧。制动主缸的拆卸方法如图 6-9 所示。拆卸制动主缸时应注意：不要让异物进入总泵内；拆卸主缸活塞、弹簧、膜片扣环后，应整组更换。

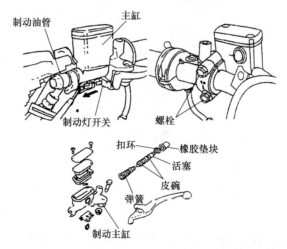

图 6-9　制动主缸的拆卸方法

（2）制动主缸的安装

① 用清洁的制动油涂抹活塞皮碗，然后将其装在活塞上（安

装皮碗时,其凹侧应朝向主缸的内侧,唇部不能装反);将弹簧较粗的一端朝向主缸进行安装;安装扣环(确认扣环稳固地卡在沟槽内);将橡胶垫块装进沟槽内。

② 将制动主缸放置在把手上,并装上裂环及固定螺栓,裂环上的标记字应朝上。裂环及主缸间的固定座与把手上的定位点对正。先将上部固定螺栓拧紧,然后再将下部固定螺栓拧紧,如图 6-10 所示。

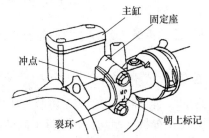

图 6-10 安装制动主缸(一)

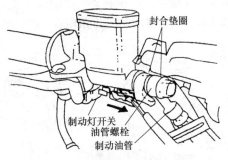

图 6-11 安装制动主缸(二)

③ 安装制动拉索,并将配线连接至制动灯开关。使用新的封合垫圈,将制动油管连接。将制动油管螺栓拧紧至规定值,如图 6-11 所示。

三、摩托车操纵机构、制动系统的维护与调整

1 摩托车方向把的维护

方向把前叉的方向柱上有两个推力轴承。推力轴承不加润滑油脂,使用一段时间后轴承就会磨损或调整螺母松动,推力轴承间隙

过大，车辆在行驶中方向把会出现严重抖动现象，影响车辆行驶的稳定性，造成驾驶人手臂疲劳。推力轴承的钢球损坏或调整螺母拧得过紧，则方向把转动费力，影响行车安全。因此，方向柱必须定期检查和调整，以保证良好的操纵性。

方向把的方向柱止推轴承除定期润滑、调整外，还应定期分解清洗，检查磨损情况。若钢珠有破碎残缺时，须换用新钢珠。否则易使上、下轴承盖严重磨损，甚至破碎剥落。

2 方向把的调整

方向把的调整主要有方向把角度的调整和方向把上操纵手柄位置的调整两种。

(1) 方向把角度的调整 方向把角度直接影响摩托车的驾驶舒适性，若角度不当，则容易产生驾驶疲劳。方向把离身体太近，会影响方向把自由转动；方向把离身体太远，则转弯时，方向把旋转不到头。方向把角度的调整方法如下。

① 拧松方向把的 4 个紧固螺栓。注意：只要拧松 90°～180°即可，拧得过松反而难以调整。

② 将紧固螺栓拧松到用手能扳动的程度后，跨上摩托车，左右转动试一试，找出最合适的驾驶角度。

③ 调整后，将松开的螺栓拧紧。拧紧时，先拧紧前方一侧，然后再拧紧后面。因为方向把需承受很大的负荷，故螺栓要拧得很紧，以防自然松动。

(2) 方向把上操纵手柄位置的调整 方向把上各操纵手柄的相对位置要调整合适。若操纵手柄高于或低于方向把套，则手掌必须张开很大才能将手柄握住，操作很不方便，一般调到以手掌伸平或略向前下倾为宜。调整时，应先拧松手把托架上的螺钉，通常只需要拧松 1/4 圈即可进行调整，调整后再将螺钉拧紧。

3 摩托车蹄式制动装置的维护

摩托车行驶 5000km，或感觉到制动装置工作不正常时，应对制动装置进行全面维护。维护内容包括检查制动踏板、手控闸把、钢丝绳等的技术状态，对钢丝绳、各传动关节、凸轮轴等应进行清洗润滑，并检查制动蹄和制动毂的磨损情况。

清洗时，可先拆卸车轮，再拆下制动钢丝绳。维护钢丝绳时，可用硬纸板卷成漏斗状，将钢丝绳插入其中，再注入少量汽油，然后来回抽动钢丝绳，使汽油和脏物从另一端流出。最后用同样的方法注入少许润滑油。维护完好的钢丝绳，在外套中应活动轻松自如。维护时，还应检查钢丝绳的两端接头是否牢固，钢丝绳有无断股或毛刺，钢丝绳的外套是否损伤或变形。

钢丝绳或拉杆从摇臂上卸下后，即可拆下制动摇臂、凸轮轴、制动蹄等。凸轮轴和制动盘可用汽油清洗。擦干后，再在凸轮轴上涂上润滑脂，不要将润滑脂粘到制动毂内或制动蹄上。

维护时应对制动蹄上的摩擦片进行检查，若摩擦片的厚度薄于1.5mm，或有铆钉头露出时（指铆制的制动蹄），应更换新的制动蹄。若制动蹄上的摩擦片有烧灼痕迹，可用0号砂布将烧灼痕迹磨掉，仍可继续使用。若制动毂的内表面有划痕，可用0号砂布仔细修整。

4 摩托车盘式制动器的维护

(1) 制动盘的清洁与检查 为使整个制动系统运动自如、灵活可靠，必须保持制动盘表面的清洁。为此，骑乘摩托车后，应及时将制动盘擦拭干净。摩托车每行驶6000km左右，应对制动盘的厚度进行检查。当制动盘磨损后的厚度小于规定值（磨损量大于或等于1mm）时，必须更换制动盘。

(2) 制动蹄片的清洁与检查 在使用过程中，制动蹄片表面不允许黏附油脂或制动液。应定期检查制动衬片的厚度，当其厚度小于规定值（按型号而定，其最小极限厚度为4.5～8.2mm）时，应更换制动衬片。

(3) 制动液的检查与补充 行车前必须检查制动液位，前、后储油缸的液位，都应保持在上、下限之间。检查时，应将方向把置于水平位置，并将车体停立正直，分别打开前、后储油缸盖检查，制动液不足时应及时补充。添加的制动液必须是说明书所要求的规格或同等级的制动液，否则密封圈会变质，导致漏液，引起制动性能不良。制动液规格一般为DOT3或DOT4。加注制动液时应使用清洁漏斗，严防脏物进入制动液中，应将制动液加到上限处，加足

第六章 摩托车操纵机构、制动系统的构造与维修

后立即盖好。禁止在风沙、下雨天气时加注制动液。

一年左右应更换一次制动液，并清洗总泵、油池、分泵、活塞和油管。清洗时必须用酒精溶液，不允许用汽油或其他矿物油。

当总泵活塞、分泵活塞和油污等处渗漏制动液时，必须更换密封圈。新密封圈必须先在同型号的制动液中浸泡75h以上再更换，并且必须用酒精溶液清洗液压缸和活塞，绝不允许拿起就换。

5 液压盘式制动器的维护

液压盘式制动器一般由制动主缸、制动轮缸、制动钳、制动盘及油管等组成。液压盘式制动器的日常维护内容如下。

① 经常保持主缸、轮缸及油管中有充足的制动液，使空气无法进入液压系统。

② 紧固油管接头及主缸和轮缸的固定螺钉。

③ 注意清除制动钳摩擦片和制动盘上的泥沙及污物，以减少摩擦片与制动盘的摩擦损耗，提高使用寿命。

6 油门转把的调整

调整油门转把行程时，应先将主支架支撑起来，启动发动机，转动油门握把2～6mm。若转动不到2mm发动机即有增速现象，则说明自由行程过小；若转动超过6mm时发动机仍然没有增速现象，则说明自由行程过大。自由行程过大或过小的调整方法如下。

① 通过油门拉索上的调节螺管进行调整，如图6-12（a）所示。先拧松锁紧螺母，再顺时针转动调节螺管，以减小油门握把的自由行程；逆时针转动调节螺管，以增大油门转把的自由行程。调整完毕后，应拧紧锁紧螺母。

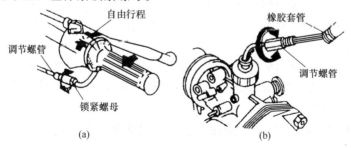

图6-12 油门转把的调整

② 通过化油器上端的调节螺管进行调整。当需要对自由行程做较大调整，而只调整手柄端的调节螺管不能满足要求时，就应调节化油器上端的调节螺管，如图 6-12（b）所示。调整时，先拉开橡胶套管，顺时针转动调节螺管，以增大自由行程；逆时针转动节螺管，以减小自由行程。调好后，拉下橡胶套管将调节螺管套住。

小提示

● 转向把上的各操纵握把的相对位置要调整合适，若操纵握把高于或低于转向把套，手掌必须张开很大才能握住，操作很不方便，一般调到以手掌伸平或略向前下倾为宜。调整时，应先拧松握把托架上的螺钉，通常只需拧松 1/4 圈即可进行调整。调整后再将螺钉拧紧。

7 离合器握把自由行程的调整

① 调整时应先检查离合器握把的径向移动，若径向移动过大，会导致制握把自由行程过大，应先更换磨损件后再调整自由行程。

② 若需微调，可拉出离合器握把上的防尘套，拧松调整螺管上的锁紧螺母，拧转调整螺管，如图 6-13（a）所示，直至离合器握把自由行程为 10～20mm，如图 6-14 所示。调整时应注意调整螺管拧出螺纹部分不得超过 8mm，否则会损伤螺纹；调整螺管的开口槽应朝下，并与锁紧螺母的开口槽错开，以免水进入钢索外套内引起钢丝绳生锈。最后拧紧锁紧螺母。

③ 若需较大调整，可拧松离合器操纵钢索上的锁紧螺母，拧转调整螺管，如图 6-13（b），直至离合器握把自由行程为 10～20mm，然后拧紧锁紧螺母。

④ 启动发动机，握紧离合器握把并变换挡位，确认发动机无停滞及空转；然后逐渐松开离合器握把及加大油门，摩托车能平稳加速行驶即可。

8 盘式制动器前制动握把自由行程的调整

如图 6-15 所示，拧松前制动握把上的锁紧螺母，拧转调整螺

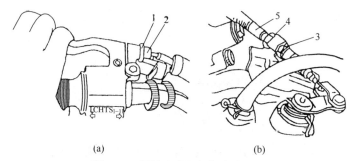

图 6-13 调整离合器握把自由行程

1,3—锁紧螺母;2—调整螺管;4—调整螺母;5—离合器操纵钢索

钉,直至前制动握把自由行程为 2~5mm;然后保持调整螺钉位置不变,拧紧锁紧螺母,并反复紧握握把几次,检查松开握把后前轮是否转动灵活。

9 鼓式制动器前制动握把自由行程的调整

① 调整时,应先检查前制动握把的径向移动,若径向移动过大,会导致前制动握把自由行程过大,应先更换磨损件后再调整自由行程;然后用手扳动制动摇臂,若制动凸轮上指示牌上的箭头对准或已超过制动鼓盖上的"▽"标记,这多为制动蹄块摩擦片过度磨损,应先更换制动蹄块后再调整自由行程。

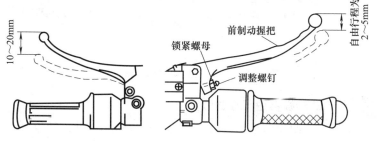

图 6-14 离合器握把自由行程　　图 6-15 调整盘式制动器前制动握把

② 若需微调,可拉出前制动握把上的防尘套,拧松调整螺管上的锁紧螺母,拧转调整螺管,直至前制动握把自由行程为 10~20mm,如图 6-16 所示;然后保持调整螺管位置不变,拧紧锁紧

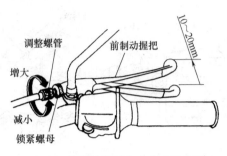

图 6-16 前制动握把自由行程的调整

螺母。

③ 若通过调整前制动握把上的调节螺母始终达不到要求，则应调整前车轮上的制动杆调节螺母，如图 6-17（a）所示。调整时应使调整螺母的弧形槽与制动摇臂销的圆柱面吻合［图 6-17（b）］。

调整完毕后，反复紧握握把几次，检查松开握把后前轮是否转动灵活。

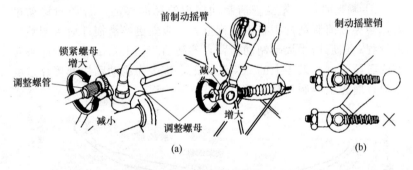

图 6-17 调整前制动握把自由行程

10 后制动踏板自由行程的调整

摩托车后制动踏板的自由行程为 20～30mm，其可通过制动拉杆上的调节螺母进行调整。调整方法如下。

支起主停车架，使后轮离开地面，调整时应先用手扳动制动摇臂，若制动凸轮上指示牌上的箭头对准或已超过准制动鼓盖上的"▽"标记，这多为制动蹄块摩擦片过度磨损，应先更换制动蹄块后再调整自由行程。调整时应拧转后制动拉杆尾部的调整螺母，如

第六章 摩托车操纵机构、制动系统的构造与维修

图 6-18（a）所示，直至后制动踏板自由行程为 20～30mm，如图 6-18（b）所示，且调整时应使调整螺母的弧形槽与制动摇臂销的圆柱面吻合，然后反复踩下后制动踏板几次，检查放松后后轮是否转动灵活。

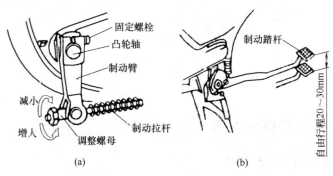

图 6-18 后制动踏板自由行程的调整

小提示

● 若转动调整螺母不能满足要求，则应调节制动臂与凸轮轴的相对位置。调整时先拧下制动臂固定螺栓，将制动臂从凸轮轴的花键上卸下来，再将制动臂顺时针旋转一个角度（角度的大小应根据调整前的检查情况而定，但注意不能太大）后重新装在凸轮轴上，然后拧紧固定螺栓。

11 制动灯开关的调整

将制动装置自由行程调整好后，应对制动灯进行检查。当握紧制动握把或踩下制动踏杆时，制动刚生效，制动灯就应发亮，否则应调整制动开关，其调整方法如图 6-19 所示。

① 将制动灯开关的紧固螺钉拧松。
② 握紧制动手柄或踩下制动踏杆，然后移动制动灯开关或调节调整螺母，直至制动灯发亮为止。
③ 将制动灯开关保持在这个位置不动，迅速拧紧固定螺钉。
④ 当放松制动手柄和制动踏杆时，制动灯应熄灭，否则应重

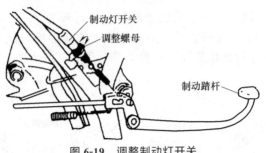

图 6-19 调整制动灯开关

新调整。

四、摩托车操纵机构、制动系统主要部件的维修

1 盘式制动器的维修

(1) 制动盘的维修

① 检查制动盘是否变形、划伤或安装不平。当制动盘变形较小时,可以在车床上将制动盘的平面车掉 0.5mm,或在平面磨床上将制动盘的平面磨平,再装车使用。如果制动盘变形严重,那么只能更换新件。

② 如图 6-20 所示,用千分尺测量制动盘的厚度,若测量值小于使用极限值,则说明制动盘过度磨损,应更换制动盘。更换时应注意制动盘的旋转方向的箭头标记应朝向车轮前进旋转方向。

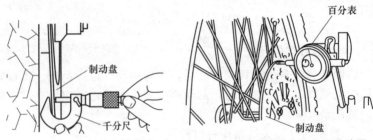

图 6-20 测量制动盘的厚度　　图 6-21 测量制动盘轴向圆跳动量

③ 轴向圆跳动量的检测。用百分表测量制动盘的轴向圆跳动量,如图 6-21 所示。若测量值大于使用极限值,则说明制动盘扭曲变形,应更换制动盘。

（2）制动钳的维修

① 将制动钳拆卸后，再将液压缸仔细清洗干净，并疏通进、出油孔。

② 用千分尺测量制动钳活塞外径，如图 6-22 所示，若测量值小于使用极限值，则说明制动钳活塞过度磨损，应更换制动钳活塞。

③ 用内径百分表测量液压缸内径，如图 6-23 所示，若测量值大于使用极限值，则说明制动钳液压缸过度磨损，应更换制动钳。

④ 若钳体液压缸和活塞表面有明显的刮痕或有漏油现象，则应同时更换制动钳和活塞。

⑤ 检查活塞密封圈，若有龟裂或无弹力，则应更换密封圈。

⑥ 检查制动钳体，若出现龟裂或裂缝，则应更换制动钳。

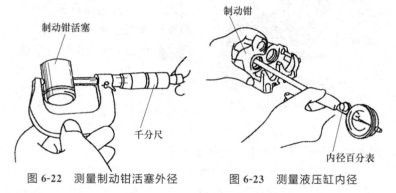

图 6-22　测量制动钳活塞外径　　图 6-23　测量液压缸内径

（3）制动泵的维修

① 清洗各零件并吹干，然后检查活塞、液压缸的磨损情况。检查制动主泵油缸缸壁表面，若表面有损伤或划伤，则应更换制动主泵。

② 用千分尺测量活塞外径，如图 6-24 所示，并用内径百分表测量液缸内径，如图 6-25 所示，测量值若超过极限值，或者它们之间的配合间隙（内、外径差值）大于 $0.10\sim0.12mm$，则应更换活塞，并使用新皮碗。

③ 检查皮碗，若有损伤、龟裂等，则应予以更换；若皮碗唇口膨胀过大，则沿唇口平齐地剪去一圈后仍可继续使用。

2　鼓式制动器的维修

（1）制动鼓的维修

如图 6-26 所示，用游标卡尺测量制动鼓

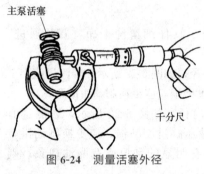

图 6-24 测量活塞外径

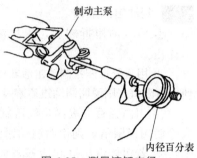

图 6-25 测量液缸内径

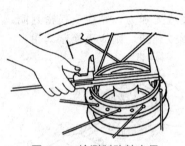

图 6-26 检测制动鼓内径

（轮毂）的内径，如果超出规定值，应更换。制动鼓内表面有油痕或刮痕，可用抹布蘸油漆稀释剂擦拭或用金刚砂布抛光。

（2）制动（摩擦）片的维修

① 若制动（摩擦）片表面沾有油污，则先用乙醇洗净油污。若洗不净油污，则可用锉刀除去油污的表面。注意，一定要均匀锉削，保持其摩擦平面的平面度要求。

② 检查制动（摩擦）片的磨损情况。若制动片上的红色沟槽（磨损极限标记）已被磨掉，或者制动摩擦蹄片厚度已小于使用极限值（一般为 0.8mm），则都应更换制动摩擦片。

③ 安装制动片时，要注意其安装方向。安装时要使制动片上的安装孔与钳体上的孔对准，再装上制动片导向销及螺塞等。

五、操纵机构、制动系统故障诊断与排除

1 操纵钢索不能复位故障

钢索在操纵时能自动恢复原来位置的功能称为复位，如握紧离合器握把，钢丝绳拉出软管一段长度，放松握把，钢丝绳能自动收回这段长度。操纵钢索在动作过程中受阻卡或动作后不能够顺利地恢复到原来的状态，称为不能复位。

钢丝绳不能复位的原因：钢丝绳润滑不良；钢丝断股或打结；

与钢丝绳相连的连接件锈蚀或有脏污；回位弹簧弹力不足、折断或卡滞。

故障排除方法如下。

① 清洗钢丝绳及连接件的表面，清除污垢，并涂抹润滑油脂。

② 个别钢丝折断可以焊修。钢丝绳打结或断股较多，应更换钢丝绳，并重新调整。

③ 若弹簧卡滞，可清除造成卡滞的脏污后继续使用。弹簧折断或弹力不足，则应更换新件。

2 鼓式制动器失灵或制动无力

在行驶过程中，若踩下摩托车制动踏板或握紧前制动握把时，车轮仍在地上滚动，不能停车，表明鼓式制动器失灵。

在行驶过程中，当踩下摩托车后制动踏板或握紧前制动操纵手柄时，车辆不能迅速地按规定要求停车，而是减速缓慢，制动距离较长，表明鼓式制动器制动无力。

鼓式制动器失灵或制动无力的原因：前、后制动器的自由行程过大；制动操纵钢索的钢丝在外套中移动不灵活；制动凸轮锈蚀或因有异物被卡；制动蹄摩擦片或制动鼓严重磨损；制动蹄摩擦片与制动鼓贴合面积过小；制动蹄摩擦片或制动鼓有油或水。

故障诊断与排除方法如下。

驾驶摩托车，当车辆以 20km/h 或 30km/h 的速度匀速行驶时，采用紧急制动，若其制动距离超过 4m 或 7m，则表明该车的制动性能差或制动失灵。其维修方法如下。

① 检查前制动握把和后制动踏板的自由行程是否过大，若过大，应调整。前制动握把自由行程的调整方法是，轻握前制动握把，检查自由行程是否为 10～20mm。若自由行程过大（或过小），应顺时针（或逆时针）方向转动调节螺母；当调节螺母的弧形槽与制动臂销的圆柱面相吻合时，表明已调到位。

② 经过调整不能使前制动恢复正常，再调整制动臂与制动凸轮轴的相对位置。调整时松开制动臂与制动凸轮的固定螺钉，将制动臂拆下并按顺时针方向转适当角度装上，进行调试，若不行，应重新调整。

后制动踏板调整的方法是,检查后制动踏板的自由行程是否为20~30mm。若调整调解螺母不能使自由行程恢复正常,则调节制动臂凸轮轴的相对位置,反复调整,直到正常为止。同时检查制动操纵钢索的钢丝绳在外套中移动是否受阻或卡死,若是,应清洗、润滑,必要时予以更换。

③ 握紧前制动握把或踏下后制动踏板,检查制动凸轮上的指示牌刻线是否达到或超过制动鼓盖上的"△"标记,若未达到标记,应检查制动摩擦片上是否有水或油污,制动鼓是否失圆,制动蹄块摩擦片与制动鼓接触面积是否小于70%,若是,应修理或更换。

④ 握紧前制动握把或后制动踏板,观察制动摇臂是否灵活。若不灵活,则表明凸轮活动部分锈蚀,应予以润滑或修理。

3 压盘式制动器失灵或制动无力

摩托车在行驶过程中,握紧前制动握把或踩下后制动踏板,车轮仍在地上滚动,不能停车,表明制动器失灵或制动无力。

液压盘式制动器失灵或制动无力的原因:液压油储存量不足;液压油路脏污;制动摩擦盘或摩擦片上有油污或严重磨损;回位橡胶老化失去弹性。

故障诊断与排除方法如下。

① 支起摩托车主支架,使液压油储存器处于水平状态。若油量减小,应检查油路是否破裂。检查油缸活塞是否密封不良,若是,应予以更换,同时给液压油储存器补加液压油到上限与下限之间。

② 握前制动握把或踏下后制动踏板时,若操作时感到很轻,则表明制动油路中有空气,应予以放气。方法是,在液压油储存器不缺油的情况下,反复、快速握前制动握把或踏下后制动踏板几下,当感觉有压力时,紧握前制动握把或踏下后制动踏板,松开制动钳放气螺钉1/2圈,进行放气,多此反复,待从放油螺钉处无气泡排出为止。最后补充制动液。若放气过程中发现液压油脏污或油路堵塞时,应将液压油全部放掉,并用汽油清洗制动油道和储油器组合,待制动装置干燥后再加制动液,再进行排空气操作。

③ 握前制动握把或踏后制动踏板时,若感觉很费力,则检查

油路是否堵塞，制动泵或制动钳活塞是否卡死，若是，应清洗，必要时予以更换。

④ 握前制动握把或踏后制动踏板时，若感觉阻力正常时，应检查制动盘或摩擦片上是否有油污或水，是否严重磨损，若是，应除去油污或水，并将磨损的制动盘或摩擦片予以更换。

4 制动器的制动蹄不能复位故障

制动器的制动蹄不能复位是指摩托车在行驶中使用制动器后，制动蹄未能及时地与制动鼓分离，仍然阻滞车轮转动，制动鼓发烫。

将摩托车用停车架支撑起，使后轮或前轮离地并旋转。踩下制动踏板或握紧前制动操纵手柄（握把）使制动器产生作用，然后迅速松开。若此时车轮停止转动，用手轻推后轮或前轮感觉受阻或难以转动，则表明制动蹄不能及时回位。

制动蹄不能复位故障的原因：制动系统各活动零件锈蚀；制动蹄回位弹簧过软或折断；制动钢索断股，卡在金属弹簧塑料软管中，或制动钢索使用过久，缺乏润滑保养；前制动操纵手柄（握把）或后制动踏板的自由行程调整过小。

故障诊断与排除方法如下。

① 检查制动系统各活动零件，若有生锈，应用汽油清洗，再用润滑油润滑各活动部位。

② 检查制动蹄回位弹簧。用手拨制动臂时不费力但回转力不足，则检查制动蹄回位弹簧弹力是否减弱或制动蹄轴是否锈蚀，若是，则应予以修理或更换。

③ 检查制动钢索。用手拨制动臂，较松，但手握前制动握把时阻力较大，则表明前制动钢索的钢丝在外套中卡死，应清洗、润滑，必要时予以更换。

④ 检查前制动操纵手柄或后制动踏板的自由行程否过小，若是，应予以调整，使其达到规定的范围。

5 制动时，制动鼓有异响声

驾驶摩托车，当其以 20～30km/h 的速度匀速行驶时，使用制动器，若此时从制动毂中发出不正常响声的话，则表明摩托车制动毂有异常响声。

制动鼓发出异常响声的原因：制动蹄摩擦片过度磨损使铆钉外露；制动蹄摩擦片凸凹不平；制动蹄摩擦片与制动鼓间有异物。

故障诊断与排除方法如下。

① 检查制动蹄摩擦片，若有过度磨损，应卸下制动蹄并成套更换，或去掉旧摩擦片，装上新摩擦片。

② 若制动蹄摩擦片凹凸不平，应修整摩擦片外圆表面。

③ 清除制动毂、制动摩擦片表面的杂物；重新修整摩擦片外圆表面。

六、摩托车ABS防抱死制动系统

1 ABS防抱死制动系统的类型及特点

现在有些摩托车的制动系统内装有ABS装置。ABS装置是一种先进的制动系统，即防抱死装置。所谓防抱死，就是防止车轮突然完全抱死而发生事故。

（1）ABS防抱死制动系统的类型　防抱死制动系统可分为机械式ABS和电子式ABS两大类。常见的有电子防抱死制动系统（ABS）、机械防抱死制动系统（ALB）和联合制动系统（LBS）。

（2）ABS防抱死制动系统的特点

① 电子防抱死制动系统　防抱死制动系统（ABS）一般由轮速传感器、电控单元（ECU）和制动压力调节器三部分组成，如图6-27所示。

尽管ABS的结构形式不尽相同，但都是在常规制动装置的基础上，增设传感器、防抱死制动电控单元（ABS ECU）、制动压力调节器和ABS指示灯等构成。其液压控制系统由制动压力调节器和常规制动装置构成。电子控制系统由传感器、控制开关、ABS ECU、ABS指示灯以及制动压力调节器中的电磁阀和回液泵电动机等构成。电磁阀和回液泵电动机既是电子控制系统的执行元件，也是液压控制系统的始控元件。

② 机械防抱死制动系统　机械防抱死制动系统（ALB）主要由前主泵、前储油器、前制动钳、前轮压力控制器、后主泵、后储油器、后制动钳及后轮压力控制器等组成，如图6-28所示。

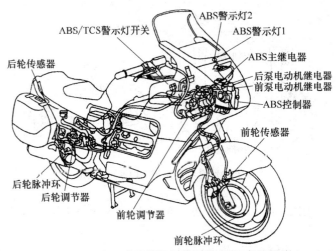

图 6-27　电子式防抱死制动系统（ABS）的组成

前轮和后轮各组成独立的制动系统，其结构小巧紧凑，可安装在前轮和后轮上。

③ 联合制动系统　联合制动系统（LBS）在一定程度上已达到无论是单独采用前、后制动或是两种制动同时使用，均可使整车实施有效制动，同时 LBS 也有防抱死的功能。联合制动系统（LBS）的组成如图 6-29 所示。

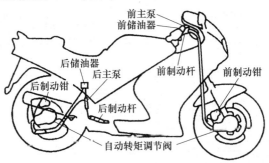

图 6-28　机械防抱死制动系统的组成

联合制动系统（LBS），又称为 D-CBS 联合制动系统。它是机电液压式制动系统，而且也是一种新式的前、后轮同时制动系统，没有任何电子控制部件。目前在雅马哈 AN250、本田 ForXsight250、

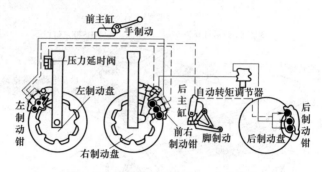

图 6-29 联合制动系统（LBS）的组成

VFR800、CBR1000、CBR1000F、CBR1100XX 和 ST1100 等车型中装用。

2 ABS 系统的基本构造与工作原理

现以装备 ABS 系统的雅马哈摩托车为例，介绍 ABS 系统的电路工作原理、液压系统结构与工作原理、ABS 装置的维修方法。

（1）ABS 系统的基本构造　雅马哈 ABS 系统由轮速传感器、电子控制器（ECU）和液压部件三大部分组成，如图 6-30 所示为前轮 ABS 系统组成与工作原理图，如图 6-31 所示为后轮 ABS 系统组成与工作原理图。

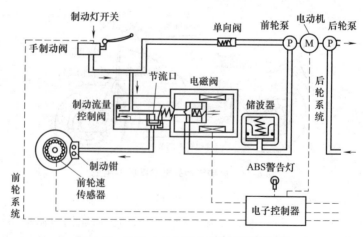

图 6-30　前轮 ABS 系统组成与工作原理图

(2) ABS 系统基本工作原理　　雅马哈 FJ1200-A 型摩托车 ABS 系统电路工作原理如图 6-32 所示。

① 电子控制器 ECU 进入自检状态　当点火开关接通时，ECU 电路接通，ECU 电路接通后进入系统自检。在自检过程中，将 ABS 警告灯点亮，使骑乘者及时了解 ABS 的工作状态。灯亮表示系统处于自检状态（约 3s 后自动熄灭）；如灯始终不亮，说明警告灯或其线路可能有故障，应进行检查。

电子控制器 ECU 经过系统自检后，如发现系统有故障，便保持其自检时的工作状态（保持 ABS 警告灯常亮），立即关闭 ABS 系统，恢复常规的液压制动状态，以此表示 ABS 系统有故障处于关闭状态，并进入自动诊断故障工作模式。ECU 通过计算分析以故障码的形式将故障模式自动存入存储器，供维修人员从自诊插座调出故障码，确定故障的基本情况，为及时维修提供准确依据。

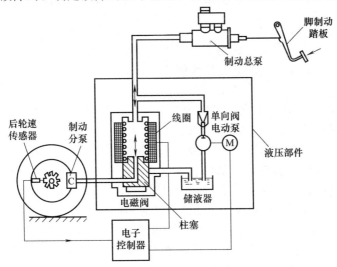

图 6-31　后轮 ABS 系统组成与工作原理图

② 进入待命状态　系统自检结束后，如果系统正常，即接通电磁阀继电器，电磁阀继电器有电流通过，产生磁场吸合力，断开常闭触点，使警告灯熄灭，表示 ABS 系统处于正常工作状态，电动泵继电器吸合，电动泵工作。

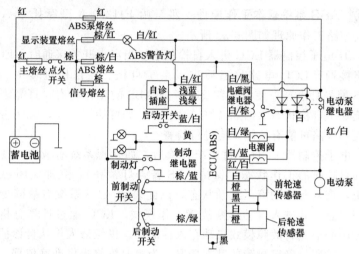

图 6-32 雅马哈 FJ1200-A 型摩托车 ABS 系统电路工作原理

在摩托车行驶过程中,电子控制器 ECU 检测轮速传感器、电磁阀和电动泵的工作状态。一旦判断系统存在故障,便关闭 ABS 系统,切断电磁阀继电器接地回路,点亮 ABS 警告灯。如果检测系统正常,ABS 进入待命状态。

③ 进入制动防抱死工作状态 在摩托车行驶过程中,若制动时,制动开关闭合,ECU 会收到蓄电池电压信号,就判定摩托车进入制动状态。ECU 还可根据棕/蓝色线和棕/绿色线是否有电压信号分别判断前后制动器的工作状态(是单独制动,还是同时制动)。ECU 将根据前、后轮轮速传感器的输入信号,对前、后轮的运动状态进行分析判断。用轮速传感器测出车轮的实际速度,并转换成相应的电信号,输送给电子控制器 ECU,ECU 根据轮速与车速信号,计算出滑移率和车轮减速度。当滑移率不在 $15\%\sim25\%$ 的最佳状态时,对制动压力发出控制指令,由液压部件内的电磁阀、储液器和电动泵及单向阀直接控制制动压力增减,迅速调整滑移率至最佳范围。

在制动过程中,各车轮未抱死时,ECU 便断开电磁阀通路,使电磁阀线圈中无电流通过,两个电磁阀控制通道均处于制动压力增加状态,各制动分泵的制动压力随制动总泵输出的压力而变化,此时的制动过程与常规制动过程相同。当 ECU 判定车轮趋于抱死时，开始控制电磁线圈维持较小的电流量，保持恒压制动状态。如 ECU 判定车轮仍趋于抱死状态，需要减小制动力时，便发出指令增大电磁线圈电流，使控制通道减小制动压力。与此同时，ECU 还使电动泵继电器线圈通过 ECU 内部搭铁，泵继电器吸合使电动泵运转，将分泵制动液泵回总泵，减小制动压力。

当 ECU 判定车轮制动抱死趋势解除，需要增大制动力时，ECU 切断电磁阀线圈电流和电动泵电源，使控制通道又处于压力增加状态。制动分泵的压力就这样不停地经历常规制动→减压→保压→增压的循环过程，防止车轮抱死，将车轮滑移率控制在15%~25%的最佳范围内，直至摩托车完全停车，确保骑乘安全。

小提示

● ECU 还可分别控制前、后轮电磁阀，实现前、后轮制动压力独立调节的目标，也可根据某些线路是否有电压信号及电压信号的高低判断系统中电器元件是否有故障。如红/白色线是否有电压信号，判断电动泵继电器电路工作是否正常。电动泵继电器线圈两端各接一个二极管的作用是防止线圈断电时产生的自感电压损坏 ECU。ABS 工作时，不但能自动检测自身系统中的有关电器元件，还设有故障自诊断系统。如果发现系统中存在故障，一方面使 ABS 警告灯点亮，中断 ABS 工作恢复常规制动状态；另一方面将故障信息以代码形式存入存储器中，以方便维修人员按规定的方法从故障自诊断插座读出故障码，确定故障的基本情况。

3 ABS 系统的维修

（1）**ABS 系统诊断与检查的基本内容** 大部分车型 ABS 系统的基本诊断与检查方法的内容是相似的，一般包括初步检查、故障自诊断、快速检查和故障警告灯诊断共四个步骤。

① 初步检查 初步检查是在 ABS 出现明显故障不能工作时首先采取的检查方法，如 ABS 故障指示灯常亮不熄灭，ABS 系统不能工作等。ABS 系统初步检查内容如下。

a. 检查制动液液面是否在规定范围之内；液压管路是否泄漏、是否渗入空气。

b. 检查 ABS 电子控制器（ECU）导线插头、插座连接是否良好，所有导线连接器的连接和接触是否良好。

c. 检查所有继电器、熔丝是否完好，插接是否牢固。

d. 蓄电池容量（测量电解液密度）和电压是否在规定范围内，检查蓄电池正、负极导线连接是否牢靠，连接处是否清洁。

e. 检查 ABS 计算机、电磁阀等液压控制装置接地（搭铁）端的接触是否良好。

f. 检查制动器摩擦片是否磨损、老化，制动间隙是否正确；检查轮胎花纹的深度是否符合规定。

如果用上述方法不能确定故障位置，就可转入使用故障自诊断方法。

② 故障自诊断　故障码通常是阿拉伯数字或英文字母或它们的组合，其含义随车型不同而异，维修人员可在维修手册中查寻。

a. 故障码的读取一般是用专用的故障诊断仪与 ABS 故障自诊断插座相连，按故障诊断仪说明书和提示进行操作，故障诊断仪的显示器或者指示灯会按指令有规律地显示故障码；有的车型是按规定连接启动线路，通过 ABS 故障指示灯闪亮规律输出故障码。

b. 所有的故障码全部读完后，关闭点火开关和故障诊断仪电源，拔下故障诊断仪，按故障码内容进行排除。

c. 然后试车，待 ECU 确认完全修复正常后再清除存储器中的故障码。

d. 重新启动摩托车，ABS 故障指示灯应自动熄灭，否则说明故障没有完全排除，还会读出故障码。此时可继续修理，并重复上述修理过程，直到故障全部排除为止。

③ 快速检查　快速检查是用数字万用表和一些相应设备在 ABS 电路规定的地方连续检测，以快速查找故障的方法。

在自诊断过程中，如果发现有故障码读出，这时可进一步进行快速检查，迅速明确故障性质，为排除故障打下基础。装备 ABS 系统的摩托车，一般在维修手册中都有快速检查表，能帮助维修人员快速判断故障位置。修理过程中应尽可能利用该表，但要注意快速检查方法不能检查出 ABS 系统间歇故障的出现。

④ 故障警告灯诊断　自诊断方法和快速检查法一般都能迅速、准确地判断出故障位置。故障警告灯诊断是通过观察故障警告灯闪亮规律，判断故障的一种简易方法，也可通过这种方法粗略判断 ABS 系统发生的故障。

正常的 ABS 系统在接通点火开关后，故障警告灯应点亮，一旦发动机运转起来应自动熄灭（有的车型是闪烁 3s 后自动熄灭），否则就说明 ABS 系统有故障。例如在骑乘期间 ABS 警告灯点亮，表明 ABS 不工作，系统出现故障，应检查 ABS 电路元件的接插件（线）是否松脱等。又如在行驶过程中 ABS 警告灯点亮，而后又熄灭，故障征兆是灯亮表示 ABS 不工作，灯灭表示 ABS 又开始工作，故障可能是车上电源系统供电不足（低于 10V），或 ABS 电源接触不良。

(2) ABS 系统修理方法　通过诊断与检查，一旦准确判断出 ABS 系统中的故障部位，则可以进行调整、修复或换件，直到故障被排除为止。修理方法如下。

① 泄去 ABS 系统中的压力。

② 按相应规定进行故障部位调整、拆卸、修理或换件，最后安装新件。如果是轮速传感器或电子控制器有故障，只需按规定调整、更换传感器即可；若 ABS 电子控制器损坏，只能更换。

③ 按规定步骤排放制动液中的空气。

(3) ABS 系统维修时的注意事项

① 普通制动系统一旦出现问题，ABS 系统就不能正常工作。因此，要将两者视为一个整体进行维修，不能只把注意力集中于 ABS 系统的传感器、电子控制器和电磁阀上。

② ABS 系统电子控制器对过电压、静电非常敏感，如有不慎就会损坏电子控制器的芯片，造成整个 ABS 系统出现故障。点火开关接通时不要插拔电子控制器上的连接器；在车上进行电焊之前，要戴好防静电器（也可将导线一头缠在手腕上，另一头缠在车体上），拔下电子控制器上的连接器后再进行电焊；给蓄电池进行专门充电时，要将蓄电池从车上拆卸下来或摘下蓄电池电缆后再进行。

③ 在拆卸作业前，切记先给 ABS 泄压并断开 ABS 系统 ECU 的电源，收好钥匙和熔丝（工作未结束前不可通电）。这是因为 ABS 系统中储液器的压力可高达上百个大气压，拆卸前如不泄压，可能导致高压油喷出伤人。泄压方法很简单，只需关闭点火开关，然后反复用脚踩后轮制动踏板和用手捏前轮制动杆，踩、捏次数至少在 20 次以上，有的甚至需要 30 次以上，直至感觉不到阻力为止。泄压之后的拆卸作业即与一般制动系统无异。

④ 更换制动衬块时，回压活塞前要先拧开制动钳的放气螺钉，否则制动分泵中的积垢可能被压入管路造成制动零件失效。回流的油液还可能使电子控制器得到错误信息，使系统出错而关闭 ABS。

⑤ 维修轮速传感器时一定要十分小心。拆卸时注意不要碰伤传感器，且要留心其安装位置，不同车型安装的位置可能不同，传感器脉冲环一般压嵌在轮毂里；也有的装在制动盘上，与不带脉冲环的制动盘外观几乎无差别，假如制动盘磨薄需要更换，更换制动盘时要注意新旧制动盘的区别，切不可马虎，若换上未装脉冲环的制动盘，会导致 ABS 系统失效。

安装制动盘时应先涂覆防锈油，安装中不可敲击或用蛮力。一般情况下，传感器与脉冲环的间隙是可调的，调整时应使用非磁性塞尺（如塑料、铜塞卡或纸卡）测量间隙。

⑥ ABS 系统的电器故障大多不是元件失效，而是连接不良或脏污所致。如故障码提示是传感器故障，应首先检查传感器的各个接点是否良好、有无锈蚀等，如发现锈迹，应予以清理并涂覆防护油，重新接好再行测试，问题可能就此解决，不一定要更换传感器。

⑦ 制动液应每隔 2 年更换 1 次，最好是每年更换 1 次，以防止器件内部受侵蚀造成部件故障。

七、典型车型操纵机构、制动系统故障维修实例

1 金城铃木 AX100 型摩托车制动器拖滞，车辆行驶阻力大，油耗增高，制动鼓烫手

故障现象：一辆金城铃木 AX100 型摩托车，当放开制动踏板

时，制动蹄不能迅速、彻底地与制动鼓分离而解除制动，车辆行驶阻力增大，油耗增高，制动鼓烫手。

故障诊断与排除：根据上述故障现象分析，认为造成故障的原因有以下几方面。

① 制动机构各零件生锈，导致制动不灵，回位困难。

② 制动摩擦片破损或变形，导致在制动蹄回位时仍部分地与制动鼓接触。

③ 制动踏板的自由行程调整不当，使制动蹄与制动鼓不能完全分开。

④ 制动凸轮磨损严重，卡住制动蹄，使其不能回位。

⑤ 制动蹄回位弹簧过软或折断，使制动蹄不能及时复位。

首先将摩托车车轮支起，踩下制动踏板，产生制动后放松，用手轻轻转动车轮，车轮难以转动并有阻碍感，表明制动蹄不能及时回位。

拆开制动器检查，制动蹄块良好，摩擦表面光洁，制动弹簧良好。再检查制动凸轮，发现制动凸轮磨损严重且严重锈蚀。拆下制动凸轮，换用新件并清除制动鼓上的锈迹。

将踏板转轴及拉杆转轴等处进行润滑保养后试车，车辆制动灵敏，制动踏板回位迅速，故障排除。

2 新大洲 XDZ90T-3 型摩托车，行驶中解除制动后车辆行驶速度变慢，油耗增加

故障现象：一辆新大洲 XDZ90T-3 型摩托车，行驶中，当放开制动踏板后，车辆行驶速度变慢，油耗增加。

故障诊断与排除：根据上述故障现象分析，认为该车行驶阻力增大，油耗增加，制动鼓有烫手的感觉，很有可能是制动器的制动蹄不能迅速地与制动鼓分离解除制动所导致。而造成这种故障的原因有以下几个方面。

① 制动摩擦片破损或变形，当制动蹄回位时，仍部分地与制动鼓接触。

② 制动凸轮磨损严重，卡住制动蹄，致使制动蹄不能回位。

③ 制动蹄回位弹簧过软或折断，使制动蹄与制动鼓分离不彻底。

④ 制动机构各零件生锈，导致制动不灵，制动蹄回位困难。

⑤ 制动踏板的自由行程过小，使制动蹄与制动鼓不能完全分离。

根据上述故障原因，进行维修。

首先将摩托车车轮支起，踩下制动踏板，产生制动后放松。用手轻轻转动车轮，车轮难以转动并有行驶阻碍感，表明制动蹄不能及时回位。

拆开制动器进行检查，制动蹄块良好，摩擦表面光洁，但发现制动蹄回位弹簧折断了。

更换制动蹄回位弹簧后试车，制动灵活，回位迅速，故障排除。

3 新大洲 XDZ90T-3 型摩托车，后轮制动效果差

故障现象：新大洲 XDZ90T-3 型摩托车，在正常的使用中 (30km/h) 后轮制动效果差。

故障诊断与排除：根据上述故障现象分析，认为故障的原因有下列几个方面。

① 制动行程过大，轮鼓磨损过甚，刹车凸轮磨损或制动拉杆脱落均可造成制动失效。

② 制动摩擦片磨损过度，导致制动失效或制动摩擦片与轮鼓的结合面低于 70%，造成产生的摩擦力矩不够，使制动效果不佳。

③ 制动摇臂角度不对，超出制动行程，或制动鼓进水、进油，导致制动打滑。

④ 制动摩擦片、轮鼓与凸轮磨损容易造成行程过大，凸轮与制动蹄块卡死，导致制动抱死，不能回位，容易造成摔倒。

⑤ 制动拉杆脱落，造成行驶中固定盘随车轮一起转动，引起制动失灵或摔倒。

拆下后轮制动器进行检查，发现后轮制动摩擦块磨损严重。

更换制动块后试车，制动正常，故障排除。

4 大阳 DY125-16 摩托车制动时，后制动器有异常的响声，行驶阻力过大

故障现象：一辆大阳 DY125-16 摩托车，制动时后制动器有异

常的响声，行驶阻力过大。

故障诊断与排除：大阳 DY125-16 摩托车的后制动器力为鼓式制动器。经分析认为故障的原因有下列几个方面。

① 制动毂内出现碰擦撞击之类的间断响声，原因是蹄片剥离、弹簧松脱、制动蹄转轴松动、杂物掉入制动毂内等，使制动毂转动时有碰击声音。

② 如果摩擦表面磨下的粉尘或其他异物积聚在制动器内，那么制动时不仅会发出声响，而且还容易出现卡滞现象。对此，应把制动毂清洁干净，用砂布打磨即可。

③ 摩擦片局部严重磨损，致使制动蹄与制动毂的金属表面直接接触而发出尖锐的摩擦声。

④ 摩擦片黏结不牢，局部脱落，制动时因摩擦产生振动而发出响声。

⑤ 摩擦片老化变硬或两端未倒角，制动蹄支撑轴松动或回位弹簧断裂等，都会造成制动时发出异常响声。

拆卸制动器进行检查，发现摩擦片黏结不牢，局部脱落，从而造成摩托车制动时因摩擦产生振动而发出响声。

更换新的摩擦片后试车，故障排除。

第七章
摩托车电气系统的构造与维修

一、电气系统的基本构造

1 摩托车电气系统的组成

摩托车的电气系统主要由电源系统、用电设备、控制装置以及将电源系统、用电装置和控制装置连接在一起的导线与插接件等组成。电气系统在摩托车上的安装位置如图 7-1 所示。

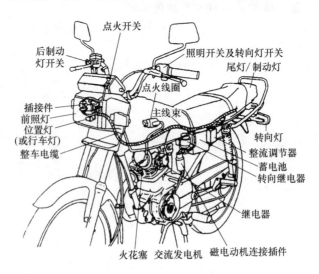

图 7-1 电气系统在摩托车上的安装位置

2 电源系统

摩托车的电源系统主要由蓄电池、发电机（或磁电动机）、发电机调节器、整流器等电器组成。它供给摩托车用电装置所需的电源，并把多余的电能储存起来。

(1) 蓄电池 其主要作用是在发动机停止工作或发电机输出电压较低时，蓄电池向各个用电设备供电，如启动发动机、点火、照明等；当发电机电压高于蓄电池电压时，它可将发电机的部分电能转变为化学能储存起来；当发电机超负荷时，它能与发电机一起向用电设备供电。

蓄电池由正极板、负极板、隔板、连接铅条、外壳、盖、正极柱、负极柱、加注孔螺塞和电解液等组成。一般摩托车常采用 6V 的蓄电池（每个单格电压为 2V，共有 3 个格）。

(2) 磁电动机或发电机 它的功用是给用电设备提供电源，并向蓄电池充电，以补充蓄电池放电时的消耗。它是利用装有永久磁铁的转子做旋转运动建立旋转磁场，使固定的线圈切割磁力线而发电的。

3 用电设备

用电设备主要有启动系统、点火系统、信号系统、照明系统、仪表装置等。在一些大排量、高档摩托车上，还增加了辅助设备部分。

(1) 电启动系统 启动系统主要由点火开关、电启动控制开关、启动按钮、启动继电器、切断继电器（中间继电器）、启动电动机（电启动超越离合器及启动减速机构）等组成。

(2) 点火系统 点火系统有蓄电池点火系统、磁电动机点火系统和微电脑控制点火系统三种。

① 蓄电池点火系统的组成 蓄电池点火系统主要由火花塞、断电器、磁电动机、点火线圈、电容器、高压导线、点火开关、蓄电池等组成。

② 磁电动机点火系统的组成 磁电动机点火系统包括磁电动机、点火线圈、火花塞及高压导线等。

③ 微电脑控制点火系统的组成 微电脑控制电子点火系统主要由传感器、控制器（微电脑）和执行器三部分组成。一般大排量摩托车的点火器内均有微电脑芯片（CPU），称为微电脑控制的点

火系统。

（3）**信号系统** 信号系统的作用是发出声、光信号，提高摩托车行驶的安全性和机动性。信号系统通常由电喇叭装置、转向信号装置和制动信号装置三部分组成，如图7-2所示。

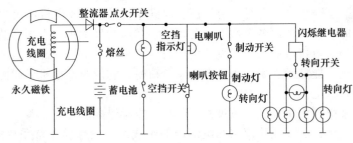

图7-2 信号系统的组成

电喇叭装置主要由电喇叭及电喇叭按钮组成；转向信号装置主要由闪烁器、转向信号灯、转向信号灯开关及转向信号指示灯组成；制动信号装置主要由制动灯及制动灯开关组成。

转向灯可分为前、后转向灯。前转向灯又分为前左转向灯和前右转向灯；后转向灯又分为后左转向灯和后右转向灯。它们分别安装在车身的前后两侧。

（4）**照明系统** 照明系统主要由前照明灯、尾灯、位置灯、仪表照明灯、照明开关、变光开关等组成，如图7-3所示。供电照明系统的基本电路如图7-4所示。照明系统的作用是给摩托车夜间行驶提供各种照明灯光，以保证行车安全。

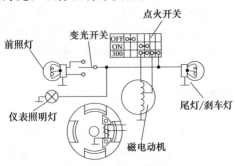

图7-3 照明系统的组成

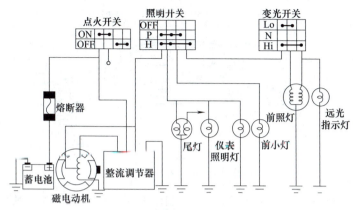

图 7-4　供电照明系统的基本电路

照明灯具包括前照灯总成、尾灯总成、仪表灯、位置表（或前小灯、会车灯）和后牌照灯。有的车型还有起警示作用的雳雾灯。控制开关包括照明开关、变光开关和示廓灯开关。有的车型将点火开关与照明开关合为一体（幸福 XF250）；有的车型将照明开关与变光开关合为一体（本田 CG125）。

> **小提示**
>
> ● 摩托车照明系统按照电源的不同可分为交流照明系统和直流照明系统两种。交流照明系统是以发电机为电源，当发动机不启动时，照明系统不能发光，其特点是对整流器要求比较低，但照明灯光不稳定，特别是当发动机转速低和不运转时，不能提供有效的照明灯光。直流照明系统是以蓄电池为电源，其特点是照明灯光稳定。

（5）**仪表系统**　仪表系统主要有车速里程表、发动机转速表、燃油表、冷却液温度表、空挡指示灯、转向灯、远光指示灯、机油警告灯或机油检查指示器等，如图 7-5 所示。目前，有些高档摩托车上还安装了 GPS 卫星定位系统等装置。

4　控制装置

主要是一些电路开关，包括点火开关、手把组合开关（含变光

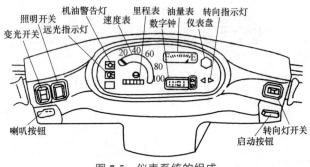

图 7-5 仪表系统的组成

开关、转向开关、喇叭按钮等)、制动开关、空挡开关等,其作用是控制电路的接通与断开。

5 导线和插接件

(1) **导线及电缆总成** 电气设备之间均用导线连接。为使整车线路排列整齐,同途径的走线均用绝缘条包扎或用绝缘套管套装,通常也称为电缆总成或整车电缆。为了安全使用与维修方便,各系统的导线必须选用合适的线径与不同的颜色。一般充电电路选用导线的截面积为 $2.5 \sim 5.0 mm^2$,喇叭及前照灯电路的导线为 $1 \sim 2.5 mm^2$,启动机电路的导线为 $36mm^2$、$43mm^2$、$50mm^2$,其他电路的导线为 $0.7 \sim 1.5 mm^2$,以上数值,因车型不同而不同。导线的颜色可分为单色线和双色线两种。

(2) **导线插接件** 导线插接件是一个连有线束的插座。由塑料作外壳,金属片(多数是铜片)作为触点和插销。

小提示

熔断器

● 熔断器由熔点较低的金属丝制成,通常装在熔断器盒或熔丝管内,其作用是在电路出现故障而产生大电流放电时,及时断开电源,防止故障扩大。

● 车辆的电气系统以及熔断器的使用规格都有明确规定。如果选用的规格过小,熔断器易熔断;如果选用的规格过大,则不能起到"保险"的作用。因此,更换熔断器时,应按规定参数选用。

二、摩托车电气设备的拆装

1 蓄电池的拆装

① 蓄电池的拆卸

a. 将点火开关置于"断开"位置。

b. 拆开蓄电池固定夹板和正、负极电缆固定夹。

c. 拧松蓄电池正、负接线柱上的电缆接头固定螺栓,取下电缆(应先拆卸负极电缆,后拆卸正极电缆,以免扳手搭铁导致蓄电池短路放电)。

d. 从摩托车上取下蓄电池(应注意蓄电池壳体上有无裂纹和电解液渗漏痕迹,若发现应立即更换)。

② 蓄电池的安装

a. 检查蓄电池型号规格是否符合该型摩托车使用。

b. 检查电解液密度和液面高度是否符合技术要求,否则应予以调整。

c. 区别蓄电池正、负极线柱和正、负电缆端子,确认安装位置,然后将蓄电池放到固定架上。

d. 将正、负极电缆端子分别与正、负接线柱连接。

e. 在正、负极接线柱及其电缆端子上涂抹一层润滑脂,防止接线柱和端子氧化腐蚀。

f. 安装固定夹板,拧紧夹板坚固螺栓。

> **小提示**
>
> 拆装蓄电池应注意的事项
>
> ●(1)拆卸时应注意的事项 在往蓄电池极柱上连接导线前,应将螺栓和螺母的螺纹涂上凡士林或黄油,以防氧化生锈和便于以后拆卸。
>
> ● 如果蓄电池的极柱小,而夹头大时,可以在夹头内垫上铅皮或铜皮,并且只垫半圈,以防极柱氧化导致接触不良。 为防止活性物质加速脱落,拆卸时,禁用锤击钳敲。
>
> ● ① 在发动机工作状态下不可拆下蓄电池,否则发电机的电压会不稳定,对摩托车上的电子控制电路会造成伤害。

小提示

● ② 在电器装置（灯光、悬架控制、加热器等）工作状态下不可拆下蓄电池，否则容易产生瞬时高压，对电子控制电路也会造成伤害，需要拆下蓄电池时，应先关闭所有用电设备并断开点火开关。

● ③ 防止控制单元故障信息的丢失。控制单元具有自诊断和故障码的记忆存储功能，若拆下蓄电池可能会丢失故障信息。需要确认控制单元无故障信息后方可拆下蓄电池。

● ④ 检查维护燃油系统时，应先拆下蓄电池搭铁线，防止电源线路刮碰出现火花，引发事故。

● ⑤ 很多车型拆下蓄电池连接线（或拆下控制单元电源的熔断路）30s，可以清除控制单元储存的故障码。但也有例外，有的车型若拆下蓄电池连接线，会将很多有用信息也清除掉了。因而拆下蓄电池连接线前要仔细查看并记录保存有用信息。

● ⑥ 需要与其他车辆电源连通启动发动机时，需先断开点火开关，方可装拆跨接电缆线。在车上进行电弧焊接作业之前，应在关闭点火开关的前提下拆掉蓄电池连接线。拆下蓄电池充电或更换蓄电池后，安装时应注意正、负极性不能接错，蓄电池极柱与连接线连接要牢固，搭铁要可靠。

●（2）安装时应注意的事项　将蓄电池往车上安装时，应先连接火线（即蓄电池正极的连接线），最后才能装搭铁线。这样可防止在连接火线时，金属工具碰到搭铁部分时产生强大火花，造成蓄电池电能的浪费。

2 磁电动机的拆装

（1）磁电动机的拆卸　磁电动机的拆装应在干净的场地进行。拆卸和安装都严禁敲打飞轮转子，以免损坏磁钢及磁铁退磁。另外，在拆和装时都应防止碰伤定子支架上的各绕组线圈。

① 将发动机传动机构卸下，用叉形扳手固定住飞轮转子，用扳手将启动爪从曲轴端上卸下，取下飞轮转子。

② 用凸轮活动拉拔器拉飞轮。

③ 用套筒扳手卸下固定定子支架的 2 个 M6 螺钉，取出定子支架。

安装磁电动机时，凸轮上和曲轴上的键槽对齐，半圆键要装正，紧固定子支架的 2 个 M6 螺钉要拧紧，固定飞轮转子的被动爪也要拧紧，不能松动。

（2）**磁电动机飞轮的拆卸**　磁电动机飞轮的拆装应用规定的专用工具。拆卸时，将飞轮夹持器的凸台插入飞轮体的开口中，固定飞轮，用扳手拆下固定螺母。如图 7-6 所示，将飞轮拉拔器的专用螺母安装在飞轮轴套的螺纹孔内，将专用螺杆顶在曲轴的中心孔上，旋转螺杆，增加对曲轴的作用力，可使飞轮与曲轴分离。拆装飞轮固定螺母时要正确识别螺纹的旋向，以免失误。

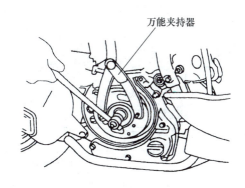

图 7-6　拆卸固定螺母

（3）**磁电动机转子的拆卸**

① 拧下磁电动机盖螺栓，拆下磁电动机盖。

② 拧松并拆下启动机固定螺栓。

③ 取下启动机。

④ 拆下启动机转动齿轮。

⑤ 拆下磁电动机转子螺母。

⑥ 拆下磁电动机转子和链。

⑦ 拆下启动器离合器齿轮。

⑧ 用冲击式旋具拧松定子螺钉，拆开定子。

⑨ 拆下凸轮传动链。

⑩ 从启动器离合器上拆下滚柱、弹簧和推顶件。

⑪ 用台虎钳夹住转子（小心不要损伤转子），并用5mm"T"形六角扳手拧下3个内六角螺栓。

3 交流发电机的拆装

(1) 交流发电机的拆卸

① 交流发电机转子的拆卸　如图7-7所示，拆下交流发电机盖（曲轴箱盖），用保持架固定飞轮转子，取下转子螺栓。在转子上旋入飞轮保持架，取下转子。注意：使用飞轮拆卸器时必须准确旋入附件，利用扳手固定，从而旋入拆卸器轴，取下转子；可以用锤敲打拆卸器轴，但不能直接敲打转子。最后取下曲轴上的半圆键。

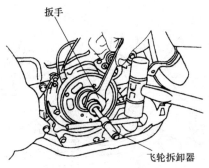

图7-7　拆卸发电机转子

② 交流发电机定子的拆卸　如图7-8所示，取下交流发电机的接头，取出安装在发动机或交流发电机盖（曲轴箱盖）上的定子安装螺栓（螺钉），拆下定子。由于定子螺栓上涂有较多螺栓固定胶，因此必须采用冲击式螺栓拆卸器拆卸。

(2) 交流发电机的安装

① 交流发电机定子的安装　如图7-9所示，安装时应注意定子的安装方向性。在定

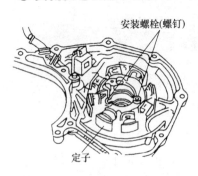

图7-8　拆卸交流发电机定子

子螺栓（螺钉）的螺纹部位涂抹上螺纹固定胶，按照规定的扭矩拧紧。接上定子导线，安装发动机或端盖。注意：定子螺栓若松弛，则接触转动部件（转子）时会损坏转动部件，因此不能忘记涂抹上螺栓固定胶；导线与转子接触部位必须包住，有线夹的地方，必须将导线挤进去，在线环压入部分涂抹上密封胶，使油和水不能浸入。

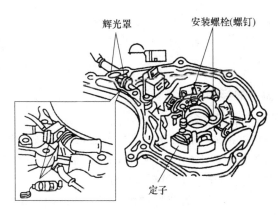

图 7-9　安装交流发电机定子

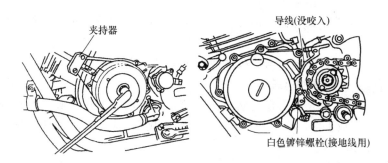

图 7-10　安装转子与发电机

② 转子与发电机的安装　如图 7-10 所示，清洁曲轴的圆锥部分，尤其是圆锥半圆键槽，保证安装后转子与曲轴贴合紧密。清理转子内侧，不得有螺栓和铁屑等异物。带异物安装转子，将导致线圈破损。

装上转子，先临时紧固转子螺栓（螺钉），再采用保持架固定飞轮，并按照规定的扭矩固定转子。最后，在发动机上安装交流发电机（曲轴箱盖）。此时，应确认导线没有被咬住，然后再装上盖子螺栓。

> **小提示**
>
> ● 定子线圈的搭铁与端盖连接。一般为保证发动机与端盖的导通，特设计了一个作为搭铁用的白色镀锌螺栓，若此处搭铁不良，会导致电气系统工作不良。

4　点火系统的拆装

(1) 电子点火器的拆装

① 把车钥匙插入左侧盖板锁孔，并逆时针旋转卸下左侧盖板。

② 从橡胶套中拔出电子点火器 CDI，拆下电子点火器 CDI 与主电缆连接的组合插座，即可拆下电子点火器 CDI。

③ 电子点火器 CDI 的装配过程，与上述拆卸步骤的过程相反。

(2) 点火线圈的拆装

① 拆下侧盖板。

② 从车架上拆下固定点火线圈的螺栓，拆下连接点火线圈的导线，拆下点火线圈。

③ 点火线圈的安装按拆卸的相反顺序进行。

(3) 火花塞的拆装

① 不论是拆下还是装上火花塞，都要使用专用工具，如火花塞套筒扳手等。在一般情况下不得使用代用工具，以免把火花塞螺纹弄坏。

② 拆卸前，应先将火花塞座孔清洁干净，然后从发动机的火花塞上拔下火花塞帽。

③ 在拆卸时，若将套筒扳手套在火花塞体上拧不动，可适当用力敲套筒以促使火花塞松动，经轻敲后仍因锈蚀而拧不动，应找些煤油滴在火花塞旋进口处，让煤油渗进螺纹部位内缓解锈蚀。经5～10min 即可拧动。切忌猛拧，以免损伤火花塞螺纹。

第七章 摩托车电气系统的构造与维修

> **小提示**
>
> 注意事项
>
> ● ① 在拆装火花塞时,稍有不慎,将会造成火花塞口漏气、火花塞螺纹滑丝等现象。而一旦出现这些现象,将会造成发动机工作不正常和影响火花塞使用寿命等后果。
>
> ● ② 在安装火花塞时,要加装密封垫圈,以保证火花塞与发动机缸体的密封度,避免发动机因漏气而降低功率和工作效能,并减少火花塞过热。在加密封垫圈时要注意密封垫圈不可过厚,若过厚则会减短火花塞螺纹体深入气缸的长度,从而导致可燃混合气点燃性变差,使废气过多地汇集在火花塞电极附近,减慢火焰的传播速度,降低发动机的工作效率。

5 照明系统的拆装

灯具的拆卸较简单,前照灯只要旋下下方的紧固螺钉即可拆卸。后转向灯与尾灯为组合式,先要拆下坐垫、载物架、尾罩,再旋下组合尾灯支架上的固定螺钉,拔下接插件,才能将组合尾灯拆下。中间红色灯罩为尾灯,两侧黄色灯罩为转向灯。拆转向灯罩时,只要用小螺丝刀轻轻拨开定位卡子,便可取下罩体。

前照灯的拆卸方法如图 7-11 所示。尾灯的拆卸方法如图 7-12 所示。

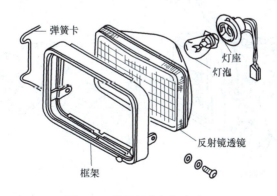

图 7-11 前照灯的拆卸方法

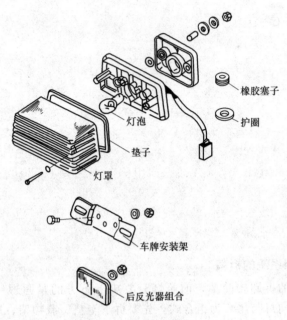

图 7-12 尾灯的拆卸方法

安装前照灯时,注意将前照灯支架上的冲印标记和前照灯外壳上的指示标记对正后安装,如图 7-13 所示。

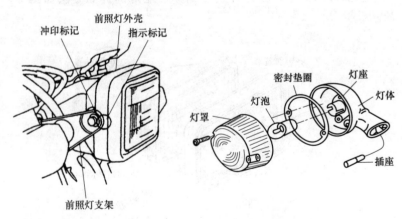

图 7-13 前照灯外壳对正标记　　图 7-14 转向灯的拆卸方法

6 信号系统的拆装

（1）转向灯的拆装　转向灯一套 4 个，分别安装在摩托车的前、后、左、右，均由灯座组合件、灯泡、灯罩等组成。转向灯的拆卸方法如图 7-14 所示。

① 拆下螺钉和灯罩。

② 向里按压灯泡并逆时针方向转动灯泡，即可将灯泡从灯座中取出。

③ 按与拆卸相反的顺序安装好灯泡、灯罩。

（2）制动灯的拆装　制动灯通常与尾灯组装在一起，且共用一个双丝灯泡，故称为尾灯/制动灯。

① 拆下两个固定螺钉及灯罩。

② 按逆时针方向转动灯泡，同时向前推即可取出灯泡。

③ 按与拆卸相反的顺序安装灯泡、灯罩。制动灯的拆卸方法如图 7-15 所示。

7 仪表系统的拆装和仪表灯灯泡及灯座的更换

（1）仪表系统的拆装

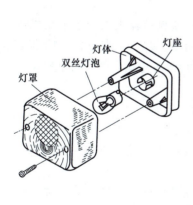

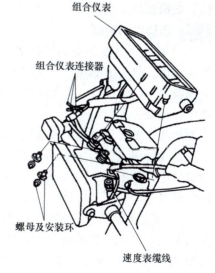

图 7-15　制动灯的拆卸方法　　　图 7-16　组合仪表的拆卸

① 拆下前照灯。

② 如图 7-16 所示，拆下组合仪表连接器和速度表缆线，拆下螺母及安装环，即可拆下组合仪表。

③ 按与拆卸相反的顺序进行安装。

(2) 仪表灯灯泡及灯座的更换

① 拆下前照灯外壳。

② 将灯泡和灯座作为一个组件从仪表盘中拔出，即可将灯泡从灯座中取出。

③ 换上一个新灯泡。

④ 按与拆卸相反的顺序将灯泡及灯座安装好。

8 启动机的拆装

(1) 启动机的拆卸　在拆卸启动机之前，为了不弄错电动机盖的位置，应在机体及前后端盖上做好标记。取下螺钉，即可打开电动机盖。

松开螺钉，打开电动机盖。记录电枢和盖子之间的垫片数量及位置，组合时应与原来一样。记录下拆卸顺序，以便装配时不会弄错。电刷应位于磁极中心线上。

(2) 启动机的装配

① 在机体上安装电刷保持架，应使保持器上的卡子卡在机体上的槽内。机体上必须装上 O 形密封圈。然后，在电枢的两端涂上薄薄的一层润滑脂，在保持架上先旋入各电刷，然后将电枢旋入电刷保持架。

注意，不要划伤电刷和电枢的接触表面。

② 按照拆卸时记录的原样将垫圈装在电枢上。在电动机盖和电动机之间装上 O 形密封圈，再组装机体与电动机盖。注意，安装电动机盖时，不要让轴损坏油封。

③ 装上电动机盖固定螺钉。在发动机安装孔中，装上旋入式的启动机，并检查旋入部分 O 形圈是否损坏。若没有损坏，则在 O 形圈上涂上机油。注意，不要将启动机的接线螺母拧得太紧，否则，启动机内的接头会一起转动。

三、电气系统的维护与调整

1 摩托车蓄电池的维护

有些摩托车的电气信号系统采用磁电动机供动电,无须维护蓄电池,而有些摩托车的转向灯、制动灯、喇叭、油位指示灯均采用蓄电池供电,蓄电池使用一段时间后应进行检查维护。维护时打开车体的左侧盖,拆下螺栓和支架,取下蓄电池。小心旋下蓄电池塞盖,加入适量蒸馏水,使电解液液面达到规定值。

蓄电池电极极板硫化,有严重自行放电、活性物质严重脱落等现象时,应更换蓄电池。若蓄电池电压不足,即正、负极电压低于5.1V或电解液相对密度降低0.06以上时,应对蓄电池进行充电。若蓄电池排气管不畅通,应清除排气管内的污物,清理蓄电池表面灰尘及污物。若蓄电池长期不使用,应将蓄电池从车上拆下,充电后再存放。

2 蓄电池的日常维护的内容

① 支起摩托车主支架,使蓄电池保持水平,检查液面高度是否在上、下标记线之间,若液面低于下标记线时,应补充蒸馏水。

② 检查蓄电池外壳表面有无电解液溢出,应清理脏物,使其保持清洁干净。

③ 检查各导线接头是否接触良好,与正、负接线柱相连接的导线接头是否腐蚀。若导线接头被腐蚀或生锈,可卸下后用刷子清洗。拆卸时,应先从负极开始,并注意不要使负极碰触车体。

④ 刷干净后重新安装时,应先接正极,后接负极,这样操作能防止短路。因为正极接线柱容易被腐蚀(工作时易蒸发氢气),所以应涂抹一层油脂,防止腐蚀。

⑤ 检查加液盖上的小通气孔是否畅通,若堵塞,应将其拧开,用细钢丝捅通。

⑥ 检查蓄电池安装是否牢固,若有松动,应紧固。

⑦ 定期检查电解液密度,季节转换时应调整密度,放电程度超过规定时,要及时充电。

⑧ 观察蓄电池下半部,若底层出现沉淀物,表明极板脱落,

已接近使用寿命期，应准备更换新蓄电池。

⑨ 当发现蓄电池工作异常时，要及时查明原因，排除故障。

3 摩托车磁电动机的维护

摩托车磁电动机应定期进行拆洗、检查、紧固等维护作业，其维护方法如下。

① 拆卸磁电动机时，要注意保护转子上的磁铁性能，不允许敲击转子，不能将转子用火炉高温烘烤，以防退磁，有条件时可采用毫特斯拉计检查转子的磁性能。

② 清洁时可采用布或棉纱，蘸上无铅汽油洗擦转子磁铁极靴表面、定子铁芯和底座表面异物，擦净后应迅速吹干，不得用碱水或煤油清洗磁电动机。

③ 检查铁芯、线圈是否牢固，若发现松动，则应拧紧。若密封圈损坏漏油，则应进行更换。检查线圈的绝缘性时，可使用高内阻的万用表进行测量，不允许使用绝缘电阻表或 220V 的交流电源去检试，否则会破坏绝缘性。

④ 若发现线圈表面绝缘损坏，则可用环氧树脂或绝缘快干漆进行涂覆烘干；当发现线圈骨架与铁芯有相对松动现象时，也可用环氧树脂黏结后烘干固定。

⑤ 对于磁电动机内部的灰尘，可用空气将其吹干净。若焊点松动，则应重新焊接牢固。

⑥ 装配时，应调整传感器触发间隙，可用塞尺调整传感器触发铁芯与转子上的台阶间隙，将其控制在 0.5～0.9mm 之间。调整完毕，应紧固螺钉，并重复检查间隙是否变化。

4 点火线圈的维护

① 点火线圈的外表面应保持清洁，内部应避免受潮，以保持其良好的绝缘性能。

② 点火线圈与高压线的连接应牢固可靠，若连接松动，则容易发生放电跳火现象，使连接部位烧损。

③ 点火线圈次级绕组的一端经高压线、火花塞帽与火花塞相连，在使用中要防止高压线、火花塞帽松脱。当高压线或火花塞帽脱落时，会使次级绕组产生的高压电因负载开路而升高到极限值，

容易导致次级绕组击穿损坏。在检查点火系统的跳火性能时，高压放电跳火的距离一般不应超过 6mm。

④ 点火线圈初级绕组与外电路的连接应牢固可靠。在蓄电池点火系统中，对低压接线柱与外电路的连接通常有极性规定，即正极低压接线柱应直接或间接地与蓄电池正极相连，负极低压接线柱与蓄电池负极相连。

⑤ 对于有触点式蓄电池点火系统，在汽油机停止运转时，应及时断开点火开关；在接通点火开关时，应及时启动汽油机，否则，当断电器触点恰好停留在闭合状态时，初级绕组将连续流过较大的电流，容易使点火线圈因温度过高而损坏。

⑥ 在部分磁电动机点火系统中，点火线圈还与旋转飞轮进行电磁感应，因此点火线圈铁芯应与飞轮磁铁保持规定的间隙（气隙），否则会影响点火性能或引起机械事故。

5 CDI 电子点火系统的维护

点火系统的作用是定时点燃气缸中的可燃混合气。CDI 电子点火系统主要部件有无触点磁电动机、高压点火线圈、CDI 电子点火器（有些车型 CDI 电子点火器和高压点火线圈一体化）和火花塞等。由于 CDI 电子点火系统不需要断电器，因而不需要调整断电器间隙及注意断电器烧蚀。

摩托车行驶一定里程后应对点火系统进行检查维护，具体方法如下。

① 旋下左、右台面板上各 2 个 M6×16 螺钉，取下左、右台面板。对于大阳 DY50Q-3A 型轻便摩托车，旋下左、右侧盖固定销螺钉，取下左、右侧盖。

② 检查无触点磁电动机充电线圈输出线（黑/红）、触发线圈输出线（蓝/白）接触是否良好，导线的绝缘层是否破损。若有故障存在，应及时维修。

③ 检查组合插接件的接触是否紧密，各接地线接触是否良好，接触部位是否锈蚀。

④ 检查火花塞与高压线的连接是否可靠，高压线有无漏电现象。

⑤ 检查高压点火线圈接地线有无松动等。

⑥ 检查磁电动机及 CDI 电子点火器点火时间是否准确的方法是用

点火正时灯检验。将点火正时灯的感应触头夹在高压线上,按下点火正时灯开关,使点火正时灯对准曲轴箱上的标记和飞轮外圈柱面,若高压线有电流通过,火花塞产生火花时,点火正时灯闪光。

⑦ CDI 点火器为电子电路,由环氧树脂充填固化于塑料专用盒内,内部电子元件无需调整,由于摩托车行驶条件较恶劣,其接插件插尖应经常保持清洁、干燥,如发现灰尘、油污,应擦拭干净,保持套应装配到位,防止潮湿、灰尘等。

6 摩托车火花塞的维护

摩托车每行驶 2000～3000km 时应检查和维护火花塞。

① 先拔下火花塞帽,用火花塞扳手旋下火花塞,沿着火花塞清扫灰尘,检查火花塞绝缘体有无裂纹或损伤等缺陷,检查侧电极的焊接处是否有裂痕。若发现火花塞有上述任一现象,则均应进行更换。

② 若火花塞上有积炭、积油等,则可用汽油或煤油、丙酮溶剂浸泡,待积炭软化后,用非金属刷刷净电极上和瓷芯与壳体空腔内的积炭,然后用压缩空气吹干,切不可用刀刮、用砂纸打磨或蘸汽油烧,以防损坏电极和瓷质绝缘体。如果火花塞严重烧蚀或有裂纹、击穿和脱屑,应及时更换火花塞。

③ 检查绝缘体与壳体之间有无松动现象。火花塞正常间隙为 0.6～0.7mm。火花塞间隙可用塞尺检测。如果火花塞无故障,可以继续使用,安装时,先将火花塞用手旋入 1～2 圈。然后用火花塞专用扳手紧固,达到规定力矩要求,防止火花塞处漏气。火花塞规定紧固力矩为 20～30N·m。

小提示

火花塞维护时应注意的事项

● ① 必须经常保持火花塞绝缘体的清洁与干燥。在正常使用中,经常会有灰尘、油污等附着、沉积在火花塞绝缘体上,由于这些沉积物形成了外部泄漏分路,会影响火花塞的正常跳火。另外,有时由于外界因素的原因,火花塞绝缘体上还常常会溅落上水滴或沾上湿气,这更增加了上述沉积物引起的泄漏性。因此,在正常使用中应经常擦抹火花塞绝缘体,保持其清洁、干燥。

第七章 摩托车电气系统的构造与维修

表 7-1 各国生产的火花塞互换方法

项目				国内型号	标准型系列				突出型系列			
螺纹尺寸（直径、长度）	六角对边/mm	热值			NGK（日本）	ND（日本）	Champion（美国）	Bosch（德国）	NGK（日本）	ND（日本）	Champion（美国）	Bosch（德国）
14mm×12.7mm (1/2in)	20.8$^{+0}_{-0.4}$	热↑↓冷		4135J	B4H		L-90	W10A	T4135J	BP4H			W10B
				4136J	B5HS		L-88	W8A	T4136J	BP5HS	W14EP		W8B
				4137J	B6HS		L-86	W7A	T4137J	BP6HS	W20EP	L-95,L92Y	W7B
				4138J	B7HS	W24FS	L-81	W5A	T4138J	BP7HS	W16EP-uL	L-87Y	W5B
				4139J	B8HS	W22FS	L-78	W4A2	T4139J	BP8HS	W22FP	L-82Y	W4B
				41310J	B9HS	W24FS-u	L-4L	W4A1	T41310J	BP9HS	W27FP	UL-82Y	W2B
14mm×12.7mm (1/2in)		热↑↓冷		4195J	B4E		N8	W10	T4195J	BP4E			W10
				4196J	B5ES		N6	W8A	T4196J	BP5ES	W20EP	N14Y,N13Y	W8D
				4197J	E6ES	W22ES	N4	W7A	T4197J	BP6ES		N12Y,N11Y	W7D
				4198J	B7ES	W24ES	N3	W5A	T4198J	BP7ES	W24EP	N10Y,N9Y	W5D
				4199J	B8ES	W24ES-u	N2	W4A	T4199J	BP8ES	W24EP	N8Y,Y7Y	W4D
				41910J	B9ES	W27ES		W2A	T41910J	BP9ES		N6Y,N64Y	W2D

小提示

●② 在检修发动机或进行其他操作时，注意不要碰撞火花塞绝缘体，以免因受力而破损，影响火花塞的正常工作。

③ 在插接或拔下高压接线头时应小心，动作应轻柔，不可用力过猛，更不可摇动火花塞绝缘体，以免破坏火花塞的密封性或导致火花塞损坏。

④ 新火花塞或拆下清洗检查的火花塞不能跌落、抛掷，以免绝缘体损坏。

各国生产的火花塞互换方法见表 7-1 所示。

国产火花塞适用于进口摩托车型号的对照表见表 7-2。

表 7-2　国产火花塞适用于进口摩托车型号的对照表

国产火花塞型号	摩托车生产厂	摩托车型号
1136	本田	C50，CF50
1137	本田	CD50，C70，CD70，CF70
4137J	雅马哈	YB50，V50，V70，V75，YB80，V90 YB100，DX100，YB125
	川崎	KC100，125DX，KC125
4138J	雅马哈	GT50，MR50
	铃木	AC50，A100，A100K，TC100，K125，T350
	BMW	R27，R60
4139J	铃木	A50，GP125，GT125，TR125
4196J	川崎	KZ200/A
4199J	雅马哈	DT50，DT90，DT125
	铃木	AX100，DS100
T2136	本田	MD90
T2197	本田	CG110
T2198	本田	CB125，CG125，GL145
T4135J	雅马哈	MA50
	铃木	FA50，FR50，OT50，K90
T4137J	雅马哈	V80，YB90（1955 年后产品）
	铃木	K50，RT50，FR80
T4138J	铃木	A50，A80，K125
T4197J	BMW	R80/7
T4198J	BMW	R60/5，R70/5，R75/6
T4199J	川崎	AR80

第七章 摩托车电气系统的构造与维修

由于一种车型所用的火花塞，其型号不是固定不变的，在选配时主要应根据所用摩托车发动机的新旧程度、使用情况等具体因素并结合表 7-2 来合理选择。

7 断电器总成维护

断电器是有触点式点火装置的重要零部件，断电器维护不当时易出现故障，所以在使用过程中要经常进行维护。

(1) 凸轮的维护 有触点点火的发动机，凸轮和断电器决定着点火提前角的准确性及稳定性。凸轮转动时，与断电器顶块产生滑动摩擦。为了减轻凸轮和断电器顶块的磨损，凸轮的工作表面应保持光洁。在断电器上均装有毡刷，毡刷与凸轮的工作表面相接触，用以刷掉凸轮工作表面的污物，并对凸轮工作表面进行润滑。毡刷应浸存适量的润滑油。摩托车每行驶 3000km，应对毡刷进行清洗并重新浸油。对毡刷浸加润滑油应适量，多余的润滑油容易使断电器触点受到油滴或油雾的污染，影响断电器的正常工作。

(2) 断电器的维护 断电器触点在闭合时有数安培的电流流过。为了减小断电器触点在闭合时的接触电阻，触点的工作表面必须保持清洁，不得有灰尘、油污或其他妨碍接触的污物。对触点工作表面的污物可用四氯化碳或酒精清洗。断电器活动触点是绕断电器轴摆动的。维护时应对断电器轴进行清洗，并滴加适量润滑油进行润滑。断电器上的各铆接件均应牢固，若有松动现象，应及时修理，否则会影响断电器的稳定工作。

8 电喇叭的维护

① 摩托车经过一定时间的行驶后，电喇叭的固定部位可能松动而影响喇叭的发音。因此，应注意检查和紧固电喇叭的固定部位，注意电喇叭应良好接地。

② 当电喇叭发音减弱时，应先检查电源是否充足、按钮接触是否良好，然后用旋具调整电喇叭后端的调整螺钉，只要向左或向右微微转动螺钉，就可将电喇叭声音调到满意的效果。

③ 注意每次按下电喇叭按钮的时间不要过长。

④ 电喇叭的安装位置应适当向下倾斜，以免在雨天时进水；洗车时也要注意防止电喇叭进水。

9 直流发电机的维护

通常情况下,摩托车每行驶6000km就应维护一次发电机,维护的主要任务是清除炭刷磨下的炭粉,过多的炭粉堆积在整流子上,必然导致接触电阻增大,对发电机的工作十分不利。其维护方法如下。

① 拧下发电机盖上的固定螺钉,卸下发电机盖。

② 拧下发电机壳上的两个长螺钉,轻轻晃动发电机壳,并用力向外拉发电机壳,即可取下定子。

③ 用干净的布蘸上汽油和煤油,将定子里面及整流子上的炭粉擦洗干净。

④ 如果整流子表面发黑,可先用细砂布打磨干净,再用废锯条将整流子小槽内的脏物清除干净。

安装时,应先将断电器拆下,并在定子的6个磁极上每隔一个垫上一层135胶片,再用手将两个炭刷托起,不要托得太高,以免接线拉断,然后再将定子装入,拧紧螺钉并抽出胶片。最后将断电器盘装好。

维护时,还应检查调节器各接触点是否产生氧化层,若有氧化层,应用细砂布打磨干净,以免因接触电阻增大而烧坏接点。

10 断电器的检查调整

若触点脏污和烧蚀,应进行打磨并清理干净。若触点间隙不正确,应加以调整,使其符合正确间隙。若触点错位,应加以校正,并保证接触面大于75%以上,校正后仍不符合要求的,应更换新件。

检查点火时刻:对于可移动磁电动机底板的车型(图7-17),先将断电器触点间隙调整到规定值,即在0.35~0.45mm之间,再调整磁电动机底板,以调整点火时间。

磁电动机底板不能移动的车型,可直接调整断电器触点间隙,即可改变点火时间。首先连接试灯,慢慢转动飞轮,当试灯熄灭或变暗时,立刻停止转动飞轮,此时刻为点火时刻。这时断电器触点刚刚断开,观察飞轮上F刻线与曲轴箱上标记有无对齐。对齐了则点火时刻正确;飞轮上F刻线沿飞轮方向超过了曲轴箱上的标

第七章 摩托车电气系统的构造与维修

图 7-17 可移动底板的磁电动机

记,则为点火过迟;还未到曲轴箱上的标记,则为点火过早。

调整断电器:将飞轮转动到 T 刻线与曲轴箱上标记对齐,松开断电器座固定螺钉,顺时针拨动断电器调节槽,触点间隙减小,点火时刻提前;逆时针拨动断电器调节槽,触点间隙增大,点火时刻推迟。拧紧断电器座固定螺钉,再次按上述方法检查点火时刻。

11 调节器、整流器的插接线的检查

检查调节器、整流器的插接线如图 7-18 所示。若导线束端检查结果正常,则应检查调节器、整流器的插接件是否接触良好,测定调节器、整流器接线间的电阻。若电阻值不符合要求,则应更换。

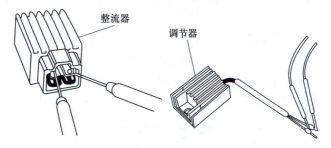

图 7-18 检查调节器、整流器的插接线

12 启动机的检查

① 检查整流子,若有脏物则用 600 号砂纸磨光。
② 测量整流子直径,不符合要求则更换启动机。
③ 测量云母切口,使其符合切口深度,保证整流子正常工作。

④ 检查电枢线圈（绝缘，通电），若有缺陷则更换启动机。

检查时用万用表进行通电、绝缘性能测试。测量电枢电阻：通电测试，电阻应符合规定值。若电阻值出现异常，则更换启动机。

⑤ 测量电刷长度，不符合规格，则更换。

⑥ 测量电刷弹簧弹力，若不符合规定要求则成套更换。

13 高压火花的检查

磁电动机有触点点火系统高压火花的检查方法：拔出高压线，距离缸体 5~8mm，蹬启动杆或启动发动机（电启动车型），观察高压火花。若呈一束蓝色火花，说明高压线之间的电路正常，但还应检查点火正时是否正确和火花塞是否有脏污、积炭以及电极间隙是否正确等。

14 通过检查点火提前角来检查点火正时

检查时，将变速器挂入空挡，取下曲轴箱观察孔上的塞子，慢慢扳动启动蹬杆，使分电器点火凸轮转动，转至断电器触点（白金触点）刚刚分开的瞬间，曲轴箱上观察孔刻线（有的刻在孔内）应对准在飞轮上的刻线或在两条刻线范围之内。

断电器触点刚刚分开瞬间的判断方法有以下两种。

① 打开点火开关，触点刚断开时产生电火花，可听到"啪"的响声。

② 拆下接线片，将万用表或测试灯一端接动触点，另一端接静触点，万用表由通到断或测试灯小灯泡由亮到灭的瞬间即是断电器触点刚刚分开的瞬间。

15 用定时蜂鸣器检查点火时间

将火花塞取下，连接蜂鸣器，然后按逆时针方向转动飞轮，直至飞轮上定时标记与飞轮里边的定时板对准为止。如果点火正时，当对准时，蜂鸣器就会发出蜂鸣声；如果蜂鸣器不出声，则需调整断电器触点或底板位置，如图 7-19 所示。

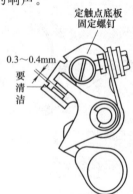

图 7-19 检查调整断电器触点间隙

16 运用测试灯检查点火时间

用调试灯检查点火时间的方法如下：调试灯就是一个普通的小灯泡，例如手电筒用的灯泡。灯泡的一极接在蓄电池正极，另一端搭铁在接线座上，电池的负极搭铁。逆时针转动飞轮，使飞轮上的"F"标记与曲轴箱上的刻线对准。若此时调试灯亮了，说明点火正时；若调试灯不亮，说明点火不正时，应进行调整。

17 发动机点火提前角的调整

摩托车发动机点火提前角和铂金间隙是可调的，其调整方法如下。

卸下磁电动机盖，逆时针旋转磁电动机飞轮，当飞轮上的"F"刻线对准曲轴箱的刻线时，断电器的铂金触点应处于刚断开位置；当磁电动机飞轮上的"T"刻线对准曲轴箱上的刻线时，即是活塞的上死点位置。由"F"刻线到"T"刻线的角度即为点火提前角。

调整断电器铂金触点间隙时，应首先保证点火提前角，即先将飞轮上的"F"刻线对准曲轴箱上的刻线，然后拧断电器支座固定螺钉，用螺丝刀拨动触头，并用塞尺调整铂金间隙在 0.3～0.4mm 范围内，最后拧紧断电器固定螺钉。

若在调好断电器铂金间隙后仍不能保证点火提前角，则要进一步检查和调整。先拧松支座固定螺钉，然后用螺丝刀拨动支座，用正时指示灯检查调整，调整合适后，拧紧支座固定螺钉。

如果经过反复调整，仍不能兼顾点火提前角与铂金间隙时，即表示断电器拨头或铂金已严重磨损，应更换断电器组件。

18 无触点点火方式的摩托车点火正时的检查与调整

许多摩托车发动机采用的是无触点点火方式，一般无需用户调整点火时间。检查时，如果磁电动机飞轮上的"F"标记与底板上的指示标记是对准的，那么点火也应是正时的。若"F"标记与底板上的指示标记对准后，点火仍不正时，则应检查脉冲发生器触点间的间隙。

可用塞尺检查，间隙应在 0.5～1.0mm 之间。若间隙符合规定，点火仍不正时，则说明 CDI 组件或飞轮磁电动机有故障，应进行维修。

19 有触点点火方式的摩托车点火正时的检查与调整

有触点点火系统点火提前角的调整方法有两种。
① 调节断电器的触点间隙。
② 调节磁电动机底板的固定位置（对于有触点式蓄电池点火系统，则是调节断电器底板的固定位置）。

调节断电器的触点间隙，使触点间隙增大时，凸轮顶开动触点的时刻提前，点火提前角增大；反之，触点间隙减小时，凸轮顶开动触点的时刻推迟，点火提前角减小。由于断电器的触点间隙只能在限定的范围内变动，因此，利用调节断电器触点间隙的方法，只能在小范围内调整点火提前角。

改变磁电动机定子底板的固定位置，可以在较大范围内调整点火提前角。松开磁电动机定子底板固定螺钉，使磁电动机定子底板的固定位置顺着凸轮的旋转方向移动时，点火提前角减小；反之，使磁电动机定子底板的固定位置逆着凸轮的旋转方向移动时，点火提前角增大。调整完毕后，将磁电动机底板固定螺钉重新拧紧。利用这种方法调整点火提前角时，应先将断电器的触点间隙调整合格，而后再调整点火提前角，以免在调整断电器的触点间隙时，使已调整合格的点火提前角又发生变化。

个别的有触点点火系统，磁电动机定子底板的固定位置是不可调节的，对此只能用调节断电器触点间隙的方法来调整点火提前角。当由于顶块磨损或触点烧蚀使断电器的触点间隙与点火提前角不能兼顾调整时，应更换断电器。

20 火花塞电极间隙的调整

调整间隙时应用钢丝制的专用量规（间隙调整规），因为侧电极常常被烧蚀成凹陷状态，用钢丝量规可以调整得更准些。如无专用钢丝量规，也可采用厚薄规，但要充分考虑到侧电极的凹陷情况，以确保准确的间隙。调整间隙时不应随意扳动侧电极，以免侧电极根部因反复扳折而开裂脱落。如果调整时需要扳动侧电极，则扳动角度应尽可能小些。

21 前照灯光束的调整

调整前照灯的灯光高低，最好在晚上进行，因为调出的远近光比较准确。有些摩托车的前照灯光束始终调不好，不是偏左就是偏右，不是偏高就是偏低。实际上，这是由于灯泡的质量问题造成的。灯泡的灯丝位置不正、灯丝偏斜，灯泡发出的光线不在反光罩的焦点上，会影响前照灯聚焦不良。换一个产品质量较好的灯泡问题就解决了。

前照灯光线偏高，原因为前照灯反光罩过高，只要将调整螺钉再往里拧几圈即可。前照灯光线偏低，可将前照灯反光罩的调整螺钉退出几圈。前照灯光线偏左、偏右的主要原因是前照的灯壳固定架不正、固定架变形，发现前照灯变形时，可对前照灯支架进行校正或更换。

22 电喇叭的调整

① 对于音质不良的电喇叭，用旋具左、右旋动电流调节螺钉即可，在旋动的同时，按喇叭按钮，边旋边听，一直到声音悦耳为止。

② 将万用表置于电阻挡，表笔分别与电喇叭的电源插头相接；松掉电喇叭调整螺钉的锁紧螺母，用小旋具在左、右方向旋转电喇叭调整螺钉，同时注意万用表指针的变化，发现指针由无穷大变为0时，旋具不要朝螺钉的正旋转方向旋转，而是反方向轻轻旋转1/10圈（轻轻一动），发现万用表的指针稍微一动，电阻便由0又变为无穷大时，此时电喇叭触点之间的间隙为标准间隙。

用旋具压住电喇叭的调整螺钉不动（使喇叭触点的间隙不变），用尖嘴钳拧紧调整螺钉锁紧螺母。通电检查电喇叭的音量及音调无问题后，在电喇叭的调整螺钉的锁紧螺母上涂适量的密封胶，以防调整螺钉因振动而出现松动，电喇叭装车即可正常使用。

23 制动灯开关的调整

踩下制动踏板后，若制动灯不亮，用手拉一拉弹簧试一试：如制动灯亮了，则故障原因是开关调整不当，卸松制动开关螺钉，调整开关间隙，边拉动开关，边向后调整开关，改变制动踏板开关开闭时间，在实际调整中，应保证踩动制动踏板时制动灯即亮。

如不踩制动踏板，制动灯总是亮的，可将制动灯螺钉松开，向前调整，调到踩下制动板后制动灯再亮。

如图 7-20 所示，通过转动调节螺母就可满足制动灯的亮、灭与后制动同步。顺时针转动调节螺母，制动灯提前接通，逆时针转动调节螺母，制动灯延迟接通。

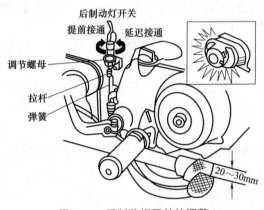

图 7-20　后制动灯开关的调整

四、电气系统主要部件的维修

1　蓄电池的维修

① 检查正、负接线柱表面有无氧化现象。若有，应卸下两接线柱上的连接导线，对接线柱及导线接线片的接触面进行打磨与清理，清除氧化层后，再将蓄电池放在充电机上充足电，然后装回即可。

② 检查蓄电池电解液的高度和密度。取下蓄电池注液孔盖，用密度计检测蓄电池各单体电解液密度，电解液正常密度应为 $1.27\sim1.29g/cm^3$（液温为 20℃）。若密度小于 $1.27g/cm^3$，说明蓄电池充电不足，则应补充充电或更换电解液；若密度大于 $1.29g/cm^3$，应补充蒸馏水，直至电解液密度达到规定值。

③ 当发现电解液变得浑浊不清时，说明极板的活性物质已严重脱落，当较多的活性物质脱落并沉积于底部时，会引起严重的自放电现象（每天放电 2%），应更换蓄电池。

④ 蓄电池极板硫化。当极板上出现粗大而坚硬的硫酸铅晶体时，称为极板硫化。极板硫化会使蓄电池的容量减少，电解液的密

度降低，充电时温度升高。当极板的硫化程度比较轻微时，可用小电流长时间的充电方法来解决问题，并用全充全放的形式反复进行多次充放电循环。若极板的硫化程度严重，只能更换蓄电池。

2 磁电动机的维修

（1）线圈的维修　磁电动机线圈的种类较多，向点火系统供电的线圈有点火充电线圈（用于有触点点火系统）、充电线圈和触发线圈（用于无触点点火系统）；向信号系统和照明系统供电的线圈有信号线圈和照明线圈（或合用一个带抽头的线圈）。

用万用表欧姆挡检测各线圈与导线端之间的电阻，如图 7-21 所示，可以判定是否有断路或短路现象。当电阻明显大于正常值时，表明引线接触不良；当电阻无穷大时，表明有断路现象；当电阻明显小于正常值时，表明有短路现象。应对线圈进行维修或更换。

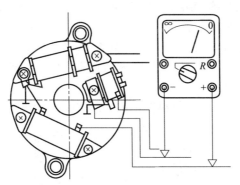

图 7-21　检查线圈的断路和短路

当线圈有断路或短路时，可将旧绕组从线圈骨架上卸下，按原线径、匝数和绕向重新绕制，并在绕制的线圈外部包上白纱布或白线，然后浸绝缘漆并烘干。

对于信号线圈与照明线圈共用同一铁芯的发电机，还应测其照明线圈输出端对地的电阻值，以排除因照明线圈短路或搭铁而影响信号线圈的输出。

（2）飞轮维修　飞轮的结构如图 7-22 所示。

① 检查键槽及锥孔　键槽损伤、锥孔损伤以及铆接松动，容易

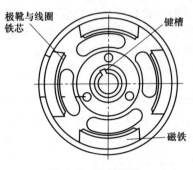

图 7-22 飞轮结构

引起飞轮极靴与线圈铁芯擦碰。当铆接有松动时，可重新铆接。

② 检查极靴与线圈　检查飞轮在旋转中是否偏摆，然后检查线圈铁芯在底板上的固定是否有松动，以及底板在曲轴箱上固定是否偏斜或松动。极靴与铁芯擦碰时，应及时维修。

③ 检查磁铁判断转子（飞轮）是否退磁　只要将旋具分别放在新旧飞轮的磁铁上进行吸力试验与比较，便可确认。如果磁性减退，可将飞轮放在充电设备上重新充磁。当充磁的磁场方向有误时，可改变磁场方向后重新充磁。

（3）整流调节器的维修　两轮摩托车整流器的常见形式有三种：由一个二极管所组成的半波整流器，如铃木 A100、AX100 等；将整流器与电压调节器合为一体的整流/调节器，如嘉陵本田 JH70、幸福 XF125 等；由 4 个二极管所组成的桥式全波整流器，如幸福 XF250 三种形式。

CY80 型摩托车磁电动机供电电压和充电电流的检测如图 7-23 所示。

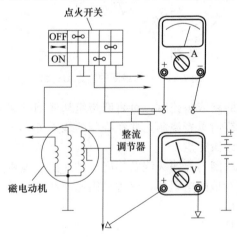

图 7-23　CY80 型摩托车磁电动机供电电压和充电电流的检测

在采用磁电动机的电源设备中,对照明系统供电电压和蓄电池充电电源的调节方式是多种多样的,但对电源设备性能检测的方法都相同,通常可以利用图 7-23 中所示方法检测。

① 检查整流器 仅有一个二极管组成的半波整流器的常见故障不外乎断路或被击穿,由于正常的二极管本身具有单向导通的特点,因此通过万用表对其正反向进行检测,便可做出判断。

最基本的方法是用万用表测量各个端子间的通电情况,当显示一个极性导通而另一个极性不导通时,说明正常。另外,应当注意在电池脱离连接状态时,若启动发动机,会给整流器加上高电压,瞬间内就会使整流器报废。

检查时先拆下整流器(即二极管),用欧姆表测量整流器两导电片间的电阻,然后将表笔对调一下,再测量一次。所得两次测量电阻值可能有以下几种情况。

a. 一次测量电阻值无穷大(大于 10kΩ);另一次测量电阻值较小(小于 10Ω),说明整流器良好。

b. 两次测量电阻值均很小(即表针指示接近 0),说明整流器已短路,则应更换。

c. 两次测量电阻值均无穷大(即表针不动),说明整流器已断路,则应更换。

d. 两次测量电阻值相等,说明整流器无整流作用,则应予以更换。

e. 两次测量电阻值相差不大,即为反向漏电,说明整流器整流作用性能差,则应予以更换。

f. 测量时电阻值不稳定,说明整流器内部接触不良,则应更换。

② 检查稳压器

a. 如图 7-24 所示,使用万用表检查稳压器的端子与接地端间是否导通。

端子与接地端若不导通,则正常。而且,检查时应变换万用表试笔的正、负端子,反复进行。

图 7-24 检查稳压器

b. 使用蓄电池进行检查，如图 7-25 所示，用万用表检查，无法进行稳压器内部的晶体管、稳压二极管等电子回路的检查。因此，可同时进行如下检查。

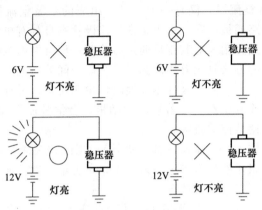

图 7-25　检查 6V 稳压器

将蓄电池连上灯泡（3～10W）后进行检查。但这种检查方法无法判定电压设定值。使用的灯泡，其电压值应等于或高于蓄电池的电压值。

③ 检查稳压整流器　整流器与稳压器合为一体的装置是稳压整流器。检查时可用万用表测量各导线端子间的电阻值及导通情况，如图 7-26 所示。

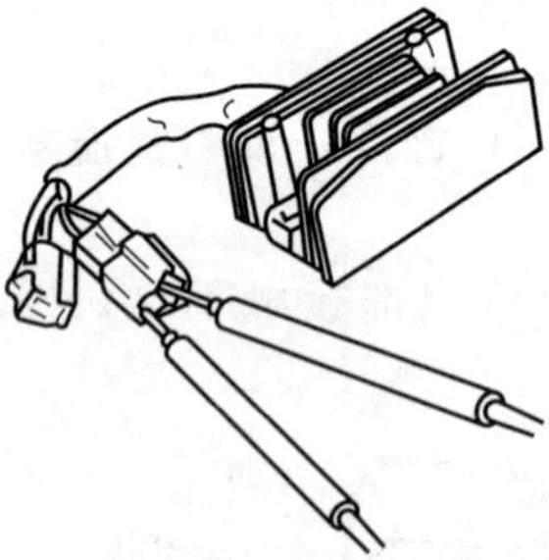

若测量值不符合规定值，说明整流调节器已损坏，则应更换。

④ 桥式全波整流器的检测　对于桥式全波整流器（单向），可用万用表的欧姆挡分别测量每个二极管（共 4 个）的正反向电阻来判别其好坏，其方法和原理与半波整流器相同。完好的桥式全波整流器除了每个整流二极管单独检测时需符合要求之外，还必须要能按必要的导通方向连接成桥式整流器的通路。

图 7-26　稳压整流器的检查

当其中某一个二极管损坏时，可用电烙铁将已被击穿或损坏的二极管焊点处熔化并取下，换上型号及规格与原件相同的新二极管即可。

3 交流发电机的维修

① 检查整流子 用万用表检查整流子的各端子间有无导通情况，如图 7-27 所示。当一个方向导通且另一个方向不导通时为正常。

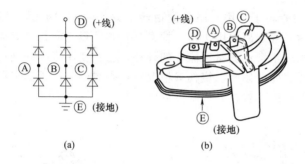

图 7-27 检查整流子

② IC 整流器的检查 按图 7-28 所示连接整流器。将可变直流电源的电压设定在 12V；将可变直流电源的电压从 12V 缓慢调高，达到（14.5±0.2）V 时灯灭。

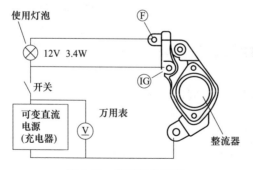

图 7-28 整流器的连接

按上述检查后，检查端子与端子之间是否导通，若导通则正常。

③ 检查定子线圈　用万用表测量各引线间的电阻,如图7-29所示,在规定值内则为正常;还应检查铁芯与线圈间是否导通,若导通则正常。用万用表 $R\times 1\Omega$ 挡分别测三相绕组各输出端与中性点（N）之间的电阻,每相绕组电阻相同,一般在 1Ω 以下。若阻值过大和无穷大,则表明引线接触不良或绕组有断路现象。若某一相绕组的电阻明显小于正常值,则表明这一相绕组的匝间有短路现象。

④ 检查转子　用万用表测量转子集流环间的电阻,如图7-30所示,达到规定值内则正常;检查弹簧和芯径之间是否导通,如果不导通则属正常;测量集流环的外径,若在使用限度内则正常;检查集流环表面的偏磨、烧伤等情况;检查炭刷,用游标卡尺测量炭刷伸出的长度,若在允许限度内则正常。

图 7-29　定子的检查

图 7-30　检测集流环电阻

4　火花塞的维修

检查火花塞的烧灼情况,若为淡茶色干燥状态,则无异常。若出现下列情况时,则应进行修理或更换。

① 当附着有乌黑的炭时　当用细金属丝等刮附着物时,如能容易刮掉的话,这是混合气燃烧时产生的积炭,将火花塞清洁器等清洗后即可。其原因是混合气过浓或油窜至气缸内,应进行检查修理。

如果不是上述情况的原因,但火花塞仍有被熏黑的现象,说明车辆使用条件（行走条件）和火花塞的热值不当,应立即更换为低热值火花塞。

② 火花塞呈乌黑而潮湿的状态时 其原因是，因阻气门使用频度过高，造成过多地吸入了过浓混合气；因空气滤清器部件堵塞而吸入过量的过浓混合气；或者火花塞的热值过高等而引起的。若过量吸入过浓混合气时，使火花塞干燥即可。

③ 火花塞绝缘体烧成雪白色或局部与电极一起烧化时 这是因为电极部位过热而出现的现象。产生的原因是冷却系统不正常、混合气过稀等。如果不是上述原因而仍然出现过热现象时，则是因行驶条件和火花塞的热值不当而引起的，必须立即使用高热值火花塞。

检查火花塞间隙。用塞尺检查中心电极与接地电极间的间隙，偏离规定值时应进行调整。一般 125mL 及以下排量间隙为 0.6～0.7mm。

5 点火线圈的维修

高压点火线圈的故障不外乎断路（脱焊）、短路（烧毁）两种情况。其检测方法有以下三种。

① 万用表法检测 用欧姆表 $\Omega \times 1$ 挡测量一次侧线圈（一次侧绕组）的电阻值，如图 7-31（a）所示。若测得的结果与规定值相差甚大，说明该线圈已损坏。同理，可用 $\Omega \times 1k$ 挡对二次侧线圈（二次侧绕组）按如图 7-31（b）所示的方法进行测量。低压线圈的阻值约为 1Ω，高压线圈的阻值约为 5000Ω，即为正常。若电阻数值太小，说明点火线圈内部可能短路；若线圈不通，说明点火线圈断路。

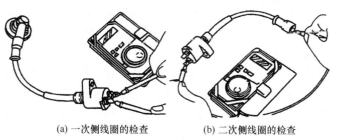

(a) 一次侧线圈的检查　　(b) 二次侧线圈的检查

图 7-31　高压点火线圈维修

> **注意**
>
> ● 二次侧线圈的标准阻值基本上都是不带火花塞帽时的检测数据，如连同火花塞帽一起检测的话，还应加上各自火花塞帽自身的阻值。

② 试火　如果不具备仪表时，可用试火的方法来初步鉴别高压点火线圈的好坏。正常的高压点火线圈至少应保证其跳火间隙达到 5～8mm。

③ 用220V交流电检查　在一支绝缘触针的引线中，串联一个25W或15W灯泡作为试灯，并且把220V交流电接在两支绝缘触针的引线上，将两支绝缘触针分别接触在点火线圈的低压线圈正、负极线柱上。若试灯亮，说明低压线圈良好；若试灯不亮，说明低压线圈断路。然后，将一支触针触及到低压线圈任一极接线柱上，另一支触针触及到点火线圈外壳上，若试灯不亮，说明低压线圈绝缘良好；若试灯亮，说明低压线圈短路。

将一支触针插入高压线插孔（正极）内，另一支触针在低压线圈负极接线柱上划碰。若试灯不亮（因为高压线圈阻值大），并在负极接线柱上产生小火花，说明高压线圈良好，若不产生小火花，说明高压线圈已断路；若试灯亮，说明高压线圈已短路。

6　电容器的维修

电容器在使用时时刻受到较高电压和较大电流的充放电的冲击，其内部绝缘层会遭到破坏，造成击穿或漏电。若引线受振动松脱，则会造成断路。

可以用万用表 $R \times 10k\Omega$ 挡检测，如图7-32所示，用一个表笔接电容器接线片，另一个表笔接电容器外壳，指针应摆动一个角度后回到原来的阻值较大的位置。若指针不摆动，表明电容器外部或内部引线有断路现象；若指针摆动一

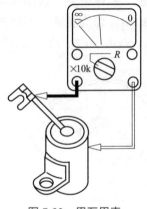

图7-32　用万用表检测电容器

一个角度后，停留在小于 10MΩ 的位置，则表明严重漏电。若重复进行测量，需先将电容器引线与外壳短接放电后再进行，否则指针将不再发生摆动。电容器断路、短路或严重漏电时，都应更换。

7 电子点火器的维修

无触点电子点火系统，在正常使用条件下工作可靠、性能稳定、无需进行调整。对电子点火器的故障，可用以下两种方法进行检查。

① 替换法　把需要检查的点火器组件拆下，用性能良好的同类产品替换。若点火性能恢复正常，则表明原点火器有故障，应予以更换。

② 万用表法　用万用表欧姆挡测量电子点火器各引线电阻，与标准值进行比较。若测量出的电阻有明显的差异，则表明电子点火器有故障，应予以更换。

8 导线插接器的维修

导线插接器是一个连有线束的插座。由塑料作外壳，金属片（多数是铜片）作为触点和插销。插接器的特点是安装方便、接线准确。但它和焊接的连接方式不同，这种方式在使用中时常出现接触不良故障。接触不良的结果将导致信号中断，直接影响着摩托车的使用性能。

导线及插接器发生故障，一般是由于导线在使用中折断、插接器接触不良、插接器端子松脱、线束与车身之间产生碰擦或挤伤损坏造成的。检查的重点是传感器部分和插接器。检查前，应首先观察在车身上的导线插接器的固定是否牢固，然后按下列方法进行维修。

① 检查电线通断　首先逐一拆下各导线插接器，检查插接器端子上有无锈蚀。在蓄电池附近的插接器和电线尤其要注意锈蚀的情况。对锈蚀和脏污的电线及插接器要仔细清理。检查端子片是否松动或装反，检查端子固定是否牢靠，在轻轻抖动时，端子应无松动现象。如果在哪一个座孔中的插头端子拔出时比其他座孔容易，该座孔可能在使用中会引起接触不良、插不到位的故障。

② 短路电阻值检查　在测量插接器相应端子间的电阻时，如电阻值不大于 1Ω，则说明电线正常，可进行下一步检查。在测量导线电阻时，最好在垂直和水平两个方向轻轻摇动导线以提高测量的准确性。同时注意，对大多数导线插接器来说，万用表表棒应从插接器的后端插入。但是，对于装有防水套的插头插接器来说，表

棒则不能从后端插入，因为在插入时稍不小心便会使端子变形。

③ 检查时的注意事项　对插接器的检查，必须在点火开关关闭的状态下进行，否则会因电流自感或短路而烧坏有关电器元件。在拆下导线插接器时，要仔细观察插接器的连接方式，首先要在松开锁紧弹簧或按下锁扣的情况下才能将插接器拆开，切忌不可强拉硬拽。

④ 装复时应按相反的方向将插接器插到底并锁止　某些防水型的导线插接器拆下检测时，应注意小心取下皮套，防止将皮套弄坏，而影响防水效果；在复装时，一定要将防水套装到位。否则，可能因水进入插接器而导致电路故障。在用万用表检查插接器时，表棒插入时不可对金属端子用力过大，以防其变形而引起接触不良。

9 燃油油位传感器的维修

拆下燃油油位传感器，检查燃油油位传感器浮子有无破裂或变形，若有，应更换燃油油位传感器。

然后用手上下移动浮子，用欧姆表测量浮子在上限位（即油满的位置）和下限位（即油空的位置）时插接器各导电片间的电阻。若测得的电阻值与规定值明显不符，说明燃油油位传感器内部电阻器已烧坏，应更换。

10 润滑油油位传感器的维修

从润滑油箱上拆下润滑油油位传感器，用欧姆表测量润滑油油位传感器引出导线之间的电阻。当浮子因自重下落到底时，应呈现导通性；当浮子上浮时，应呈现非导通性。否则说明润滑油油位传感器工作不良，应予以更换。

五、电气系统故障的诊断与排除

1 蓄电池充不进电故障

发电机正常工作时，蓄电池长时间充电，而电压升高很慢，说明蓄电池充不进电。其主要原因有以下几点。

① 充电线路中接头处松动或锈蚀，使电阻增大，电流强度减小。

② 蓄电池极板硫化，使其表面附上一层导电性能差的白色硫酸铅晶粒，这种粗大晶粒堵塞极板孔隙后，电解液难以渗入，致使内电阻增大，电流强度减小。

③ 蓄电池长期缺少蒸馏水，电解液密度过高或过低等。

④ 由于充电机采取大电流给蓄电池充电或充电过度，以大电流使蓄电池放电。

⑤ 若蓄电池使用了一年以上而充不进电一般为蓄电池疲劳损伤，应更换新蓄电池；若蓄电池温度偏高且行车很长时间电流表仍指在+5A以上，可用高率放电仪检测；若测得某单格电流电压低于1.5V，说明此单格电池内有短路故障，应拆开维修；若电解液非常浑浊，一般是极板上的活性物质已大部分脱落，基本失去了工作能力，应换用新蓄电池；若使用1~2次启动机后，再启动时启动机依然无力，说明该蓄电池处于浮充电状态，这是由于极板硫化或负极板硬化所致，应对蓄电池进行恢复性充电。

故障检查方法：应先检查各接头是否松动或锈蚀，然后根据充电时的现象来判断极板是否硫化。如充电时，电解液的温度升高很快，或充电的时间不长，电解液便产生大量的气泡，但电压并未提高，这说明极板已被硫化。此时，应拆开蓄电池进行修理，并换极板或更换蓄电池。

蓄电池不充电的故障的排除方法如下。

发动机工作时，信号装置（如电喇叭、转向灯、制动灯等）能工作，但在发动机停止运转时，信号装置不能工作，说明蓄电池不充电。

根据上述故障现象，说明磁电动机的照明、充电线圈及到整流电压调节器的线路没有故障，可能是蓄电池损坏或极板硫化，或熔丝熔断。还有一种可能是整流电压调节器被击穿，使蓄电池的电能耗尽。具体检查方法如下。

① 检查熔丝，若熔断，应更换；检查连接蓄电池的导线是否松动、脱落，若松动或脱落，应重新安装牢固。

② 检查蓄电池的极板是否硫化。若硫化严重，应更换极板；若硫化较轻，可将原来的电解液倒出，加入蒸馏水或密度较小的电解液，进行长时间（40h左右）、小电流（0.2A左右）的充电、去硫化，促使极板还原。

2 电解液消耗过快故障

电解液消耗过快的原因：蓄电池充放电流过大；蓄电池极板短

路，隔板损坏击穿；蓄电池壳有裂缝；蓄电池盖无密封。

具体维修方法如下。

① 检查用电设备有无短路；发电机是否对蓄电池充电；调节器有无故障，若有，则应排除。

② 检查电池壳有无裂缝，如有裂缝，可把裂缝的一面朝上平放，避免电解液从裂缝渗出，然后用刀刮净裂缝表面，用酒精擦干净，用专补塑料壳的万能胶或环氧树脂涂在裂缝处，要涂上几层进行修补，并补加电解液，如因过充电而使电解液蒸发，则应补加蒸馏水。

3 磁电动机不充电故障

磁电动机不充电故障的维修方法如图 7-33 所示。

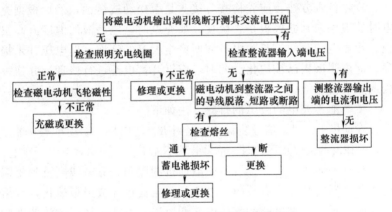

图 7-33 磁电动机不充电故障维修方法

4 磁电动机不发电故障

发动机在中速运转时开大灯不亮或按喇叭不响，说明磁电动机不发电。其原因主要有以下几点。

① 磁电动机引线接头松脱或线路断路。

② 定子线圈有刮痕、损伤或短路。

③ 转子磁钢失磁或磁性减弱。

④ 接线错乱。

磁电动机不发电的诊断方法有以下三种。

① 工作正常的磁电动机，在摩托车发动后，接通灯开关，则前后小灯都应发亮，开启大灯则大红亮。将发动机的转速增加，则大、小灯灯光的亮度也会增加，喇叭的响声也会随之增大。如果全部灯光不亮或喇叭不响，说明磁电动机不发电。

② 用万用表测量磁电动机的输出电压。测量时，把万用表旋钮转至交流电压挡，将一根测试棒接车架搭铁，另一根测试棒分别接触定子线圈输出端的各导线。改变发动机的转速，电压随着发动机的转速升高而增高。若输出电压在 6.3～8.3V 之间，说明磁电动机工作正常。若无输出电压，说明磁电动机不发电。

③ 用灯泡代替万用表来诊断。诊断时，一根导线搭铁；另一根导线与定子线圈输出端的各导线分别相接，若灯泡发亮，并随发动机转速升高，亮度增加，说明磁电动机工作正常；反之，说明磁电动机不发电。具体检测方法如下。

a. 检查磁电动机引出线接头有无脱开或断线　检查出断线后，重新焊接好。

b. 检查有无输出电压　如果发动机在中等转速时，所测得的电压约为 6.5V，说明磁电动机正常。此时灯不亮，说明用电设备有故障。检查用电设备有无故障的方法：将磁电动机的各接线头连接好，将电压表接在磁电动机输出电压接头上，然后接通灯开关，如果电压很快降低，则说明灯光线路有短路故障，应详细检查线路短路的地方。

c. 检查磁电动机内部　将磁电动机连接插件拔开后，用万用表测量有无交流电压输出，如没有，说明磁电动机内部有故障。此时必须拆开磁电动机进行维修。

d. 检查磁电动机的线圈　对拆卸下来的磁电动机，首先应检查线圈有无断线、烧伤、刮伤等现象。然后测量各线圈的电阻值，如图 7-34 所示。当发现线圈有断路和刮伤或烧坏，应用原规格漆包线按原圈数重绕。

5 **三相交流发电机不充电故障**

三相交流发电机不充电故障的维修方法如图 7-35 所示。

6 **磁电动机无触点点火系统发动机不能启动故障**

磁电动机无触点点火系统发动机不能启动故障的维修方法如图

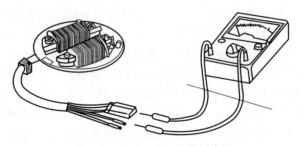

图 7-34 检测磁电动机线圈电阻

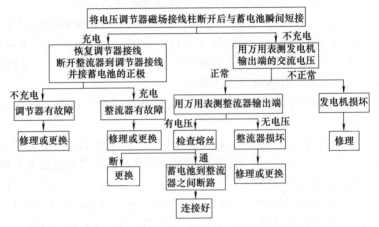

图 7-35 三相交流发电机不充电故障的维修方法

7-36 所示。

7 蓄电池有触点式点火系统发动机启动困难故障

蓄电池有触点式点火系统发动机启动困难的维修方法如图7-37所示。

8 磁电动机有触点式点火系统发动机启动困难故障

磁电动机有触点式点火系统发动机启动困难的维修方法如图7-38所示。

9 磁电动机无触点式点火系统发动机启动困难故障

磁电动机无触点式点火系统发动机启动困难的维修方法如图7-39所示。

第七章 摩托车电气系统的构造与维修 349

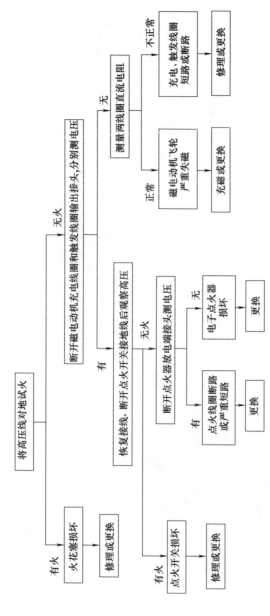

图 7-36 磁电动机无触点点火系统发动机不能启动故障的维修方法

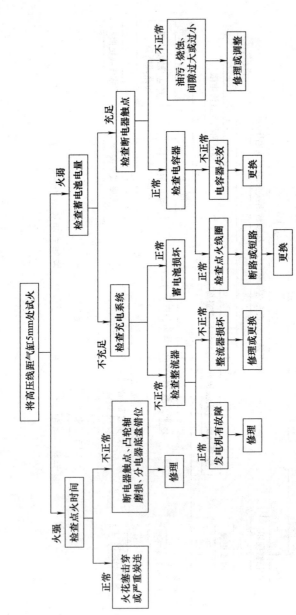

图 7-37 蓄电池有触点式点火系统发动机启动困难的维修方法

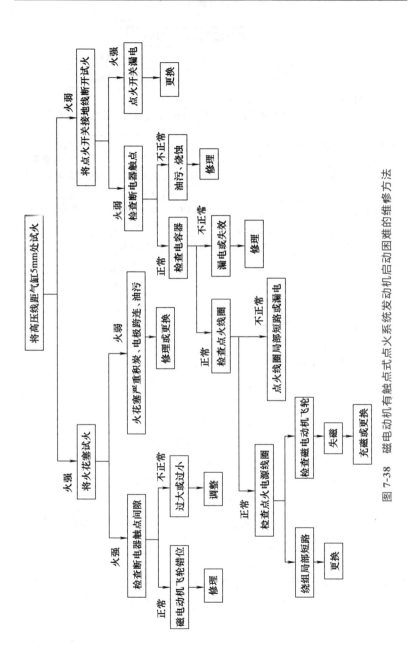

图 7-38 磁电动机有触点式点火系统发动机启动困难的维修方法

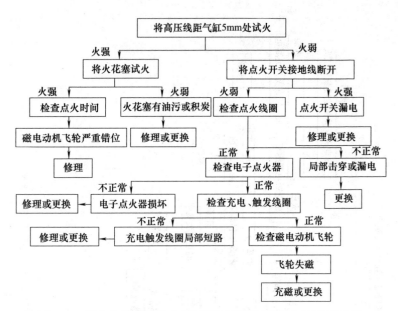

图 7-39 磁电动机无触点式点火系统发动机启动困难的维修方法

10 启动机不转动故障

启动机不转动故障的原因：启动机、控制装置和蓄电池等出现故障。主要有如下几点。

① 启动机电枢绕组断路、短路或搭铁。

② 电刷在刷架内卡死，未与换向器接触。

③ 启动继电器线圈断路或短路，启动继电器内部触点严重烧毁而产生较大的接触电阻。

④ 制动开关、启动按钮接触不良。

⑤ 线路某处断路，蓄电池接线柱处因松动、锈蚀而接触不良。

⑥ 蓄电池电量和电压不足。

故障诊断与排除方法如下。

（1）**蓄电池电量和电压的检查** 打开点火开关，按下喇叭按钮或扳动转向开关，转向灯正常发光，则表明蓄电池电压正常。

（2）**故障在主干线路或控制线路的判断**

① 打开点火开关，短接启动继电器两主干线路接线柱。若发

动机能启动，则表明故障在控制线路或启动继电器触点接触不良；若不能启动，则表明故障在主干线路（包括启动机）。

② 按照正常的操作规则进行启动时，若启动继电器内发出较响的吸合声，则表明控制线路无故障；若听不到启动继电器的吸合声，则表明控制电路异常。

③ 若短接启动继电器两主干线路接线柱，发动机能启动；按下启动按钮，能听到启动继电器发出较响的吸合声；按正常操作规则进行启动时，发动机不能启动，则表明启动继电器触点接触电阻过大或电路不导通。

（3） 控制线路的检查

① 紧握前制动握把或踩下后制动踏板，若制动灯亮，则表明制动灯以前的电路无故障；若制动灯不亮，先短接制动灯开关，然后按下启动按钮，此时若发动机能启动，则表明制动开关损坏。

② 紧握前制动握把，取一根导线，让其一端搭铁，另一端分别触及启动继电器控制线路的两个接线柱。若发动机能启动，则表明启动按钮接触不良或按钮不搭铁。此时，短接启动按钮，若能启动，则表明故障在启动按钮；若仍无法启动，则表明启动按钮不搭铁。若触及启动继电器接线柱不能启动，应观察触及火花，若两次都有火花，但启动机不工作，表明启动器线圈短路；若一次有火花，但启动机不工作，则表明启动继电器线圈断路；若两次都无火花，则表明制动开关到启动继电器控制线路接线柱间某处断路。

11 启动机空转故障

启动机空转是指发动机启动时，启动机虽然能够转动，但无法带动发动机运转。

启动机空转故障的原因：超越离合器打滑；驱动齿轮严重磨损或打滑。

故障排除方法如下。

从发动机上拆下超越离合器并将其分解，再将内座圈、外座圈、弹簧和滚柱装进壳体内，左、右转动链轮，一个方向能灵活转动，另一个方向应牢牢锁住，否则表明超越离合器有故障，应进行维修或更换。

> **小提示**
>
> 超越离合器应更换的情况
> - ① 内、外座圈工作面有损坏或划痕。
> - ② 滚柱工作面有损坏或划痕。
> - ③ 弹簧变形或折断。

12 启动机工作时好时坏

反复使用启动机启动发动机，发现启动机有时能启动，有时则不能启动。从发动机上拆下启动机，接通电源进行启动试验。若有某一位置不能启动，用手将电枢转到另一位置时，按下启动按钮，则启动机可顺利转动。

故障原因：

（1）启动机故障

① 电枢某些绕组断路或短路。
② 转子扫膛。
③ 电枢轴转动阻力较大。
④ 整流子（换向器）与电刷时接时离。

（2）传动部分故障

① 超越离合器在某一位置打滑。
② 控制装置故障。
③ 线路某处松动或接触不良。

故障诊断与排除：

① 将启动机从发动机上拆下，进行空转试验。若启动机电枢在任一位置扭矩都较大，则表明故障在传动部分。

② 若多次对启动机做空转试验，发现启动机只是在个别位置扭矩较小，则表明故障在启动机或控制装置。此时用12V前照明灯泡代替启动机，多次做启动试验，若每次灯泡亮度都一致，则表明故障在启动机本身；若灯泡较暗，则表明故障在控制装置。

13 点火线圈连续烧坏故障

摩托车在行驶途中点火线圈连续烧坏的故障现象：启动后发动机运转正常，行驶一段时间后，出现发动机运转失常，动力明显降低,随即发现点火线圈外壳烫手、沥青溢出、烧坏点火线圈。更换点火线圈后不久再次出现上述情况。

这种故障是在点火系统的工作电路温度升高后才出现的,应首先检查点火线路连接是否正确,若点火线路连接无误,说明火花塞有故障,因为火花塞的工作温度最高。发动机由冷车温度启动达到正常工作温度时,立即卸下火花塞测量它对地的绝缘电阻。若电阻小于 0.3MΩ,说明火花塞在高温状态下工作时产生严重漏电,造成点火线圈高压短路,引起点火线圈低压侧电流过大,温度骤然上升,熔化沥青,击穿绝缘层,从而烧坏点火线圈。

由于在行驶途中,发现点火线圈被烧以后,更换时,发动机温度下降,火花塞瓷芯的绝缘电阻又恢复到正常状态,所以换好后,冷车启动正常。运行一段时间后温度升高又会烧坏点火线圈。更换一个火花塞,故障即可排除。

小提示

通过火花塞外观检查来判断故障

● ① 火花塞绝缘部分呈浅棕色,这种情况说明发动机工作正常。

● ② 火花塞电极处沉积黑色烟灰状物较多,这种情况表示发动机点火时机过早或可燃混合气稀、汽油辛烷值低、气缸过热等。

● ③ 火花塞电极附近有积炭和润滑油沉淀物,这种情况是气缸、活塞及活塞环过度磨损,气门、气门导管磨损,气门油封失效等造成的。若摩托车需要继续行驶,火花塞电极上有油状物沉积时,可临时改用较热型火花塞。

● ④ 火花塞电极有少许积炭但无润滑油沉积物。这种情况可能是火花塞使用时间较长或电极间隙调整不当(一般的火花塞使用期为 1.6 万千米左右),发动机长时间怠速或低负荷运转,发动机润滑不符合要求。

● ⑤ 火花塞电极变圆且绝缘体有损伤疤痕、裂纹,这种情况说明发动机有爆燃,可能是点火时机过早、气缸体过热、汽油辛烷值过低、气缸盖、进气歧管、火花塞等处松动漏气等。

> **小提示**
>
> ● ⑥ 火花塞电极绝缘部分呈白色且有褐色斑点。这种现象可能是发动机内可燃气体早燃引起的,也可能是混合器过稀、进气道漏气,造成火花塞受热不均匀。
>
> ● ⑦ 火花塞电极绝缘烧熔。其原因是长时间点火过早或燃烧室内积炭过多、气门间隙不足、冷却系统工作不良等。
>
> ● ⑧ 火花塞的火花弱。将火花塞间隙适当调小,如电火花略有好转,说明点火线圈有故障或点火系统器件性能差导致;火花塞质量差或装配不当;清洁火花塞方法不当,造成火花塞电极的绝缘材料损坏等。

14　蓄电池供电照明系统照明灯光不发光故障

检查蓄电池供电照明系统照明灯光不发光故障的方法如图7-40所示。

15　磁电动机供电照明系统照明灯光不发光故障

检查磁电动机供电照明系统照明灯光不发光的方法如图7-41所示。

16　前照灯不亮故障

当发动机处于低速运转时,开启前照灯开关,前照灯远、近光灯都不亮。故障主要原因：变光开关损坏；电源导线断路或接错；灯泡插座接触不良；灯泡灯丝烧断；照明开关损坏。

故障诊断方法：可用电源短接法。使发动机处于低速运转,首先将变光开关的电源接线柱与不亮的远光灯或近光灯接线柱短接：若灯亮,说明故障发生在变光开关；若灯不亮,说明故障发生在变光开关后的线路。再将接线板接头与不亮的远灯光或近光灯接线柱短接：若灯亮,则说明变光开关到接线板的线路断路；若灯不亮,说明双丝灯泡中的灯丝烧断,应更换灯泡。

17　灯光电路故障

摩托车灯光电路故障的检查及排除方法如下。

① 检查灯光电路各插接件及对地搭铁情况。

② 对于灯光电路断线故障,可用万用表测压法或试灯点亮法

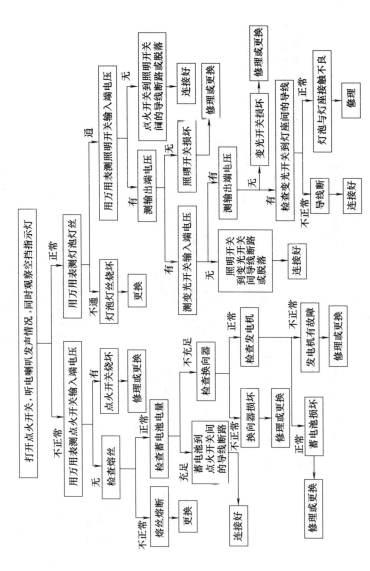

图 7-40 检查蓄电池供电照明系统照明灯光不发光故障的方法

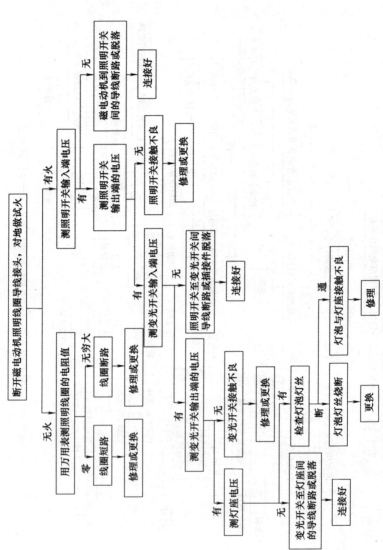

图 7-41 检查磁电动机供电照明系统照明灯光不发光的方法

逐段进行检查；对于灯光电路短路故障，可采用逐段脱开用万用表测阻的方法来查找搭铁部位，也可采用试灯法进行检查。

18 前照灯昏暗故障

电摩托车出现前照灯灯光昏暗现象时，经检测蓄电池电压正常，按动电喇叭按钮，从喇叭声音的强度即能判断出蓄电池电压。如果蓄电池电压正常时，拆下前照灯壳，取出灯泡，检查灯泡尾部的焊锡点是否发黑、锡点是否凹凸不平，以上问题将导致灯泡与灯座接触不良，影响前照灯的亮度，同时还应检查灯泡的功率、电压是否与要求相符。

发现灯泡、灯头的接点上有锈迹时，可以用细砂纸把灯头、灯座上的锡点打磨光，有条件时可以用电烙铁重新在灯泡的尾部焊一个圆点，使灯头与灯座接触良好。由于灯泡接触良好，电路损耗小，供电电压高，灯泡亮度就好。

19 制动信号灯不亮故障

制动灯信号不亮故障的原因：制动灯烧坏；制动灯开关不良；制动灯线路断线。

故障维修方法如下。

① 检查制动灯泡，如烧坏，应更换灯泡。

② 调整制动开关。先将制动开关的两根线与整车电路断开，用万用表电阻挡分别接这两根线。然后轻轻踩下制动踏板（或握紧制动手把），当后轮开始不转动时，制动开关应接通。如不通，或过早接通，可调整固定制动开关的螺母，以满足要求。

③ 用万用表沿线路检查出故障部位，进行修理或更换。

制动信号灯不亮故障的维修方法如图 7-42 所示。

20 转向灯发暗故障

转向灯发暗一般由蓄电池电解液过少、电阻增大引起，可向蓄电池补加蒸馏水，即可解决。若无效，应检查信号线路是否有虚接现象。最后再检查闪光继电器，也可用换件的办法，判定是否是闪光继电器引起的。若上述检查均无效，则应检查整流器磁电动机充电线圈是否有匝数短路，导致电压偏低，转向灯发暗。

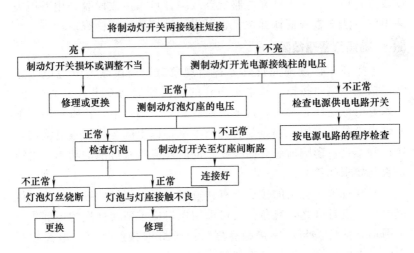

图 7-42 制动信号灯不亮故障的维修方法

21 车速表指针摇摆不定或抖动故障

车速表指针摇摆不定或抖动故障的原因,一般是由于软轴或套管折伤或速度盘松晃严重引起的。维修方法:先拆下软轴和套管,检查套管有无压偏、折伤的地方,如有应更换新件。若套管完好,则抽出软轴,两手握其两端,使中间部分下垂,两手指同时转动软轴,如发现中间部分上下翻转的幅度很大,说明软轴已经折伤过,转动时有伸出、缩进的现象,使方榫到达里程表方孔里的深度不够,所以指针才摇摆不定。这时应更换新件。此外应检查速度盘轴承,若松晃,则需更换新件。

22 里程表传动轴有响声

里程表传动轴的响声是摩托车行驶时听到"嗡嗡"的响声,此响声的特点是车速越快响声越大,摩托车停下响声则停止,摩托车行驶时响声就有。

原因是里程表传动轴缺润滑油;里程表传动轴芯长或有断丝等。

根据上述不同的原因进行检修,故障即可排除。

六、典型摩托车电气系统故障维修实例

1 本田 C50 型摩托车启动机转动很慢,不能启动发动机

故障现象:一辆本田 C50 型摩托车启动机转动很慢,不能启动发动机。

故障诊断与排除:首先打开点火开关,按下启动按钮,启动机工作无力、转速很低,不能启动发动机。

接着用万用表检测蓄电池电压,显示蓄电池电压正常。怀疑启动机有故障。

于是卸下启动机,将其与蓄电池直接连接试验,启动机转速仍很低,从而确定启动机有故障。

拆下启动机分解检查,发现启动机的 4 个电刷支架中有两个已经松动,没有紧固。怀疑是由于电刷支架没有完全紧固,导致在启动机工作时电刷产生摆动,电刷与整流子接触不良,因而造成启动机工作无力,不能启动发动机。

将电刷支架按规定力矩紧固后,装复启动机试车,发动机能够顺利启动,故障排除。

2 大阳 DY125T-5C 型摩托车电启动不成功

故障现象:一辆大阳 DY125T-5C 型摩托车电启动时,发动机不能启动,但用一字旋具短接启动继电器上的蓄电池接线柱和启动机接线柱时,发动机突然能启动。

故障诊断与排除:该型摩托车电启动电路如图 7-43 所示。根据电路图分析可知,启动机控制电路有故障,其原因有下列几点。

① 制动灯开关或启动按钮接触不良。

② 启动继电器内部故障。

③ 控制电路某处接触电阻过大或断路。

首先打开点火开关,踏下后制动踏板,制动灯亮,则表明制动开关及以前电路正常。然后,用同型号启动继电器替换,进行电启动试验,发动机仍不能启动。短接启动按钮也是如此。

于是取一根导线,一端搭铁,另一端触及启动按钮接线柱。触及黄/红引线触点时,发动机顺利启动,则表明启动按钮搭铁不良。

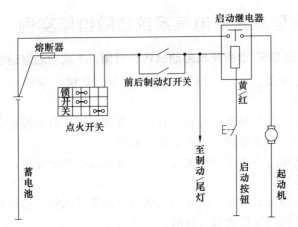

图 7-43 太阳 DY125T-5C 型摩托车电启动电路

经检查发现搭铁线插接器脱开。

将搭铁线插接器紧固好后,做电启动试验,故障排除。

3 铃木 GS125 型摩托车放置一段时间后,发动机无法启动

故障现象:一辆铃木 GS125 型摩托车放置一段时间后,发动机无法启动,更换蓄电池后工作良好。再放置一段时间,又无法启动。

故障诊断与排除:接车后进行检查,发现蓄电池无电。取下蓄电池进行补充充电。把充足电的蓄电池接入电路时,发现蓄电池接线柱与蓄电池引线打火,但点火开关处于关闭状态,电源电路无搭铁现象。怀疑整流调节器有故障。用一个同型号整流调节器替换后,却未发现打火现象,从而确认整流调节器内部短路。

更换整流调节器后试车,故障排除。

4 五羊·本田 WH125-9 型摩托车打开转向开关,转向灯有时亮有时不亮,电喇叭声嘶哑

故障现象:一辆五羊·本田 WH125-9 型摩托车,打开转向开关,转向灯有时亮有时不亮,电喇叭声嘶哑。

故障诊断与排除:该车电源电路如图 7-44 所示。从电路图可知,蓄电池充电电路与其他部分供电电路无直接关联。因此,当发动机启动后,即使蓄电池亏电,整个电路也应有电。在发动机启动

后，蓄电池仍亏电，其原因有下列几种。

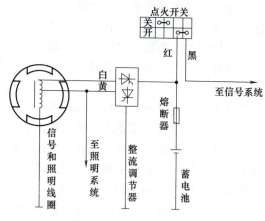

图 7-44 摩托车电源电路

① 磁电动机磁场严重失磁。
② 磁电动机信号和照明线圈短路。
③ 整流调节器调节电压过低。
④ 电源电路某处短路或接触电阻过大。

首先检查磁电动机输出电压。从插头处断开发电机与全车电缆相接的黄线，启动发动机，用万用表 50V 交流电压挡测量黄线的对地电压，中速时为 12V，高速时为 16V，则表明磁电动机无故障。为了准确起见，把磁电动机输出的白引线的接头瞬时搭铁，火花较小，则表明故障在发电机内部。

用专用工具松开磁电动机固定螺母并拉出发电机飞轮。检查引线接触情况，未发现异常，但信号和照明线圈的搭铁线焊点松动，松开螺钉，发现接点虚焊。

用电烙铁重新焊好虚焊处，装上磁电动机飞轮，启动发动机；按下电喇叭按钮，电喇叭声音高亢；扳动转向开关，转向灯正常指示，故障排除。

5 长江 750 型摩托车行驶无力，加速性能差，排气管有时有放炮声

故障现象：一辆长江 750 型摩托车行驶无力，加速性能下降，排气管有时有放炮声。

故障诊断与排除：该车采用双缸发动机。若发动机有故障，应首先检查两缸工作是否同步。其方检查法是，启动发动机并使其怠速工作，用手分别拉动左右两缸油门拉线，发现左缸油门线拉动后发动机转速迅速增高，而右缸增高不明显，因此可判断为右缸工作不良。

首先拆下右缸火花塞进行跳火试验，发现火花塞电极处火花不够强。从点火电路可知，左缸工作正常，则表明两缸点火电路的公共部分是正常的。怀疑故障在火花塞、火花塞帽或高压线等。

于是更换火花塞，发现火花仍不够强，更换高压帽也不能排除故障。当拉起高压线进行跳火时，发现高压线跳火正常。经检查，发现高压线表面有裂纹并且潮湿，将高压线放置在气缸上再进行高压跳火试验，火花强度有所下降，则表明高压导线严重漏电。

更换一根完好的高压导线后试车，故障排除。

6 五羊·本田 WH100 型摩托车难启动

故障现象：一辆五羊·本田 WH100 型摩托车，发动机启动困难。发动机启动时，可听到"突突"声，即有启动征兆。多次启动，勉强能启动一次。当进行火花塞跳火试验时，火花塞无火。

故障诊断与排除：根据上述故障现象，分析认为故障的原因有以下几点。

① 点火开关损坏。
② 点火器、点火线圈有故障。
③ 触发线圈或点火电源线圈有故障。
④ 线路某处断路或短路。

该摩托车点火电路如图 7-45 所示。根据电路图进行检查，火花塞跳火不正常，则表明故障在点火电路。从插接器处使点火开关脱离全车电缆线，急速踏下启动杆，发动机仍不能启动。

进行高压线跳火，也无火。脱开点火器与点火线圈连接插头，猛踏启动杆，让点火器输出线搭铁划火，仍无火花，则表明点火系统的调整部分或电源部分有故障。

用同型号点火器替换，让点火器的输出线划火，仍无火花。检

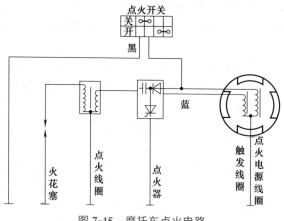

图 7-45 摩托车点火电路

查触发线圈和点火电源线圈的输出电压,发现点火电源线圈搭铁划火正常而触发线圈搭铁划火异常。用万用表电压挡测量触发线圈输出线的对地电压,表针不动,怀疑该车难启动的原因就在触发线圈。

拆下发动机左侧盖,去掉磁电动机飞轮,用同型号触发线圈替换。重装后发动机启动顺利,故障排除。

7 雅马哈 80 型摩托车大负荷行驶时,动力不足

故障现象:一辆雅马哈 80 型摩托车大负荷行驶时,动力不足。

故障诊断与排除:根据上述故障现象,经分析认为摩托车动力不足的原因就在点火系统,其原因有以下几点。

① 火花塞火弱,引起电火花能量减弱,不能完全点燃气缸内的可燃混合气,导致发动机输出动力不足。

② 点火时间过早,活塞还未到达点火位置,火花塞就开始跳火,当可燃混合气膨胀时,活塞还未到达上止点,必须克服一定的阻力才能向上移动,导致发动机动力不足。

③ 点火时间过晚,可燃混合气不能集中在燃烧室最小体积内燃烧,而在较大体积内燃烧。因此,膨胀压力不足,推动活塞所做的功也大为减少,导致发动机动力不足。

④ 火花塞漏电,火花塞断火或火弱,导致发动机动力不足。

首先拧下火花塞,观察火花塞绝缘体表面及电极状态。经检查火花塞表面无裂纹、油污和破损现象,火花塞电极无烧蚀,积炭也不明显。

然后,进行火花塞跳火试验,该电极间发出蓝色粗壮火花,并伴随"叭叭"声,则表明火花塞跳火正常。启动发动机时,有微弱的启动杆反弹现象。

于是,用点火正时灯检查点火时间,发现火花塞跳火时间较为提前。

最后,拆下磁电动机飞轮,发现月牙键已严重磨损并与键槽错位。

换上同型号月牙键,并将磁电动机飞轮准确入位。启动发动机,摩托车加速性能良好,故障排除。

8 春兰 CL125 型摩托车,发动机低速运转良好而无高速

故障现象:一辆春兰 CL125 型摩托车,发动机低速运转良好而无高速。

故障诊断与排除:根据上述故障现象,经分析认为,故障可能出在油路。进行检查,可燃混合气的浓度未发现异常。拆下火花塞帽,用高压线头对准火花塞螺杆(不超过 5mm),发现发动机在怠速、低速时,火花塞有连续的火花;中、高速时,火花塞火花不连续,则表明点火电路某处接触不良。

经检查,发现点火器搭铁接头处松动,而造成火花塞跳火异常。当发动机低速运转时,由于摩托车振动较小,点火电路能勉强工作,所以发动机工作良好;当加大油门时,发动机振动较大,导致火花塞断火,使发动机加速不良。无高速。

紧固松动的点火器搭铁接头后试车,发动机高速正常,故障排除。

9 五羊·本田 WH100-G 型摩托车难启动,点火器易烧毁

故障现象:一辆五羊·本田 WH100-G 型摩托车难启动,点火器易烧毁。

故障诊断与排除:该摩托车的点火电路,如图 7-46 所示。点火器容易烧毁,一般是点火电路某处短路或电压过高引起的。

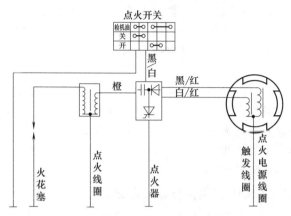

图 7-46 五羊·本田 WH100-G 型摩托车点火电路

首先拆开全车电缆与磁电动机连接插头，卸下磁电动机转子，经检查无导线破损短路现象。检查点火系统各组件，也未发现异常。

然后仔细检查发现点火器上的黑/白线与橙色线连接在一起。由于橙色线是点火器的输出线，而黑/白线为发动机熄火线，当发动机熄火时，橙色线通过点火开关直接搭铁使点火器短路而烧毁。

于是更换点火器，在点火器处，将黑/白线与黑/红线接在一起，重装所拆零件。试车，容易启动，长时间使用，未发现点火器再次烧毁。

10 本田 NSR125F 型摩托车发动机冷车启动正常，热车自动停车熄火，再也无法启动

故障现象：一辆摩托车发动机冷车启动正常，热车时会自动熄火，再也无法启动。

故障诊断与排除：根据上述故障现象，经分析认为故障主要的原因：燃油供给系统有故障；气缸压力不足；点火系统有故障。

首先检查油路。拔下化油器上的输油管，发现油如柱状涌出；拆下化油器并将其拆卸，经检查化油器各调整环节调整适当，油路、气道无堵塞现象，空气滤清器也较干净，说明燃油供给系统无故障。

接着，检查点火电路。拆下火花塞进行跳火试验，火花塞火花较强，好像点火系统无故障，使发动机持续工作一段时间，再次进行火花塞跳火试验，火花塞电极处却无火花。从而说明故障为热车无火。

换上同型号点火器，故障依旧。经仔细检查，发现点火线圈较热。原来故障原因是摩托车行驶一段路程后点火线圈因短路而发热，造成火花塞断火故障。

更换一个点火线圈后，经长时间试车，即使是热车，发动机也不会熄火，故障排除。

11 春兰 CL100-3 型摩托车无启动征兆

故障现象：一辆春兰 CL100-3 型摩托车启动时，无"突突"声即无启动征兆。

故障诊断与排除：根据上述现象分析认为，这种故障的原因一般在点火系统。该车点火电路图如图 7-47 所示。

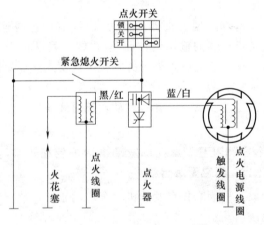

图 7-47　春兰 CL100-3 型摩托车点火电路

拆下火花塞进行跳火试验，火花塞无火。进行高压线跳火试验，高压线也无火。然后替换点火器和点火线圈，故障依旧。于是，从插接器处断开磁电动机与全车电缆相连接的黑/红线和蓝/白线，打开点火开关和紧急熄火开关，急速踏下启动杆。经检查黑/红线（与点火电源线圈相连）和蓝/白线（与触发线圈相连）的对地电压正常，则说明点火电源线圈和触发线圈无故障。重装所拆导线，将点火开关脱离全车电路，火花塞仍无火花。

经仔细检查发现，点火器处的黑/红线错插接黑、黄线，从而说明该故障的原因是点火器处的导线插错。

将黑/红线与黑/红线插接、黑/黄线与黑/黄线相接。装复后试车，启动顺利，故障排除。

12 宗申 ZS110-50 型摩托车启动时无启动征兆

故障现象：一辆宗申 ZS110-50 型摩托车启动时，无"突突"声即无启动征兆。

故障诊断与排除：该车型摩托车的点火电路如图 7-48 所示。根据上述故障现象分析认为，发动机不能启动的原因在点火电路。首先进行火花塞跳火试验，无火花。然后拆下高压帽，让高压线端头距机体 5～6mm，急速踏启动杆，也无火花。

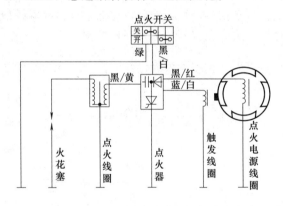

图 7-48　宗申 ZS110-50 型摩托车的点火电路

于是，从插接器处断开磁电动机与全车电缆线相接的黑/红线和蓝/白线，踏启动杆，测得黑/红线的对地电压为 12V，蓝/白线的对地电压为 0.3V。然后，用万用表测量黑/红线（与点火电源线圈相连）与搭铁端的电阻值为 400Ω，蓝/白线（与触发线圈相连）与搭铁端的电阻值为 100Ω，则表明点火电源线圈和触发线圈无故障。

接着，将点火开关脱离全车电路，接好所拆导线，进行高压跳火试验，仍无火花，则表明点火开关无故障。这时，用万用表测得初级线圈与次级线圈的电阻值分别为 0.5Ω 和 9.5kΩ（即在正常范围内）。检查点火器也搭铁良好。从而说明点火器有故障。

换用同型号的点火器，装复后试车，发动机启动顺利，故障排除。

13　嘉陵本田 JH125F 型摩托车在空挡时，按下启动按钮，启动机不转动

故障现象：一辆嘉陵本田 JH125F 型摩托车变速器置于空挡位置时，按下启动按钮，启动机不转动；而握紧离合器握把，按下起动按钮，启动机能正常转动。

故障诊断与排除：该车型摩托车电启动控制系统的电路如图 7-49 所示。从电路图可知，该车为了有效地避免车辆在行驶过程中或变速器挂上挡位后误按下启动按钮而引起启动机和其他机件的损坏，延长启动机使用寿命，该车电启动控制系统的电路中，启动继电器线圈的电源由启动按钮控制，启动继电器线圈搭地回路端却要通过离合器开关和空挡开关进行联锁控制。

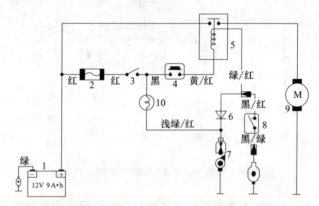

图 7-49　嘉陵本田 JH125F 型摩托车电启动控制系统的电路
1—蓄电池；2—熔断器；3—点火开关；4—启动按钮；5—启动继电器；6—硅整流器；7—离合器开关；8—空挡开关；9—启动机；10—空挡指示灯

首先检查空挡灯是否会亮。检查发现空挡灯会亮，接着，拆下坐垫及燃油箱，从电缆上拆下硅整流器，用欧姆表检测硅整流器两导电片间的电阻，发现测得电阻值为无穷大，说明整流器已断路。

这样，变速器挂上空挡后，空挡开关处于接通状态，但硅整流器断路使启动继电器搭地回路处于断开状态，即使按下启动按钮，启动继电器线圈也无电流通过而不工作，蓄电池至启动机电路处于断开状态，启动机也就不能工作了。

更换硅整流器，复装后，按下启动按钮，启动机能转动，故障排除。

14 建设·雅马哈 ZY100T-7 型摩托车电启动不能启动发动机，而脚踏启动能正常启动发动机

故障现象：一辆建设·雅马哈 ZY100T-7 型摩托车用电启动不能启动发动机，但用脚踏启动较为顺利。

故障诊断与排除：建设·雅马哈 ZY100T-7 型摩托车电启动电路如图 7-50 所示。经分析认为，电启动不成功的主要原因：主干电路有故障；控制电路有故障；蓄电池电量不足。

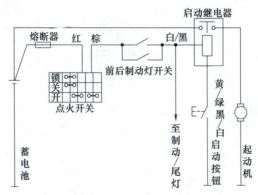

图 7-50　建设·雅马哈 ZY100T-7 型摩托车电启动电路

打开点火开关，握紧前制动手把，按下启动按钮，发动机不能启动，但启动继电器发出较响的吸合声，则表明启动机控制电路正常。然后，用万用表的 50V 直流电压挡测得启动时的蓄电池端电压为 12.1V，则表明蓄电池电量充足。短接启动继电器蓄电池接线柱和启动机接线柱，发动机不能启动，则表明故障在主干电路。

拆下启动机输入线，将 12V/35W 的前大灯灯泡代替启动机接入电路。再进行电启动试验，发现该灯泡正常发光，则表明启动机

有故障。拆下并拆卸启动机。经检查，电刷、电刷弹簧、换向片都正常，取出电枢，发现其表面严重变黑，用手指甲划动黑层，线圈表面绝缘物脱落。从而判断电枢绕组严重烧毁。

更换一个电枢转子，装复后，打开点火开关，踩下制动踏板，按下启动按钮，发动机顺利启动，故障排除。

15 五羊·本田 WY125-21 型摩托车夜间行驶时，前照灯灯光暗淡

故障现象：一辆五羊·本田 WY125-21 型摩托车夜间行驶时，打开照明开关，前照灯灯光暗淡。

故障诊断与排除：该车型摩托车的照明电路如图 7-51 所示。从电路原理和故障现象分析可知，造成上述故障的原因：磁电动机永久磁铁严重失磁；整流调节器调节电压过低；照明线圈严重烧毁或其引出线短路；照明系统过载工作；照明开关或变光开关内部接触电阻过大；照明线路某处松动，导致该处接触电阻过大，负载有效功率明显下降。

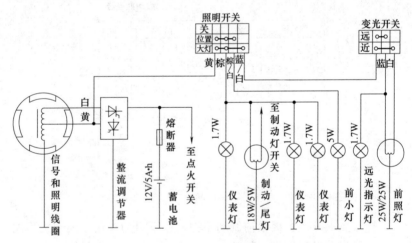

图 7-51　五羊·本田 WY125-21 型摩托车的照明电路

启动发动机，并使其中速转动。然后，打开照明开关，前照灯较暗淡，尾灯、仪表灯也不很亮，则表明全照明系统都不能正常工作。经检查，发动机能正常工作，则表明磁电动机永久磁铁未失磁。

拆下整流调节器，使发动机中速转动，照明灯亮度仍未增加，

则表明该故障与整流调节器无关。然后，拆卸前照灯，经检查灯泡符合规格，未发现远、近光灯丝相串联而使负载过大现象。

将磁电动机与全车电缆相接的黄、白线从插接器处断开。然后，急速踏启动杆，用万用表测得黄线的对地电压只有 4.5V，则表明照明线圈有故障。最后，拆下磁电动机飞轮，发现照明线圈发黑即烧毁。

更换信号和照明线圈后，启动发动机并中速运行，打开照明开关，照明灯泡正常发光，故障排除。

16 宗申 ZS110-26 型摩托车行驶时，前照灯不亮而仪表灯、尾灯却能正常工作

故障现象：一辆宗申 ZS110-26 型摩托车，行驶时前照灯不亮而仪表灯、尾灯却能正常工作。

故障诊断与排除：根据上述故障现象，表明照明系统的公共电路还是正常的。该摩托车照明电路如图 7-52 所示。前照灯不亮的原因有以下几点。

① 前照灯灯丝烧毁。
② 前照灯灯泡与灯座接触不良。
③ 变光开关有故障。

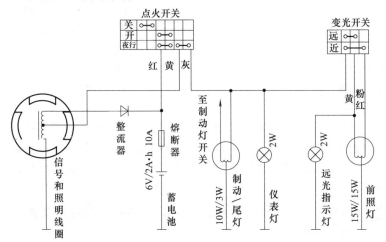

图 7-52 宗申 ZS110-26 型摩托车照明电路

④ 前照灯电路某处断路。

首先分解前照灯，经检查前照灯的灯泡良好，灯泡与灯座接触未发现异常。然后，启动发动机，将点火开关钥匙拧向"H"位置，用万用表测量灯座上两触点的对地电压，变换远光和近光，所测量电压都正常，则表明前照灯以前的电路是正常的。

然后仔细观察发现，前照灯泡装上之后与灯座触点不对应，灯座触点也严重磨损。

更换前照灯灯座后试车，前照灯恢复正常，故障排除。

17 大阳 DY90B 型摩托车前照灯偏暗，发动机转速增高，而灯光亮度变化不大

故障现象：一辆大阳 DY90B 型摩托车，前照灯偏暗，发动机转速增高，而灯光亮度变化不大。

故障诊断与排除：根据上述故障现象，分析认为故障的原因有下列几点。

① 磁电动机飞轮磁铁严重失磁。
② 照明和信号线圈烧毁，导致线圈短路。
③ 整流调节器不灵。
④ 照明线路接触电阻过大。

首先启动发动机，使转速保持在 3000r/min 左右，然后将整流调节器脱离全车电路，前照灯亮度未发生变化，则表明整流调节器无故障。从插接器处断开磁电动机与全车电缆相连的黄线和白线，用万用表交流电压挡分别测量黄线和白线的对地电压，都在 4V 左右（标准为 6V），则表明信号和照明线圈短路或磁电动机飞轮磁铁严重失磁。

拆下磁电动机飞轮时，观察到信号和照明线圈有光泽，用万用表测量其电阻，接近正常，从而判断磁电动机飞轮磁铁严重失磁。

更换磁电动机飞轮后，启动顺利。打开照明开关，前照灯恢复正常。

18 力帆 LF125-N 型摩托车行驶中，前照灯、仪表灯暗淡，电喇叭声嘶哑

故障现象：一辆力帆 LF125-N 型摩托车，行驶中前照灯、仪

表灯暗淡，电喇叭声嘶哑。

故障诊断与排除：该摩托车电源电路如图 7-53 所示。由三相桥式整流稳压器整流，稳压后向蓄电池充电；同时，又经点火开关向信号系统和照明系统供电。由上述现象分析可知，发电机输出电压过低是由以下几方面引起的。

① 发电机三相绕组断路或短路。
② 发电机磁场严重失磁。
③ 整流调节器调整不灵。
④ 点火开关内部接触电阻过大。
⑤ 电源电路某插接器处接触不良。

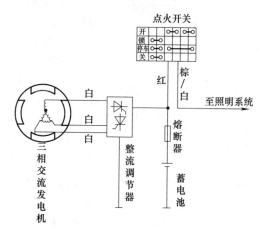

图 7-53　力帆 LF125-N 型摩托车电源电路

首先从插接器处断开发电机与全车电缆相接的三根黄线。启动发动机，用万用表 50V 交流电压挡分别测量 3 根黄线中每两根线间的电压，3 次测得结果相差不多，即发动机低速时电压达 10V，中、高速时可达 20V 以上，则表明三相发电机工作正常。

然后，用万用表 50V 直流电压挡测量整流器输出端的电压（用红表笔接红线，黑表笔接搭铁），测得输出电压为 12～14V，基本正常。最后，短接点火开关上的红线和棕/白线时，信号系统和照明系统都恢复工作，则表明点火开关内部触点接触电阻过大。

用同型号点火开关替换，故障排除。

19 宗申 ZS130 型摩托车左后转向灯不亮

故障现象：一辆宗申 ZS150-30 型摩托车，行驶时左后转向灯不亮，而其他转向指示灯都正常。

故障诊断：该摩托车转向灯电路如图 7-54 所示。从电路原理和故障现象分析，闪光器、转向开关及其公共电路都无故障，其故障可能有以下几点。

① 左后转向灯烧毁。

② 左后转向灯与其灯座接触不良。

③ 左、右转向灯灯座搭铁不良。

④ 左后转向灯电源线断路。

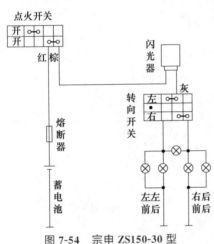

图 7-54 宗申 ZS150-30 型摩托车转向灯电路

首先打开前大灯灯壳，检查左后转向灯电源线的连接情况，经检查，插头接触良好。然后，拆开左后转向灯灯罩检查，灯泡未烧毁并与灯座接触良好。用万用表测量灯座的搭铁情况，搭铁良好。打开点火开关，将转向开关扳向左侧位置，用万用表直流电压挡测量灯座上的转向触点对地电压，发现该处电压为零，怀疑该转向灯电源线断路，顺导线向前检查，发现挡泥板下面有几根断线，其原因是转向灯及尾灯线从挡泥板下面经过，被车轮磨断。

把引线拉出来，对线色接好后，用绝缘胶布包扎好，拉紧，然后把电缆线固定在后挡泥板上。试车，左转向灯恢复正常，故障排除。

20 春兰 CL125-3 型摩托车左侧转向灯闪光正常而右侧较慢

故障现象：一辆春兰 CL125-3 型摩托车左侧转向灯闪光正常，而右侧转向灯暗淡并且闪光较慢。

故障诊断与排除：由于闪光器串联在转向灯主干电路中，左侧转向灯闪光正常，则表明闪光器工作良好，左侧转向灯电路正常。右侧转向灯暗并且闪光较慢，则表明右侧前后转向灯功率较大。

经检查，发现左右转向灯灯泡规格都为 12V/10W，正常。右侧转向灯灯座与搭铁线连接处严重锈蚀，增加了右侧转向灯的负载，导致右侧转向灯暗淡并且闪光较慢。

用细砂纸打磨锈蚀处并紧固，重装灯泡，试灯，右侧转向灯亮而闪光正常，故障排除。

21 嘉陵 JH48QT-2 型摩托车，夜间行驶时前照灯易烧毁

故障现象：一辆嘉陵 JH48QT-2 型摩托车，夜间行驶时前照灯易烧毁。

故障诊断与排除：该车前照灯易烧毁，除了灯泡的品质低劣以外，一般是由于电源电路输出电压过高及蓄电池不能充电等原因引起的。

该车照明系统电源电压为 6V，前照灯规格是 6V/25W。启动发动机，低速时，灯泡亮度已达额定亮度；中速时，亮度过大；再转油门转把会有烧毁灯泡的可能。这些现象表明，前照灯易烧毁不是由灯泡本身的品质低劣引起的，而是由发电机输出电压过高所致。

发动机熄火后，打开点火开关，按下电喇叭按钮，电喇叭声音高亢，由此看来，充电电路正常。由电路原理可知，发电机在长期使用中，输出电压只有降低而无升高的趋势。由此看来，电源电路输出电压过高的原因是整流调节器调节不灵。

用同型号的整流调节器替换后，启动发动机，打开照明开关，前照灯正常工作而不烧毁，故障排除。

22 新大洲 XDZ125-20 型摩托车电启动时，启动机不能转动

故障现象：一辆新大洲 XDZ125-20 型摩托车，进行电启动时，可听到从启动机内部发出的"嗡嗡"声，发动机不能启动。

故障诊断与排除：根据上述故障现象，分析认为启动机发出"嗡嗡"声，一般是因启动阻力较大而造成的。踏下启动杆，发现发动机阻力不大，拆下启动机检查，启动机转不动。分解启动机，发现内部磁铁破裂，有一个残片塞在电枢与机壳之间而使启动机不

能转动。

取出电枢,用黏合剂将破裂的残片对齐粘牢,停一段时间后,重装启动机。试车,启动顺利,"嗡嗡"声消失,故障排除。

23 五羊·本田 WH125-F 型摩托车,脚踏启动正常而电启动无效

故障现象:一辆五羊·本田 WH125-F 型摩托车,用脚踏顺利启动,电启动却无效,但电喇叭很响,转向灯正常工作。

故障诊断与排除:该车电启动电路如图 7-55 所示。用脚踏能启动而电启动无效,则表明发动机正常而电启动电路异常。故障的原因有以下几点。

① 蓄电池电量不足。
② 启动继电器、启动按钮有故障。
③ 前、后制动灯开关接触不良。
④ 线路某插接器或接头接触不良。
⑤ 蓄电池极柱接触电阻过大。

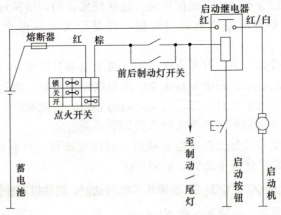

图 7-55 五羊·本田 WH125-F 型摩托电启动电路

首先打开点火开关,握住前制动握把,按下电启动按钮,启动继电器发出"吱吱"的吸合声,则表明控制电路有故障或蓄电池电量不足,用万用表测量蓄电池两端的电压为 12V。进行电启动试验时,蓄电池端电压只有 10.5V,则表明蓄电池电量不足。

将蓄电池补充充电后，进行启动试验，发动机仍不能启动，但启动继电器发出较响的吸合声。然后，短接启动继电器上的红线和红/白线，发动机顺利启动，则表明启动继电器内部触点接触电阻过大。

拆下启动继电器外壳，用砂纸打磨触点后试车，故障排除。

24 五羊·本田 WY125LZ 型摩托电喇叭声嘶哑

故障现象：一辆五羊·本田 WY125LZ 型摩托车电喇叭声嘶哑。

故障诊断与排除：该车电喇叭声嘶哑而转向灯正常工作，则表明电喇叭声嘶哑的原因在电喇叭电路，其原因有下列几种。

① 电喇叭调整不灵。
② 电喇叭本身有故障。
③ 电喇叭电路某处松动或接触不良。
④ 电喇叭按钮接触不良。

首先松开电喇叭锁紧螺母，打开点火开关，瞬间按下电喇叭按钮，无论如何调整电喇叭触点调整螺钉，都不能使电喇叭声恢复正常。用同型号电喇叭替换，也不能正常发出声音，则表明电喇叭无故障。

打开点火开关，拆下电喇叭按钮并使其短接，电喇叭声恢复正常，则表明电喇叭按钮有故障。分解电喇叭按钮，发现电喇叭触点严重烧蚀。

用砂纸打磨触点后，按下电喇叭按钮，声音高亢，故障排除。

25 五羊·本田 WH125-S 型摩托车左前转向灯不亮

故障现象：一辆五羊·本田 WH125-S 型摩托车左前转向灯不亮，而其余转向灯都能正常工作。

故障诊断与排除：该车型摩托车的转向灯电路如图 7-56 所示。根据电路原理和故障现象分析认为，一个转向灯不亮，其余转向灯全亮，一般是灯泡故障，也可能是转向灯引线、接头或灯泡与灯座接触不良。

先拆开左前转向灯灯罩，经检查转向灯丝未烧毁，灯泡与灯座接触良好。接着，用万用表 $R \times 1$ 挡测量灯座搭铁良好。于是，用

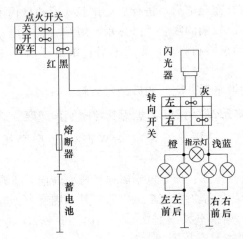

图 7-56　五羊·本田 WH125-S 型摩托车转向灯的电路

万用表的 10V 直流电压挡测量灯座触点的对地电压为零,顺着橙线向转向开关检查,发现该转向灯与转向开关间的插接器松脱。

将松脱的插接器紧固。装复后,打开点火开关,将转向开关扳向左边位置时,左前转向灯正常发光,故障排除。

26 春兰·海豹 CL125T 型摩托车行驶时电喇叭音量降低

故障现象:一辆春兰·海豹 CL125T 型摩托车行驶时,电喇叭音量降低,转向灯、制动灯都能正常工作。

故障诊断与排除:该摩托车电喇叭声音大小与通过电喇叭线圈的电流有关,电流越大,电喇叭声音也就越大。造成电喇叭工作电流减小的原因有以下几点。

① 电喇叭按钮接触不良,使通过电喇叭线圈的电流减小。

② 电喇叭内部触点压力减弱,导致电喇叭触点接触电阻增大,使通过电喇叭线圈的电流减小。

③ 电喇叭电路中的连接部位松脱,引起线路中的电阻增大,导致电喇叭声音变小。

④ 电喇叭内部触点严重烧蚀,触点接触电阻过大,使通过电喇叭线圈的电流减小。

首先打开点火开关,按下电喇叭按钮,电喇叭声音较小;左右扳动转向开关，转向灯却能正常工作，则表明故障在电喇叭电路。接着，短接电喇叭按钮，电喇叭声音虽能稍微提高，但也很不正常。然后，用同型号电喇叭替换，按下电喇叭按钮，电喇叭声音高亢，则表明电喇叭有故障。最后，用万用表电阻挡测量电喇叭两接线柱间的电阻值为 10kΩ，则表明电喇叭触点接触电阻过大。

拆卸电喇叭，发现其内部触点严重烧蚀。进行打磨后，打开点火开关，按下电喇叭按钮，电喇叭声音恢复正常，故障排除。

27 建设 JS150-13A 型摩托车行驶中，当双手制动时，感觉手麻

故障现象：一辆建设 JS150-13A 型摩托车行驶中，当双手制动时，感觉手麻。

故障诊断与排除：该摩托车能够正常行驶，则表明发电机工作良好，说明手麻与点火电路无关。其故障原因可能是照明电路某处漏电。若双手制动，可通过人体构成闭合回路，所以感觉手麻。卸下发动机导流罩，启动发动机，检查磁电动机总电缆接头，发现信号线圈输出端与发动机气缸体搭铁。发动机转速较高时，搭铁部位有强火花出现。

将搭铁部位修复，经制动试验，故障排除。

28 轻骑·铃木 QM125-90 型摩托车机油告警灯不工作

故障现象：一辆轻骑·铃木 QM125-90 型摩托车机油告警灯不工作。

故障诊断与排除：该摩托车机油告警电路如图 7-57 所示。从电路原理可知，点火开关上的"检机油"位置，是检查机油告警灯能否正常工作的位置。正常情况是，当点火开关置于"检机油"位置时，机油告警灯亮，表明机油快用完或到达最低警戒。其作用是用来警告驾驶员随时添加机油，预防活塞拉缸。引起机油告警灯不亮的原因有以下几点。

① 机油告警灯泡烧坏。
② 机油告警灯灯座接触不良。
③ 机油告警灯开关接触不良或该开关搭铁不良。
④ 点火开关在"检机油"位置时，点火开关内部触点接触不良。

⑤ 机油告警灯电路某处断路或短路。

首先将点火开关钥匙拧在"检机油"位置时,机油告警灯亮;打开点火开关并放净机油箱内的机油时,机油警灯却不亮,则表明故障在机油告警灯开关或其线路某处。在机油箱上短接机油告警灯开关,机油告警灯仍不能恢复正常。然后,将短接点搭铁,机油灯恢复工作。由上述现象可判断为机油告警灯开关搭铁不良,顺搭铁线检查,发现搭铁插头松脱。

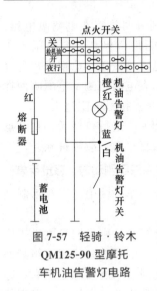

图7-57 轻骑·铃木QM125-90型摩托车机油告警灯电路

紧固好机油告警灯开关的搭铁插头,打开点火开关,机油告警灯亮,向机油箱内添加机油至油箱1/3位置时,机油告警灯熄灭,故障排除。

29 重庆雅马哈CY80型摩托车燃油表指针始终指示满刻度

故障现象:一辆重庆雅马哈CY80型摩托车,无论燃油箱内燃油多少,燃油表指针始终指示满刻度。

故障诊断与排除:根据上述故障现象,首先检查燃油表的控制线路连接情况,导线连接无误。接通或断开通往传感器的连接导线,指针仍指示满刻度,因此怀疑燃油表内有故障。

经检查,燃油表也未发现问题。根据燃油表的工作原理,怀疑是燃油表传感器有故障。拆下燃油表传感器,仔细检查发现,燃油表传感器电阻器断路。

经分析认为,由于燃油表传感器的可变电阻在工作时不停地滑动,最终使电阻器接地端的电阻丝磨断,造成了上述故障。

修复磨断的电阻丝后试车,燃油表指示正常,故障排除。

30 雅马哈FZ250型摩托车冷却液温度表指示偏低

故障现象:一辆雅马哈FZ250型摩托车无论发动机温度多高,冷却液温度表总指示低温。

故障诊断与排除：根据雅马哈 FZ250 型摩托车电路原理和故障现象分析认为，故障的原因：蓄电池电压不足；热敏电阻有故障；冷却液温度表内部结构异常；冷却液温度表电路有故障。

由于发动机能顺利启动，则说明蓄电池电量充足。该车的冷却液温度表是利用热敏电阻短路对冷却液温度表产生的通路作用使冷却液温度表针偏转的。找出热敏电阻引线后，将其短路，发现冷却液温度表针仍不偏转，则说明热敏电阻无故障。

接着用万用表 50V 直流电压挡在冷却液温度表处测得棕色线的对地电压为 12V，则表明冷却液温度表正极、负极导通。在冷却液温度表处，短接黑线和绿/红线，然后将其线断开，冷却液温度表表针不摆动，则说明冷却液温度表有故障。

于是更换冷却液温度表，打开点火开关，冷却液温度表指针指向中间位置，故障排除。

附录一
摩托车零部件安装位置和方向的标记符号

在维修过程中,各零部件安装正确,是做好维修保养的重要保障。安装正确,有两方面要求:一是要安装在相应位置并要安装到位;二是要方向(角度)正确。否则,将导致摩托车不能工作或工作不正常。为了安装正确,在很多容易安装错误的零部件上都标有相应的标记符号。下面介绍一些零部件的标记与符号,供同行者参考。

ASSY——组件,表明该机件是由能分解的零部件组装起来的。

STD——基准。

OP——自由选择。

OS——加大尺寸。

IN——在发动机上意为进气,表示朝向进气一侧或位于进气位置。如活塞顶面上的 IN 标记,表示安装活塞时将 IN 朝向进气一侧(当 IN 与↑或△同时存在时,表示↑或△朝向进气一侧);双顶置配气凸轮轴上的 IN 标记,表示该凸轮轴为进气凸轮轴。

EX——在发动机上意为排气,表示朝向排气一侧或位于排气位置。如活塞顶面上的 EX 标记,表示安装活塞时将 EX 朝向排气一侧(当 EX 与↑或△同时存在时,表示↑或△朝向排气一侧);双顶置配气凸轮轴上的 EX 标记表示该凸轮轴为排气凸轮轴。

TOP——顶部。

UP——朝上。当 UP 与↑或△同时存在时，将↑或△朝上。

F↑或 F△——朝前，即将↑或△朝前。

R（RH）——车行进方向（车体）的右侧。表示朝向右侧或右使用（安装在右侧），当 R 与↑或△时，将↑或△朝向右侧。

L（LH）——车辆行进方向（车体）的左侧。表示朝向左侧或左侧用（安装在左侧），当 L 与↑或△同时存在时，将↑或△向左侧。

此外，春兰虎、春兰豹型车，飞轮上的 TL 刻线与左曲轴箱盖上正时检查孔的刻线对准时，表示左缸活塞位于压缩行程终了的上止点位置；飞轮上的 TR 刻线与左曲轴箱上正时检查孔的刻线对准时，表示右缸活塞位于压缩行程终了的上止点位置。

F（FR）——车辆行进方向（车体）的前侧。表示前侧用（安装在前侧），或与 F（FR）朝向前侧。

R（RR）——车辆行进方向（车体）的后侧。表示后侧用（安装在后侧），或与 R（RR）朝向后侧。

如春兰虎型车，其前缸进气凸轮轴标记为 IN.F；前缸排气凸轮轴标记为 EX.F；后缸进气凸轮轴标记为 IN.R；后缸排气凸轮轴标记为 EX.R。

又如本田 VF400F 车配气凸轮轴，EX-F-F 表示该轴为前缸排气凸轮轴，定位器朝左侧；IN-R-R 表示该轴为后缸进气凸轮轴，定位器朝右侧。

OUT（OUTSIDE）——朝外。表示有此标记的一侧朝向外面（可以看见的一面）。

◊ ◊（双箭头）——所指方向。其记号位于旋转零部件◊上时，表示该零部件的旋转方向。而单独的◊位于活塞顶面上时，则表示安装活塞时，◊朝向前侧。

●或○——定位标记记号。当零件上有●或○时，安装时必须将●或○与相应的标记记号对准。

活塞环上有●标记时，表示安装活塞环时●朝上。

活塞环上的 R 或 N——安装活塞环时，有 R 或 N 符号的一面朝上。

轴承、油封上的数字、字母标记符号，在安装时朝向外侧（即容易看到的一侧)。

小提示

● 所谓的前、后、左、右,是指车辆行进方向(车体)的前、后、左、右;而发动机部分的"朝上",是指活塞运动的上止点方向;"朝下"是指活塞运动的下止点方向。

附录二
常用摩托车词汇中英文对照表

常用摩托车词汇中、英文对照表

英文	中文	英文	中文
Alternator	交流发电机	Cylinder Block	气缸体
Aluminum-Rim	铝合金轮圈	Cylinder Head	气缸盖
Automotive Engine System	发动机系统	Detonation	爆燃
		Differential	差速器
Battey Acid	蓄电池电解液	Piston Ring	活塞环
Battery Voltage	蓄电池电压	Planetary Gear System	行星齿轮装置
Brake Fluid	制动油	Power Booster	助力器
Brake Shoes	制动蹄片	Power Steering	动力转向
Brake System	制动系统	Power-Brake	动力制动器
		Pressure Cap	压力散热器盖
Cable Operated Control System	液压式离合器系统	Radiator	散热器
		Rear Suspension	后悬架
Clutch Disc, Clutch	离合器片	Regonator	调整器
Clutch System	离合器	Resonator	共振器
Coil	点火线圈	Rotor	分火头(分电头)
Coil Spring	圈状弹簧	Sensor	感知器
Combustion Chamber	燃烧室	Service Brake System	主制动系统
Compression Ratio	压缩比		
Compressor	压缩机	Shock Absorber	减振器
Connecting Rod	连杆	Side Slip Tester	偏滑测试
Cooling System	冷却系统	Solenoid Switch	电磁开关
Crankcase	曲轴箱	Spark Plug	火花塞(火星塞)
Crankshaft	曲轴	Spark Test	火花测试
Crankshaft Gear	曲轴齿轮		

续表

英文	中文	英文	中文
Speedometer Drive	速率表	Track	轮距
Stabilizer Bar	平稳杆	Two-Stroke Cycle	二冲程循环发动机
Starting Motor	启动电动机	Valve Clearance	气门间隙
Steering Gear	轮向齿轮	Valve Tming	气门正时
Steering Linkages	转向拉杆	Valve Train	气门机构
Steering System	转向系统	Vibration Damper	减振器
Super Charger	增压器	Wastegate	废气门
Suspension System	悬架系统	Water Jackets	水套
Thermostat	节温器	Water Pump	水泵
Tire Size	轮胎尺寸	Wheel Alignment	车轮定位
Tire Tread	轮胎面	Wheel Balance	轮胎平衡
Tire Tube	内胎	Wheel Base	轴距
Torsion-Bar Spring	扭杆弹簧	Wheel Rin	轮圈

附录三
部分摩托车英文缩写词及其含义

EECS 或 EEC——发动机电子控制系统。

PEI——无触点点火装置的统称。

CDI——无触点电容放电式点火装置。

DC-CDI——无触点电容放电式蓄电池点火装置。

AC-CDI——无触点电容放电式磁电动机点火装置。

ACDI——具有更大点火提前角范围的无触点电容放电式点火装置，比仅靠脉冲触发线圈产生的点火提前角大得多。

TCI——无触点电感放电全晶体管数字控制式点火装置。

FUIITR——无触点电感放电全晶体管式点火装置。

EEI——电子控制式燃油喷射系统的一种，以空气流量为主要控制参数的流量（又叫 L 型），在节气门前面的进气管处装置空气流量传感器，根据发动机吸入的空气量和发动机的转速等参数直接控制喷嘴的喷油量。

DFI——电子控制式燃油喷射系统的一种，以进气管压力为主要控制参数的压力（又叫 D 型），在节气门的后面装置压力传感器，根据发动机的进气压力和发动机的转速控制喷嘴的喷油量。

CFI——电子控制式燃喷射系统的一种，采用进气管压力和空气流量双重控制燃油的供给量。

YFIS——类似 CFI 的电子控制式燃油喷射装置（在山叶公司的应用）。

YICS——进气控制系统，在主进气道旁再设置一个细长的副进气道。

YDIS——双进气道，在两个进气门上装有两个独立的进气道和化油器的可变进气系统。

REV——转速调制气门系统，根据发动机的转速不同控制气门开启数。

VVT——可变气门定时机构，由计算机根据发动机的功率和转速不同，通过齿条使不同的凸轮工作。

RFVC 机构——使四个气门呈辐射状排列。

VEIS——能量进气系统，在串联式活塞-簧片阀机构中的化油器和簧片阀之间的管道上，增加一个密封容器（即储能盒），通过分支管与进气道相通。

PRV——复合式进气系统，是将活塞阀和簧片阀并联，使活塞阀和簧片阀各控制一个进气道口。

BVSV——自动阻风门装置，把普通阻风门控制启动滑阀与进气负压室膜片连接，再设置发动机温度和气温的感温装置，把双金属真空开关阀（BVSV）安装在气缸盖上，利用它关、开通往膜片的负压回路，自动关、开启动通路。

PTC——电热式自动启动加浓装置，根据温度通过 PTC 热胀冷缩自动关闭与开启启动加浓油道。

VTIS——雅马哈点火控制机构，通过控制流入燃室内混合气体（燃油与空气混合）的比例，提高发动机的性能，成为提高燃烧效率和改善排气等的对策。

ACV 装置——即空气截止阀，与化油器配合，利用负压力与位置的变化，自动关闭与开启怠速喷嘴的一个空气通道，保证发动机转速突然变化时怠速工作平稳。

YPVS——"山叶"排气定时机构，根据发动机转速、加速状态、进气负压、排气温度与压力，利用排气阀部分起、闭排气口，获得最佳的排气定时，从而获得高功率。

EXUP——排气控制系统，在排气管末端的聚集箱内装置的镰形阀，根据发动机的不同转速关闭与开启，提供相应的最优的节流比，从而达到消除气门叠开期间排气门处的正压力波的目的，并由此改进高速高功率发动机的怠速稳定性能和提高低、中速时的扭矩。

TPFC——加速加浓装置,即化油器的加速泵。

SVV——厦杏 ZH125 型车全新开发的纵涡流混合气装置,使混合气的燃烧效率提高。

ARR——自动高度补正机构,与化油配合,根据大气压力的不同,自动改变化油器的燃油供给量、保证可燃混合气的比例适当。

ABS——防抱死制动系统。

LBS——联动式防抱死制动系统。

TSCC——双涡流燃烧室,燃烧室顶面呈双球面,每个球面内装有两个呈放射状排列的气门(进排气各一个),火花塞位于两个球面之间,使混合气形成纵向旋转流动的涡流,促进进气充分、排气彻底、燃烧良好、降低油耗。

STDSS——类似 TSCC 燃烧室顶面,但每个球面内只有一个气门。

CCI——二行程发动机的分离润滑方式。

DAIS——直接进气系统。

SACS——油冷却系统。

ATAC——二行程发动机排气控制装置,根据发动机的转速不同,通过电磁阀使棘轮带动 ATAC 阀开、关排气谐振腔,改变排气系统的长短和容积大小,使排气口的压力波得到最佳利用,从而提高发动机的功率。

SAEC——二行程发动机排气控制装置与 ATAC 装置基本相同。

KIPS——二行程发动机排气控制装置,由同一回转阀控制排气口的开口面积和谐振室口的开口面积,使排气压力波与发动机转速匹配,从而提高功率。